교회 밖으로 나온 교회

국제제자훈련원은 건강한 교회를 꿈꾸는 목회의 동반자로서 제자 삼는 사역을 중심으로 성경적 목회 모델을 제시함으로써 세계 교회를 섬기는 전문 사역 기관입니다.

originally published in the U.S.A.
by Group Publishing Inc., under the title
The Externally Focused Church

Copyright ⓒ 2004 by Rick Rusaw and Eric Swanson

Translated and used by permission of Group Publishing, Inc.
through the arrangement of KCBS Literary Agency, Seoul, Korea.

Korean Translation copyright ⓒ 2008 by DMI Press, Seoul, Korea.

본 저작물의 한국어판 저작권은 KCBS Literary Agency를 통해
Group Publishing, Inc.사와 독점 계약한 국제제자훈련원에 있습니다.
신저작권법에 의해 한국 내에서 보호받는 저작물이므로 무단 전재와 복제를 금합니다.

교회 밖으로 나온 교회

초판 1쇄 인쇄 | 2008년 2월 29일 초판 3쇄 발행 | 2011년 12월 15일
지은이 | 릭 루소 · 에릭 스완슨   옮긴이 | 김용환
펴낸이 | 오정현   펴낸곳 | 도서출판 국제제자훈련원
등록번호 제22-1240호(1997년 12월 5일)
주소 (137-865) 서울시 서초구 서초1동 1443-26
e-mail dimpress@sarang.org   홈페이지 www.discipleN.com
전화 (02) 3489-4300 팩스 (02) 3489-4309
ISBN 978-89-5731-229-2 03230   책값은 뒤표지에 있습니다.

교회가 세상을 섬길 때 일어나는 놀라운 일들

교회 밖으로 나온 교회

릭 루소 · 에릭 스완슨 지음 | 김용환 옮김

| 차례 |

추천의 글   6
머리말   10
도입   13

1_ 교회 밖으로 나온 교회   19

2_ 세상에 초점 맞추기—한 교회의 여정   47

3_ 섬김의 힘   73

4_ 성도들의 성장 돕기   101

5_ 관계를 떠나서는 아무 일도 일어나지 않는다   129

6_ 복된 소식과 선한 행실   153

7_ 자비에서 정의로   181

8_ 비전 세우기 199

9_ 지역사회의 필요 평가하기 217

10_ 유용하게 돕는 조직 237

11_ 최선을 향해 273

부록 301

가난한 사람, 과부, 고아, 나그네들을 향한
하나님의 마음을 나타내는 성경구절

선한 일, 선한 행실에 대한 성경구절

참고도서

추천의 글

지금 놀라운 일이 벌어지고 있다. 복음주의 교회는 긴 수면 후 전과 다른 방향에서 깨어나고 있다. 나는 그것을 복음을 증명할 수 있는 방향이라고 부른다.

우리 교회가 다른 몇 교회와 함께 지역 공립학교 개혁을 위해 연합했을 때, 이런 방향을 확실히 깨닫게 되었다. 교사나 학교 당국이 우리에게 도와 달라고 요청한 적이 없는데 우리가 도움을 주겠다고 제안하자 그들은 그것을 새삼스러운 일로 받아들였다. 그러나 교회의 볼런티어 수천 명이 학교로 몰려가 운동장을 보수하고, 입구에 조경을 하고, 카펫을 깔고, 학교에 꼭 필요했던 캐비닛 수백 개를 만들고, 복도와 교실에 페인트칠을 하면서 특별한 일이 벌어졌다.

그 학교의 교사들에게 믿음이 생겼다.

이타적인 사랑의 표현과 섬김의 동기에서 나오는 도움을 보면서 그들은 교회에는 분명히 귀를 기울일 만한 무언가가 있다고 믿게 되었다.

나는 4학년을 맡고 있는 교사 한 분이 그녀의 교실에서 벌어지는 작업 현장을 경이로운 눈으로 바라보며 했던 말을 잊을 수가 없다. "이런 것이 교회의 가르침이라면 나는 기꺼이 그것을 따를 마음이 있어요."

나는 그때 그 자리에서, 아직도 세상은 복음을 향해 귀가 열려 있고 복음에 눈이 감겨 있지 않다는 사실을 깨달았다. 진정한 복음은 양면성을 갖는다. 그것은 진리이며, 증명할 수 있다는 점이다!

 예수님이 공생애 동안 도시와 마을로 다니며 병자를 고치고 도와 주는(마 9:35) 행위 없이 복음을 선포했다고 가정해 보라. 복음이 진리임을 증명해 보이지 않고 청중을 끌고(추종자는 말할 것도 없고), 메시지에 대한 신뢰를 쌓을 수 있었겠는가? 어째서 우리가 그런 일을 무시해야 하는가?

 우리가 예수님을 닮고 싶다면 그분처럼 지역으로 나아가 놀라운 사랑의 행위를 통해 사람들을 만나고, 그들이 은혜로우신 하나님과 만나게 해야 한다. 이것이 곧 복음이다!

 역사는 복음이 이렇게 양면성을 지닐 때 교회가 번성했음을 보여 준다. 복음이 양면성을 지닐 때 전도자들은 성공적으로 전도할 수 있었다. 과거로 조금만 거슬러 올라가면 존 웨슬리, 찰스 웨슬리, 윌리엄 윌버포스, 찰스 피니 같은 걸출한 예들을 찾을 수 있다. 교회 밖에 초점을 두는 교회들이 늘어나기 시작하면서 성공적인 예들이 새롭게 수면 위로 떠오르고 있다.

 우리 이웃을 향해 조심스러운 발걸음을 내딛기 시작한 이래 우리는 우리 교인들이 보여 준 반응에 큰 감동을 받았다. 전에는 소극적이던 교인들이 자신이 가진 재능과 은사를 사용할 수 있는 새로운 비전과 에너지를 얻었기 때문이다. 새로운 파트너 관계가 형성되고, 새로운 친교가 이루어졌다. 우리는 더 이상 지역사회에서 '숨겨진 집단'이나 이방인으로 비춰지지 않게 되었다. 이제 우리는 지역 전체에 걸쳐 탄탄한 관계 망을 구축하고 있다. 현재 우리 교회에서는 스태프 6명이 지역 전략을 향상하고 확대하는 일에 전적으로 매달리고 있으며, 우리 도시의 130블록에 이르는 넓은 지역을 사회적·영적·경제적·교육적으로 혁신한다는 다년간의 사업 계획에 모두 들떠 있다.

오늘날 일어나는 일들이 아직 시야에 들어오지 않는다면 에릭 스완슨과 릭 루소의 안내를 받아 보게 될 것으로 확신한다. 이들은 오늘날 교회가 그토록 필요로 하는 진리와 증거의 균형에 대해 깊은 통찰력을 지니고 있다.

에릭은 미국 전역에 걸친 컨설팅을 통해, 하나님이 이제 막 어떤 방법으로 밖을 향하는 교회의 첫 물꼬를 트고 계신지를 확신하게 되었다. 내가 그랬듯이 독자들도 이 책이 소개하는 삶의 현장을 담은 이야기들에 감동하게 될 것이다. 또 실천에 주안점을 두는 릭은 현실 세계, 일선 경험으로 교회를 이끌며 지역사회와 연계할 방법을 생각한다.

이들은 풍부한 성경적 통찰력, 평가에 대한 안목, 실제적인 노하우를 공유하며 이 책을 썼다. 새로운 기회와 모험으로 가득한 이 책은 독자에게 에너지를 불어넣어 줄 것이다. 뿐만 아니라 예수 그리스도에 대한 복음으로 세상을 변화시킬 수 있다는 새로운 깨달음을 즐기게 할 것이다.

  오늘날 세상에서 하나님이 하시는 '새로운 일들'을 편안한 자세로 즐겨 보라.

로버트 루이스(Robert Lewis)
아칸서스 주 리틀록에 있는 펠로십 바이블 교회 설립 목사

머리말

3년 전, 처음 만났을 때 우리는 '교회 밖으로 나와 세상에 초점을 맞추는 교회'라는 주제에 각자가 가진 고유한 열정과 경험을 쏟아부으며 기여할 수 있다는 사실을 알게 되었다. 콜로라도 주 보울더에 사는 에릭 스완슨은 리더십 네트워크(Leadership Network)와 협력하여 교회 밖으로 나온 교회들을 위한 리더십 커뮤니티(Leadership Communities for Externally Focused Churches)를 운영하고 있다. 또한 시티리치 인터내셔널(CitiReach International)의 컨설턴트로 일하면서 교회 밖으로 나와 세상에 초점을 맞춘 전세계 교회들과 동역한다.

콜로라도 롱몬트에 있는 라이프브리지 크리스천 교회(LifeBridge Christian Church)의 담임 목사이기도 한 릭 루소는 실용적 실천주의자로서 설교와 교육과 글을 통해 지역사회를 향한 자신의 생각과 열정을 표현한다. 그는 독립적인 컨설턴트로서의 역할을 감당하면서 기업과 사역의 지도자 위치에 있는 많은 사람들이 하나님께서 그들에게 주신 비전을 알고 수행할 수 있도록 도와 왔다. 그 결과 라이프브리지는 교회 밖으로 나온, 성장하는 교회들의 리더로 인정받기에 이르렀다.

구성과 모델에 정통한 에릭은 릭이 여러 해에 걸쳐 실천해 온 것들을 설명하는 데 도움을 주었다. 교회 밖으로 나와 세상에 초점을 맞춘 교회의 리더를 발굴하고 조사하기 시작하면서 에릭은 어디를 가나 라이프브리지의 경험을 이야기한다. 우리는 이렇게 상대방의 능력과 경험에서 도움을 얻고 있다.

이 책은 진행 중인 협력 관계를 잘 설명한다. 그리고 목회자와 교회 지도자들에게 도전을 주어 세상에 초점을 맞추도록 하는 데 목적을 두고 있다. 각 장 마지막 부분에는 생각해야 할 내용, 토의할 내용, 적용해야 할 내용, 설교나 강의를 위한 아이디어가 실려 있다. 개인적으로 각 장을 깊이 생각하고 다른 사람들과 나눔으로써 세상으로 나아가 섬기는 일과 관련한 비전과 열정에 불을 붙이라고 권하고 싶다.

'자세히 살펴보기'에서는 현재 활동 중인, 교회 밖으로 나와 세상에 초점을 맞추는 교회 또는 지역 기관의 예를 들어 놓았다. 이 책에 실린 아이디어를 교회의 다른 리더들과 나누는 동안 이해하기 쉽게 설명된 이 부분을 참고하기 바란다.

책을 함께 쓰는 일은 유용한 두 물체를 혼합하여 각각 따로 있을 때보다 더 쓸모 있고 가치 있는 것을 만들어 내는 것과 같다. 구리와 아연에 열을 가하면 청동이 되고, 두 줄기 시내가 합쳐지면 강이 된다. 남자와 여자가 혼인 서약을 하면 결혼 생활이 시작되고, 수소와 산소 분자가 결합하면 물이 되며, 베이컨과 계란이 합쳐지면 아침 식사가 된다. 각기 다른 두 물체가 열, 압력, 시간, 사려 깊은 디자인에 의해 유용한 제3의 물체로 탈바꿈한다. 우리는 열, 압력, 사려 깊은 디자인을 통해 혼돈에서 개념을, 모호성에서 명확성을 추출해 내고 그 과정에서 크게 가치 있는 것을 창조할 수 있게 한 크리스타 페티에게 감사한다. 베이컨과 계란이 아침 식사가 되기 위해서는 요리사가 필요하다. 페인트와 캔버스가 그림이 되려면 미술가의 손을 거쳐야 한다. 크리스타는 요리사이다. 크리스타는 미술가이다.

또 꼼꼼하고 세심한 주의, 정확성, 그리고 지구력을 통해 그리스도의 몸을 위해 유용한 책을 쓸 수 있게 한 편집장 캔더스 맥마흔 씨의 많은 도움에 감사드린다.

끝으로 이 책을 통해 자신들의 이야기를 나눌 수 있게 해 준 '교회 밖으로 나온 교회, 세상에 초점을 맞추는 교회'의 리더들에게 감사드린다. '교회 밖으로 나온 교회'라는 용어가 보편화될 때, 길잡이 역할을 담당한 위의 교회들과 그 밖의 많은 교회에 감사하지 않을 수 없을 것이다.

2004년 6월
릭 루소 · 에릭 스완슨

도입

> "우리는 우리가 얻는 것으로 삶을 꾸리고, 줌으로써 인생을 풍요롭게 한다."
>
> 윈스턴 처칠

여러 해 전, 목회자로 구성된 소그룹을 상대로 강연하는 자리에서 척 콜슨(Chuck Colson)은 그 무렵에 그가 참석한 조찬 기도회들에 대해 이야기했다. 한 기도회장은 미국 대통령, 국회의원, 상원의원, 기업 대표, 주지사 같은 유력 인사들로 만원이었다. 그럼에도 불구하고 그 방에서 가장 힘 있는 사람은 지위나 풍채도 없고 재력도 보잘것없는 한 여인이었다. 그 여인이 이야기할 때는 대통령도 경청했다. 마더 테레사의 힘은 지위나 직함이나 재력이 아니라 섬기는 자라는 역할에서 나오는 것이었다.

그리스도인 중 섬김을 실천해야 한다는 점에 이의를 제기할 사람은 없을 것이다. 예수님은 섬김을 받기 위해서가 아니라 섬기기 위해 이 땅에 왔다고 말씀하셨다. 초대교회는 섬김을 실천했다. 섬기는 삶은 그리스도인과 교회의 정체성이며, 또 마땅히 그렇게 되어야만 한다.

그런데 오늘날 교회는 갈수록 주변으로 내몰리며 영향력이 줄어들고 있다는 사실을 모든 통계 수치가 증언한다. 조지 바나(George Barna)의 말을 빌리지 않더라도, 교회가 자신을 도와 줄 수 있다고 생각하는 사람이 줄어들고 있다는 사실을 우리는 잘 안다. 여러 이유가 있겠지만 대표적인 이유 두 가지를 들 수 있다. 첫째, 그리스도인들이 복음 전파에 어려움을 겪는 것은 복음이 감동적이지 않기 때문이 아니라 그리스도인 자신이 감동적이지 못하기 때문이다. 실제로 자기 자신이 최대의적인 경우가 많다. 사회는 더 이상 자신이 그리스도를 따르는 사람이라고 주장하는 사람들의 잘못된 행위에 놀라지 않는다. 오히려 당연하게 받아들인다. 둘째, 더 이상 진리를 믿지 않는 세상에 진리를 말해야 한다는 점이다. 크릭사이드 커뮤니티 교회의 목사 존 브루스는 이 딜레마를 이렇게 표현했다. "나는 오래전부터 전도할 때면, 마치 증언을 허용하지 않는 법정에서 재판받는 듯한 느낌이 들곤 했다."[1]

오늘날 예수 그리스도의 복음을 가지고 사람들에게 다가가는 가장 효과적인 방법은 실제적이고도 적절한 섬김의 행위를 통하는 것이다. 꾸밈이 없고 열정적인 섬김은 우리가 나누는 위대한 복음에 대한 신뢰를 회복하도록 돕는다. 진리를 전하려면 진리를 보여 주어야 한다. 이것이 예수님이 사용하신 모델이다. 그분은 섬기셨고, 도움이 필요한 자들을 만나셨다. 그 때 사람들은 그분의 말씀에 귀를 기울였다. 로스앤젤레스에 있는 모자이크 교회의 목사 어윈 맥마너스(Erwin McManus)는 오늘날의 복음 전도에 대해 다음과 같은 단순하고도 강력한 진리를 전했다. "사람들은 믿을 사람이 아무도 없다고 생각하기 때문에 진리를 기대하지 않는다."[2] 세상은 사랑을 기대했던 사람들(신뢰를 주었어야 하는 사람들)에게 상처받은 사람들로 넘쳐난다. 교회가 청중을 얻으려면 먼저 신뢰를 쌓아야 한다. 그리고 신뢰를 쌓으려면 먼저 사랑의 능력을 보여 주어야 한다.

우리에게 가장 중요한 진리를 분명하게 보여 주는 두 가지 물건이 있다. 그것은 바로 지갑과 달력이다. 우리가 어떤 주장을 하든 돈과 시간은 우리가 진정으로 소중하게 생각하는 것이 무엇인지를 말해 준다. 마찬가지로 교회의 달력과 예산을 살펴보면 오늘날 교회들이 가장 중요하게 여기는 게 무엇인지를 바로 알 수 있다. 그런데 그것이 예수님에게도 중요한 일일까?

 교회들은 섬김을 말한다. 그리고 섬김이 중요하다는 사실을 아무도 부인하지 않는다. 그렇다면 실제로 지역사회의 필요를 충족시키고 잃어버린 영혼들에게 다가가는 효과적인 방법을 알고 있는가? 예수 그리스도의 진리를 전하기 위해 교회 회중석이라는 안전지대를 벗어나 길 건너 현실의 삶, 현실 세계에서 섬김의 행위에 기꺼이 참여할 수 있는가?

교회 밖으로 나온 교회

 교회의 형태, 규모, 교파와 상관 없이 일고 있는 움직임이 있다. 점점 기반을 다져 가며 사람들의 주의를 끌고, 다른 교회들과 차별화시키는 움직임이다. 이것은 서서히 교회 통계를 바꿔 간다. 이 운동에 참여하는 교회는 정말 중요한 것이 무엇인지 평가하고 섬김을 통해서 회의론자, 상처 입은 사람, 낙심한 사람들에게 다가간다. 어떤 방법으로 교회와 지역의 관계를 바꿔 갈까? 어떤 방법으로 회의에 찬 사회가 교회에 귀를 기울이게 할까? 그들은 교회 밖으로 나와 세상에 초점을 맞춘다. 그리고 이런 특징을 갖는다.

- 내적으로 충실하며 세상에 초점을 맞춘다.
- 선행과 복음이 교회 생활의 중심이 된다.
- 교인 수보다 지역사회에 주는 영향력과 감동에 더 큰 가치를 둔다.

---

1. 2003년 5월 11일, 크릭사이드 커뮤니티 교회에서 한 설교 내용에서.
2. 2003년 9월, 미국 선교 컨벤션에서 강연한 내용에서.

- 지역사회에서 빛·소금·누룩의 역할을 추구한다.
- 스스로 지역사회의 '혼'이 되고자 한다.
- 그들이 떠날 때 지역사회는 엄청난 상실감을 겪게 될 것이다.

초등학교 3학년에서 실시하는 '쇼우 앤 텔'(Show and Tell: 어린이가 주제를 정해 그것에 대해 토론하는 학습활동—옮긴이)을 기억하는가? 교회는 보여 주는 것보다 말하는 데 훨씬 더 관심을 쏟는 듯하다. 그리스도인들이 하나님과 바른 관계를 유지하기 위해, 그리고 더 훌륭한 사람이 되기 위해 어떻게 해야 하는지 가르친다. 세상과의 관계에서 옳지 않은 것이 무엇인지 가르친다. 하지만 많은 교회가 하나님의 사랑을 나타내 보여야 한다는 사실을 잊고 있다. 우리가 보여 주는 모습과 말이 일치하지 않는 경우가 너무나 많다.

오늘날 우리는 좋든 싫든 말할 권리를 얻어 내야 한다. "섬김을 보여 줄 때 그리스도인들과 교회는 더 효과적으로 말할 기회를 얻는다." 교회 밖으로 나와 세상에 초점을 맞추는 교회의 성공은, 지역사회에 참여하고 진정한 관계를 맺으며 정말 유용한 존재가 되는 데에 달려 있다. 교회 밖으로 나온 교회들은 섬김을 보여 주는 과정에서 사람들이 점점 더 그들의 말에 귀를 기울인다는 사실을 발견했다.

이 책이 겨냥하는 독자는 누구인가

이 책을 쓰면서 두 가지 유형의 교회를 염두에 두었다. 첫째는 세상에 관심을 기울이는 교회이다. 이런 교회는 이미 세상에 초점을 두고 사역을 하지만, 좀더 앞서 나가고 싶은 열망에서 다른 교회들은 어떻게 하는지 알고 싶어한다. 그들은 지역사회에 파송되어 소금, 빛, 누룩의 사명을 감당할 사람들(변화의 사신들)의 숫자를 늘리기 위해 힘쓴다. 아니면 섬김의 횟수나 깊이(섬김에서 관계로의 이동)를 늘리고 싶어한다. 그들은 또 새로운 사역을 시작하거나 기존 사역과 협력하여 영향력을 배가하고 증대시키려 한다.

둘째는 세상에 호기심을 갖는 교회이다. 이런 교회는 점점 영역을 넓혀 가고 있는 움직임에 대해 들어서 알고는 있지만, 교회 밖으로 나온 교회가 되기 위해 필요한 좀더 많은 정보를 얻고 싶어한다. "그들은 어떻게 그렇게 할 수 있었지?", "어떻게 하면 우리도 그렇게 할 수 있을까?" 하는 것이 그들의 질문이다. 책 뒷부분에 제시한 내용이, 이런 두 유형의 교회가 갖는 다음 세 가지 질문에 대한 해답이 될 수 있기를 바란다.

- 왜 세상에 초점을 맞추는 교회가 되지 않으면 안 되는가?
- 우리가 성취하려는 목표는 무엇인가?
- 어떻게 시작하고 개선해야 하는가?

교회 밖으로 나와 세상에 초점을 맞추는 사역의 결과는 언제나 예측 가능한 것은 아니다. 교회는 분명 발을 적시거나 진흙을 묻혀야 할 것이다. 그러나 최소한 섬김을 통해 지역사회에 이로움을 준다. 세상에 초점을 맞추면서 교회는 관계의 끈을 형성하고, 정말로 도움이 필요한 사람들 속에서 하나님의 은혜를 나눌 기회를 얻게 된다. 이렇게 할 때 세상에서 역사하시는 하나님의 은혜를 보고 들으며, 즉 보여 주고 말하는 교회를 보고 들으며 사람들의 삶이 변화된다.

1. 교회 밖으로 나온 교회

"때에 맞는 아이디어보다 더 강력한 아이디어는 없다."

빅토르 위고

점화

2002년 여름, 콜로라도 주에서 한꺼번에 화재가 여러 건 발생하여 며칠 동안 불길이 잡히지 않은 채 타올랐다. 화재 현장 중 덴버와 아라파호 국립공원 에스테파크 사이가 우리가 사는 지역에서 가장 가까웠다. 화재 현장과 거리가 3킬로미터나 떨어져 있었지만 하늘은 온통 적갈색이고 공기 중에 연기가 자욱했다. 워낙 광활한 지역이 불에 탔고 엄청난 재산이 소실되어서 역사상 규모가 가장 큰 화재일 것이라고 생각했다. 그 해 연말에 인공위성 관측 결과 한 해 동안 전 지구상에서 화재가 100만 건이나 일어났다고 한다.[1] 그것은 빛과 열로 인해 발화된 것으로, 불이 날 조건이 들어 맞아서 일어나는 상호 독립적인 화재들이었다. 인근에서 일어난 화재 현장을 지켜보는 사람들 중 같은 날 지구상 다른 곳에서 평균 2,700건이나 화재가 일어나 숲과 초원을 태운 사실을 아는 사람은 거의 없었다. 시간과 공간을 지각할 수 있는 능력이 있어야만 그런 엄청난 규모와 심각성을 볼 수 있다. 이와 마찬가지로 전세계적으로 목회자와 크리스천 리더들이 교회를 보는 시각이 달라지고 있다. 그들은 상호 독립적으로, 효율성이 교회 내부에서 일어나는 일보다는 교인들이 각자의 지역에서 미치는 영향력에 의해 평가된다는 사실에 점점 더 확신을 갖는다. 그들은 진리와 은혜, 복음과 선행으로 무장하고 지역에 참여한다. 부패를 방지하는 소금으로, 어둠을 밝히는 빛으로, 지역사회를 변화시키는 누룩으로 일한다. 자신들이 확대 일로에 있는 세계적인 움직임에 동승하고 있다는 사실을 인식하지 못한 채 말이다.

이들이 바로 교회 밖으로 나온 교회들이다. 교회 밖으로 나온 교회는 시의 적절한 아이디어의 산물이다. 어느 목사는 그것을 이렇게 표현했다.

"우리가 타고 있는 파도를 하나님께서 일으키셨든, 하나님께서 기뻐하시는 파도를 우리가 일으켰든 파도가 일고 있는 것은 분명하다." 이 파도에 올라탈 준비가 되었는가?

교회 밖으로 나온 교회의 정의

본론으로 들어가기 전에 먼저 정의부터 내리는 게 좋겠다. 우리는 완전히 교회 내부에만 초점을 둔다고 주장하는 교회를 본 적이 없다. 그러나 그런 교회가 존재하는 것이 사실이다. 내부에 초점을 두는 교회는 사람들을 교회 안으로 끌어들이고 교회 안에서 활동하게 하는 데 집중한다. 그들은 강력한 예배 경험을 창출하고, 탁월한 교육과 성공적인 청소년 프로그램을 제공한다. 그리고 활기 넘치는 소그룹을 운영한다. 결국 참여 인원수와 교회 안에서 이루어지는 활동의 빈도가 최종 평가 기준이 된다. 이런 교회는 선한 사람들로 채워진 좋은 교회이다. 하지만 그들이 하는 일에 활기가 있다 해도 건강한 교회라고 하기에는 뭔가 미흡하다. 예배, 교육, 개인적인 헌신은 외적인 집중을 유지하는 데 절대적으로 필요한 내적 요소이다. 그러나 모든 인적·재정적 자원을 네 벽으로 둘러싸인 교회 안에서만 사용한다면 '영적'인 모습이 어떻든 간에 부족한 측면이 있다.

오늘날 많은 교회에서 하나님의 위엄과 예배를 통한 찬양의 표현 방식을 재발견하고 있다. 음악은 더 이상 메시지를 위해 분위기를 조성

---

1. 2004년 2월 5일, 매릴랜드 대학교의 이번 치서르(Ivan Csiszar) 박사가 쓴 기록에서.

하는 수단으로 머물지 않는다. 하나님께서 자기 백성의 찬송 중에 거하신다는 것을 기대한다(시 22:3). 그러나 예배가 다른 사람들과의 관계 속에서 이루어지는 삶으로 표현되지 않는다면 공허하다. 이는 새삼스러운 일이 아니다. 바벨론 포로 시절 전에 이사야는 이스라엘의 내적 집중과 관련한 하나님의 메시지를 들었다. 거기에는 형식적인 예배에서 벗어나 진정한 의를 행하라는 경고가 내포되어 있었다.

> 헛된 제물을 다시 가져오지 말라 분향은 내가 가증히 여기는 바요…성회와 아울러 악을 행하는 것을 내가 견디지 못하겠노라…그것이 내게 무거운 짐이라 내가 지기에 곤비하였느니라 너희가 손을 펼 때에 내가 내 눈을 너희에게서 가리고 너희가 많이 기도할지라도 내가 듣지 아니하리니…행악을 그치고 선행을 배우며 정의를 구하며 학대받는 자를 도와 주며 고아를 위하여 신원하며 과부를 위하여 변호하라(사 1:13-17).

이 예언서 전체를 통해서 이사야는 하나님 사랑에는 집중하고 사람 사랑에는 무관심한 믿음의 부당성을 드러낸다. 하나님께서는 다른 사람에게 무관심한 사람의 기도와 금식이 무익하다고 말씀하신다. "내가 기뻐하는 금식은 흉악의 결박을 풀어 주며 압제 당하는 자를 자유하게 하며 모든 멍에를 꺾는 것이 아니겠느냐? 또 주린 자에게 네 양식을 나누어 주며 유리하는 빈민을 집에 들이며 헐벗은 자를 보면 입히[는]…것이 아니겠느냐?(사 58:6-7).

교회 밖으로 나온 교회는 내적으로 강하다. 그러나 그들은 세상으로 나가는 일에 전념한다. 교회 밖으로 나와 세상에 초점을 맞춘다는 사실은 교회의 스태프와 예산 사용 상태를 보면 쉽게 알 수 있다. 예수 그리스도의 복음을 가지고 선행으로 지역사회의 일에 관여하기 때문에 그들이 있는 지역은 살기가 더 좋아진다. 이런 교회들은 지역사회에 유익한 일이 무엇인지 찾고 지역의 꿈과 소망의 일부가 되기 위해 노력한다. 지역과 담을 쌓는 대신 다리를 놓는다. 하천이 더럽다고 불평하는 대신 물에 뛰어들어 정화 작업을 시작한다. 출석 교인 수, 예배, 교육, 소그룹 같은 내적 평가 기준뿐 아니라 그들을 둘러싸고 있는 지역에 대한 영적·사회적 영향력이라는 외적 기준으로 교회의 효율성을 평가하는 것이다.

> "우리 교회 때문에 삶이 달라진 사람은 누구인가?"

교회 밖으로 나온 교회는 셀 수 있는 것뿐 아니라 가장 중요한 것, 즉 네 벽으로 둘러싸인 교회 밖에 미치는 영향력을 평가한다.

그들은 "우리 교회 때문에 삶이 달라진 사람은 누구인가?"를 자문한다. 교회 안에서 이루어지는 거의 모든 일이 개인적인 성숙을 도울 뿐 아니라 개인의 영향력을 준비시키고 무장시키는 역할을 한다.

다른 모든 교회들처럼, 교회 밖으로 나온 교회들도 나름대로 문제점과 어려움을 안고 있다. 그러나 세상에서 차별화를 이루기 위해 애쓴다. 내부 지향적인 교회들은 개인을 돕지만, 교회 밖으로 나와 세상에 초점을 맞추는 교회들은 세상을 변화시킨다. 당신의 교회는 세상을 변화시킬 수 있는가?

목표로 삼는 청중은 누구인가

우리는 당연히 세상에 초점을 맞추기 위해 쏟는 모든 에너지의 수혜자가 누구인지 물어야 한다. 덴버 인근에 있는 그린우드 커뮤니티 교회의 피트 멘코니 목사는 교회 밖으로 나온 교회는 '예루살렘과 유대와 사마리아와 땅 끝까지' 어디든 사역지로 삼아야 한다고 말했다. 그의 말이 옳다. 그린우드는 오랫동안 교회 밖으로 나온 교회 50여 곳과 공동 사역을 함으로써 교회 바깥 사람들을 섬기는 일에 앞장서 왔다. 이 책은 해외 선교를 다루지는 않는다. 하지만 타문화권에 나가서 교회를 개척하는 분들은 그런 의미로 읽을 수도 있을 것이다. 교회가, 교회가 소재한 지역과 어떻게 관계를 맺을 것인가 하는 문제를 다루기 때문이다.

교회 밖의 모든 사람이 잠재적인 사역 목표가 되겠지만, 교회 밖으로 나와 세상에 초점을 두는 교회는 특수한 두 그룹에 관심을 둔다.

첫째 그룹은 소외된 사람들이다.

하나님의 마음속에는 이 소외된 사람들을 위한 특별한 공간이 있다. 그리고 그분의 백성들이 소외된 사람들을 섬기도록 하는 계획을 가지고 계신다. 고아, 과부, 갇힌 자, 나그네, 집 없는 사람, 가난한 자, 주린 자, 병든 자, 지체 부자유자들에 대한 하나님의 관심을 보여 주는 성경구절은 400여 개나 된다. "고아와 과부를 위하여 정의를 행하시며 나그네를 사랑하여 그에게 떡과 옷을 주시나니 너희는 나그네를 사랑하라. 전에 너희도 애굽 땅에서 나그네 되었음이니라"(신 10:18-19).

하나님은 또 특별히 헌금을 해서 소외된 사람들을 보살피라는 십일조 규례를 정하셨다. "매 삼 년 끝에 그 해 소산의 십분의 일을 다 내어 네 성읍에 저축하여 너희 중에 분깃이나 기업이 없는 레위인과 네 성중에 거류하는 객과 및 고아와 과부들이 와서 먹고 배부르게 하라"(신 14:28-29). 농부와 포도원지기들에게는 땅의 소산물을 남김없이 다 거두지 말고 가난한 사람들을 위해 남겨 두라고 명령하셨다(신 24:19-22). 또 너그럽게 마음을 열라고 명하셨다.

"너는 반드시 그에게 줄 것이요 줄 때에는 아끼는 마음을 품지 말 것이니라 이로 말미암아 네 하나님 여호와께서 네가 하는 모든 일과 네 손이 닿는 모든 일에 네게 복을 주시리라 땅에는 언제든지 가난한 자가 그치지 아니하겠으므로 내가 네게 명령하여 이르노니 너는 반드시 네 땅 안에 네 형제 중 곤란한 자와 궁핍한 자에게 네 손을 펼지니라"(신 15:10-11).

하나님께서는 자신의 형상으로 만드신 모든 사람을 보살피신다. 그리고 교회도 그렇게 하라고 명하셨다.

조지아 주 사바나에 있는 유니온 미션의 대표 미셸 엘리엇은 집 없는 사람, 갇힌 자, 과부, 고아, 이민자들은 일반적으로 사회보장제도의 혜택을 받지 못한다고 말했다. 미국에서 최대의 사회보장제도인 교회는 혜택을 받지 못하는 사람들에게 사회보장을 제공함으로써 주님의 나라를 엄청나게 확장할 수 있는 잠재력을 가지고 있다.[2]

---

2. 2004년 2월 3일, 유니온 미션에서 에릭 스완슨과 나눈 이야기에서.

글렌 커린은 시카고에 있는 서클 도시 선교회를 창설한 사람이다. 그와 그의 가족은 25년 넘게 시카고의 가난한 사람, 궁핍한 사람들 틈에서 그들의 삶에 변화를 주었다. 그는 소외된 사람들을 섬기는 데서 오는 즐거움과 고통을 안다. 어느 날 저녁 식사 중 글렌은 저명한 저자가 주재하는 '건강한 교회의 일곱 가지 특징'이라는 세미나에 참석하겠다는 뜻을 밝혔다. 그 특징에는 활기 있는 전도, 소그룹, 역동적인 예배가 포함되어 있었다. 하지만 그는 하나님께서 그토록 사랑하시는 소외 계층에 대한 이야기가 한 마디도 없다는 점에 놀라 머리를 흔들며 돌아왔다. "가난한 사람들에 대한 관심이 없이 어떻게 건강한 교회가 될 수 있단 말인가?" 교회 밖으로 나와 세상에 초점을 맞추는 교회는 의지할 곳이 없고 사회에서 버림받은 사람들과 함께한다.

미국의 도시 선교 기구인 크리스천공동체개발협의회의 설립자 존 퍼킨스는 "모든 사람이 대도시 중심부의 저소득층 거주 지역(inner-city)에 들어가 선교 활동을 하라고 부름 받은 것은 아니지만, 모든 사람이 상처 입은 사람들을 불쌍히 여기는 마음을 갖도록 부름 받았다"고 말했다.3 당신이 사는 지역에 특별한 보살핌을 필요로 하는 사람들이 있는가? 주목하고 보살펴야 할 상처 입은 사람들, 좌절에 빠져 있는 사람들이 있는가? 모자이크 교회의 어윈 맥마너스 목사는 교회가 "지역을 잃어버린 사람들에게 지역을 마련해 주어야 한다"고 말했다.4 성경은 "하나님이 고독한 자들은 가족과 함께 살게"(시 68:6) 하신다고 말한다. 의지할 지역이 없는 사람들에게 지역을 제공할 마음이 있는가? 가족이 없는 사람들에게 기꺼이 가족이 되어 줄 수 있는가?

교회 밖으로 나온 교회의 두 번째 수혜자는 도시이다.

교회 밖으로 나와 세상에 초점을 맞추는 교회들은 도시를 향해 분노

하는 자리에서 도시에 축복을 끼치는 자리로 신속히 이동했으며, "도시를 탈환하여" 하나님께 돌리자는 글을 많이 썼다. 그러나 그 중 많은 것이 남성 호르몬인 테스토스테론의 영향으로 만들어진 언어로서 도시와의 전쟁이라는 인상을 강하게 풍긴다.

이것은 예수님의 언어가 아니다. 아마 예레미야 29장에서 우리가 가장 잘 기억하는 구절은 11절일 것이다. "여호와의 말씀이니라 너희를 향한 나의 생각을 내가 아나니 평안이요 재앙이 아니니라 너희에게 미래와 희망을 주는 것이니라." 이런 성경구절은 누구나 좋아한다. 하지만 이 말씀의 시작 부분이 어떻게 되어 있는지 아는가?

위의 구절은, 느부갓네살이 예루살렘에서 바벨론으로 끌고 간 포로들(렘 29:1)에게 하나님께서 주신 말씀이다. 이스라엘 사람들은 지금의 이라크인 외국 땅에서 포로 생활을 했다. 하나님은 그들이 이방인으로서, 나그네로서 어떻게 살아야 하는지 말씀해 주셨다. 그곳 생활과 리듬에 보조를 같이하라고 하셨다. "너희는 집을 짓고 거기에 살며 텃밭을 만들고 그 열매를 먹으라 아내를 맞이하여 자녀를 낳으며 너희 아들이 아내를 맞이하며 너희 딸이 남편을 맞아 그들로 자녀를 낳게 하여 너희가 거기에서 번성하고 줄어들지 아니하게 하라"(렘 29:5-6).

이 메시지의 핵심 구절은 도시와의 관계와 관련이 있다. "너희는 내가 사로잡혀 가게 한 그 성읍의 평안을 구하고 그를 위하여 여호와께 기도하라 이는 그 성읍이 평안함으로 너희도 평안할 것임이라"

---

3. 2002년 11월, 레이크 에비뉴 커뮤니티 교회에서 열린 컨퍼런스에서 한 말.
4. 2002년 5월, 22일 에릭 스완슨과 나눈 이야기에서.

(렘 29:7). 뭐라구요? 하나님을 부인하는 이교도 도시를 위해 기도하라구요? 농담이시겠죠! 못해요. 그러나 그것은 하나님의 말씀이다. 따라서 믿는 자는 두 가지 일을 해야 한다. 즉 열심히 그 도시의 평화와 번영을 도모하고, 도시를 위해 기도해야 한다. 이것이 바로 다니엘과 느헤미야가 도시 주민들에게 호의를 얻은 비결이기도 하다. 교회 밖으로 나와 세상에 초점을 맞추는 교회는 도시의 복지를 도모하고, 그것을 위해 노력해야 한다.

학교가 있는 지역은 대부분 어려움을 겪게 마련이다. 2001년에 캔자스 시는 경제적 어려움과 더불어 교사와 행정가들의 도덕성 추락으로 홍역을 치렀다. 그 전 20년 동안 18회나 교장이 바뀌었고, 그 중 17명이 학교를 떠났다. 캔자스 리우드의 연합부활감리교회 목사인 아담 해밀턴은 그런 상황을 비통해 하는 대신 자기 도시를 위해 무언가를 하기로 결심했다. 그는 그 교회에 출석하는 교사와 행정가들 중 교외에서 일하는 이들에게 도시 중심부로 나가 가르치라고 독려했다. 또 캔자스 시 학교 구역의 종업원 총 5,700명에게 보낼 카드를 준비했다. 그는 교인 5,700여 명에게 카드를 한 장씩 나누어 주고 거기에 적힌 사람을 위해 기도하고, 하나님께서 인도하시는 대로 교사, 행정가, 수위, 식당 종업원들에게 격려와 감사의 편지를 쓰게 했다. 그리고 카드는 교회에서 일괄 우송하지 않고, 성도들이 각자 자기가 쓴 편지에 주소를 쓰고 우표를 붙여 보내게 했다. 봉투에는 반송할 주소까지 적어 넣었다. 많은 성도들이 전화번호를 알려 주고 도움이 필요하면 연락하라고 했다.

교사와 학교 직원들의 반응은 폭발적이었다. 그들은 격려와 지원을 해 주겠다는 약속에 감동했고, 많은 사람이 편지를 보낸 사람들과 개별

적으로 접촉했다. 그 결과 현재 연합부활감리교회의 많은 성도가 도시 중심부의 저소득층 거주 지역에 있는 학교에서 개인 지도 및 독서 지도를 담당하고 있다. 지역사회의 복지를 위한 연합부활감리교회의 아이디어는 아주 단순한 것이었다. 그것은 로켓 과학이 아니다. 규모에 상관 없이 어떤 교회라도 좋은 일을 할 수 있음을 잘 보여 준 예이다.

아름다운 일

예수님의 첫 번째 기적을 기억하는가? 그것은 죽은 사람을 살리는 일이 아니었다. 많은 사람을 먹이거나 병자를 고치는 기적도 아니었다. 혼인 잔치에서 돌 항아리 여섯 개에 담긴 물을 맛 좋은 포도주로 변화시킨 사건이었다. 손님을 초대한 주인에게 포도주가 떨어졌기 때문이었다. 예수님은 가나 혼인 잔치에 손님을 초대한 주인과 초대받은 하객들의 즐거움을 위해 그분의 '영광을 나타내셨다.' 예수님이 거기 계셨다는 사실은 혼인 잔치에 축복이었다. 예수님이 나타나자 모든 사람이 기뻐했고, 동시에 그분이 행하신 기적은 제자들이 그를 믿었다는 말씀대로 영적 변화를 가져왔다(요 2:11).

한 젊은이가 반짝거리는 눈빛과 즐거움에 찬 표정으로 인해 나이를 짐작하기 어려운 여인을 향해 걸어간다. 젊은이는 앉아 있는 여인에게 손을 내밀어 "저와 함께 춤추시지 않겠습니까?" 하고 춤을 청한다. 이렇게 매리너스교회의 시니어 댄스파티가 시작된다.

이것은 캘리포니아 어바인에 있는 매리너스 교회의 등대선교회가 지역 요양소의 노인들을 위해 개최하는 춤, 음식, 오락을 즐기는 파티이다. 젊은 남자는 나이 든 부인들과 춤을 추고, 젊은 여자는 노신사들의 팔짱을 끼고 춤춘다. 그날 밤만은 보행 보조기나 지팡이가 필요 없다. 춤추는 밤이기 때문이다. 젊음의 기쁨을 맛보고, 흘러간 노래를 듣는다.

　200명의 남성과 여성, 어린이 몇 명이 실내 여기저기에 놓인 텔레비전 스크린 주위로 모여든다. 미식축구 슈퍼 보울 게임이 있는 일요일 밤이기 때문이다. 최대한 보기 편하고 서로 교제하기 좋게 탁자와 의자를 배치해 놓았다. 그런데도 남성들은 TV에 더 가까운 곳을 차지하려고 자리다툼을 한다. 테이블 위에는 월드 챔피언십에 어울리는 핫 치킨 윙, 큼직한 그릇에 담긴 콩, 미트 볼, 나초, 피자가 놓여 있다. 레이크 애비뉴 교회가 마련한 제일 좋은 방에는 주일 오후를 안락하게 보내기 위해 모여든 노숙자들이 대기하고 있다. 그들은 꺼져 가는 촛불 같은 사람들이다. 그들의 기분을 좋게 해주고, 열정을 느끼게 하여 그들이 아직 살아 있음을 확인시켜 주는 데 이런 파티의 목적이 있다. 오후 한나절이지만 의지할 곳이 없는 사람들에게 어깨를 빌려 주는 것이다.

　댄스파티와 미식축구 관람 파티! 무슨 의미가 있는가? 자비심의 표현인가? 정의의 표현인가? 단순한 사랑이다. 당신이 그들 입장에 섰을 때 받고 싶은 그것을 이웃에게 베푸는 것이다. 한 여인이 향유 옥합을 깨어 예수님 머리에 부을 때, 제자들은 화가 나서 소리쳤다. "무슨 의도로 이것을 허비하느냐 이것을 비싼 값에 팔아 가난한 자들에게 줄 수 있었겠도다"(마 26:8-9). 세상의 회계 담당자들은 투자에 대한 수익을 바라지만, 우리를 향한 예수님의 요청은 그런 것이 아니다. 예수님은 제자들에게 이렇게 말씀하셨다. "그가 내게 좋은 일을 하였느니라"(마 26:10). 때에 따라서는 그 평가 기준이 더 나은 상태나 제일 좋은 상태가 아니라, 아름다움이어야 하는 경우가 있다.

　교회 밖으로 나온 교회들은 지역에 아름다움을 선사한다. 그들의 사랑은 사랑의 월계관이다. 그들은 수프만 주지 않고 난초를 제공할 때도 있다. 겨울옷만 주는 것이 아니라 때때로 댄스파티에서 입을 옷을 고르게 하기도 한다.

　그들은 그들이 속한 지역사회에 도움을 주기 위해 전통적인 방법들을 뛰어넘는다. 예술, 드라마, 스포츠를 통해 어린이나 청소년들의 삶에 영향을 줄 기회를 모색한다. 또한 은행, 병원, 호텔 회의실 같은 공공장소를 빌려 지역사회에 교육 기회를 줌으로써 일을 할 사람들에게 필요한 기술을 배우게 한다.

교회 밖으로 나온 교회는 규모, 위치, 교파에 구애 받지 않는다

1. 교회의 규모는 세상에 초점을 맞추는 일과 아무 상관이 없다

　중요한 단어는 초점이다. "두세 사람이 내 이름으로 모인 곳에는 나도 그들 중에 있느니라"(마 18:20)고 하신 예수님의 말씀을 생각해 보라. 블록버스터 비디오의 최고 경영자 스콧 베크가 몇 년 전 선교단체 지도자들을 대상으로 강연한 일이 있다. '원하는 결과를 얻는 데 필요한 최소량'을 뜻하는 임계량에 대해 토론이 집중되었다. 스콧은 이렇게 물었다.

> 임계량은 비전을 가진 한 사람이다.

"벤처를 창설하기 위해, 성공적으로 시작하기 위해 필요한 것은 무엇입니까?" 뒤이은 그의 대답은 간단명료했다. "임계량은 비전을 가진 한 사람입니다."5 당신의 교회에 비전을 가진 사람이 한 명만 있으면 세상에 초점을 맞출 수 있을 것이다. 그리고 그 사람은 바로 당신일 것이다!

2. 세상에 초점을 맞추는 데는 규모보다 마음가짐이 훨씬 더 중요하다

플로리다 중부의 소도시에서 온 한 목사는 자기 교회가 지역사회에 어떤 영향력을 미치는지 말해 보라는 요청을 받고, 자기 교회의 마약 중독자 회복 사역에 대해 이야기하면서 흥분을 감추지 못했다. 교회는 그들에게 일자리를 제공하기 위해 건축업을 시작하고 자동차 정비 공장을 차렸다. 군용 차량을 민간용으로 개조하는 사업을 계획하고 계약을 체결했다. 성도들은 매주 가까운 교도소를 찾아가 죄수들을 보살핀다. 이 목사가 1,000명 이상 모이는 대형 교회의 목사일 거라고 생각하기 쉽지만, 사실 그가 담임하고 있는 교회의 교인 수는 250여 명밖에 안 된다. 교인 수는 적지만 그 영향력은 실로 엄청나다.

3. 교회의 위치는 교회 밖으로 나온 교회의 필요조건이 아니다

우리는 지역사회를 섬기는 일은 전적으로 도시 교회가 해야 할 일이라고 생각하기 쉽다. 그러나 교회 밖으로 나온 교회는 도시에도, 지방에도, 그리고 도시 변두리에도 있을 수 있다.6 이 책은 도시 교회만을 위해 또는 도시 교회를 위주로 쓴 책이 아니다. 북아메리카의 34만 교회 가운데서 수만에 이르는 교회가 도시 밖에 있다. 우리는 "와서, 함께 이 여정에 참여하자"고 이 모든 교회를 초청한다.

4. 교회 밖으로 나온 교회는 교파나 조직 형태에 제한받지 않는다

개별 교파에는 세상에 영향을 주기 위한 내적 통로가 있는 곳이 없다. "구도자에 민감한 교회", "목적이 이끄는 교회", "초대형 교회", "훈련하는 교회", "다민족 교회", "가정 교회", "연결 교회"(connected churches), "멀티사이트 교회"(여러 장소에서 하나의 교회로 만나는 교회. 디지털 교회나 비디오 카페 모임, 지역사회 내의 다양한 장소에서 이루어지는 모임과 위성 사역 등 다양한 사역 현장을 포함한다—옮긴이) 등 어디나 그 나름의 특색을 유지하며 세상에 초점을 맞출 수 있다. 교회 밖으로 나온 교회가 된다는 것은 무엇보다 교회가 세워진 이유로 돌아간다는 뜻이다.

세상에 초점을 맞추는 것은 모든 교파와 인종의 벽을 뛰어넘는 것이다. 그것은 교회가 몰두하는 어떤 프로그램보다 교회의 시각과 목적에 더 많은 의미를 둔다. 일단 교회가 지역의 삶과 대화에 참여함으로써 교회 밖에 초점을 맞추기로 결단하면 지역을 섬기는 방법은 무궁무진하다.

---

5. 1995년 6월 28일, 콜로라도 주립 대학교에서 CCC 지역 대표단과 에릭 스완슨이 함께 만난 자리에서 한 말이다.
6. 급성장하는 도시들의 요구와 교회가 그들을 섬기며 행할 수 있는 역할에 초점을 맞춘 양서가 많이 있다. 이 책 맨 뒷부분의 참고도서 목록에 도시 선교 리더와 참여자들이 쓴 훌륭한 책들이 나오는데, 도시에 살면서 특별한 도전에 직면해 있는 사람들에게 도움이 될 것이다.

교회 밖으로 나온 교회의 네 가지 특징

1. 선행과 복음이 분리될 수 없고, 분리되면 안 된다고 믿는다

비행기가 이륙하려면 양쪽 날개가 필요하듯이, 교회 밖으로 나온 교회는 지역사회에 영향을 주기 위해 복음과 선행이라는 양 날개로 무장한다. 다른 사람들을 향한 섬김과 보살핌인 선행은 복음에 설득력을 더한다. 복음은 선행의 목적을 설명한다.

결국 복음과 선행은 예수님의 사역 전부이다. "예수 그리스도로 말미암아 복음을 전하사…두루 다니시며 선한 일을 행하시고…이는 하나님이 함께하셨음이라"(행 10:36-38)고 성경은 말한다. 무리가 예수님을 따를 때, 그분은 "그들을 영접하사 하나님 나라의 일을 이야기하시며(복음) 병 고칠 자들은 고치시더라(선행)"(눅 9:11). 예수님은 열두 제자를 보내시면서 "하나님의 나라를 전파하며 앓는 자를 고치게 하려고 내보내"셨다(눅 9:2).

이처럼 복음과 선행을 가지고 지역사회에 뛰어드는 것은 교회 밖으로 나온 교회의 단순한 전술이나 기본 전략 이상이다. 그것은 바로 교회의 핵심이고 정체성이다. 교회 밖으로 나온 교회는 다른 사람들을 향한 선교와 선행을 통해 지역사회의 삶에 관여하지 않는다면 진정한 의미의 '교회'가 아니라고 단정한다. 선교와 선행은 특별히 헌신적인 일부 신자들에게만 해당하는 프로그램이 아니라 온 교회가 실천해야 할 신앙생활의 바탕이다. 물론 이것만이 이런 교회가 하는 일의 전부는 아니지만 지역 선교와 섬김을 배제한다면 교회는 존재 의미를 잃어버리고 만다. 세상에 대한 초점은 이미 그들의 DNA에 새겨져 있다.

2. 교회의 존재가 그 지역의 건강과 복지에 절대 필요하다고 믿는다

교회 밖으로 나온 교회는 지역사회가 열망과 도전 정신을 가지고 있다 하더라도 교회의 참여 없이는 진정으로 건강할 수 없다고 믿는다. 그들은 지역의 건강을 배제한 채 교회의 건강을 염려하는 데서 벗어나, 교회가 없다면 지역이 어떤 모습이 될지를 생각한다. 마음에 들든 안 들든 간에, 그들이 속한 지역사회에 소금과 빛과 누룩이 되라고 하나님께서 그곳에 보내셨다고 믿는다. 그들은 사회 사업가가 아니고 하나님 나라를 세우는 사람들이다!

> 그들은 사회 사업가가 아니고 하나님 나라를 세우는 사람들이다!

어째서 그토록 많은 교회가 정서적·물리적으로 그들의 지역사회에서 격리되어 있는 걸까? 때때로 교회는 소외감을 느끼기도 한다. 한때는 교회가 지역사회의 중심 역할을 한 적도 있었지만, 지역사회의 초점이 바뀌면서 교회가 소외되기에 이르렀다. 어쩌면 이러한 결별은 신약성경이 가르치는 교회라는 말과 관계가 있을지도 모른다. 그것은 '부름 받아 나온 이들'을 뜻하는 에클레시아라는 단어이다. 많은 사람이 이 말을 세상으로부터 분리되는 것을 뜻하는 줄로 잘못 알아 왔다. 교회는 구별된 삶을 살라고 부름을 받았지, 영향을 주어야 할 사람들로부터 분리되라고 부름 받은 것이 아니다. 거리를 둔 채로는 소금과 빛과 누룩이 제 기능을 발휘할 수가 없다.

캘리포니아 산호세에 있는 리버 커뮤니티 교회의 목사 키스 자프렌은 또 다른 견해를 제시한다. 그는 존 번연(John Bunyan)이 1675년에 쓴 『천로역정』은 추악한 지상의 도시를 피해 천상의 도시를 추구해 가는 것이 주제라면서, 이 주제가 300년이 넘도록 교회에 상당한 영향을 주었다고 주장한다. 그렇다면 그리스도인들이 자녀를 교육하고, 예배를 드린 후에 식사하고, 사악한 도시를 벗어나서 친구들을 사귈 수 있는 천상의 도시 같은 교회를 세우기 위해 노력해 왔다는 말이 아닌가?7

교회가 효과적인 영향력을 갖기 위해서는 도시 속으로 파고 들어가 그들과 삶을 나누고 대화하는 길밖에 없다. 주후 150년 경, 한 그리스도인 작가가 2세기 그리스도인의 생활 방식을 묘사하면서 이렇게 자기의 생각을 정리했다. "그리스도인과 세상의 관계는 정신과 신체의 관계와 같다."8 그리스도인들은 지역사회의 영혼이다. 영혼이 신체로부터 분리되면 어떻게 되겠는가? 시체, 즉 껍데기만 남게 된다. 교회 밖으로 나온 교회는 그리스도인들이 지역 주민과 얼굴을 맞대고 살 때 복음이 가장 강력한 힘을 발휘한다고 믿는다. 기독교 작가 터툴리안(Tertullian)은 그리스도인의 지역 참여에 대해 다음과 같이 썼다.

> 우리는 당신들 곁에서 당신들과 삶, 의상, 습관, 필요 등을 공유하며 살아가지 않는가? 인도의 브라만이나 고행자처럼 숲 속이나 현실을 떠나 유랑하지 않는다.…우리는 세상 속 즉 당신들 곁에 머물면서 공공 광장, 식료품 시장, 목욕탕, 노점, 작업장, 여관, 주간 시장, 상행위가 이루어지는 모든 장소를 이용한다. 당신들과 함께 항해하고, 당신들 편에서 싸우며, 땅을 일구고, 당신들과 거래한다. 마찬가지로 우리는 다른 사람들과 함께 우리의 기술을 공유한다. 그리고 우리의 생산물을 공적인 재산으로 돌려 당신들이 사용할 수 있게 한다.9

놀랍지 않은가! 초기 그리스도인들도 분리주의자가 아니었다. 그들은 도시 생활에 참여했다. 이웃과 사회 활동을 함께 했다. 다른 사람의 삶에 관심을 가지고 있었다. 당신의 교회는 어떤가? 씨줄과 날줄처럼 지역사회와 얽혀 그들의 일부가 되어 있는가?

도시의 생활과 리듬이라는 면에서 교회 밖으로 나온 교회들은 도시를 지배하려 하지 않으며, 섬기고 이로움을 주고자 힘쓴다. 소금, 빛, 누룩은 영향을 끼치는 요소이지 지배하는 요소가 아니다. 따라서 이런 교회들은 벽을 쌓는 대신 다리를 놓는다. 그들의 도시를 이롭게 하고, 그들을 위해 기도한다. 따라서 교회 밖으로 나온 교회가 존재하는 것은 지역에 부담이 아니라 확실한 자산인 셈이다.

3. 봉사와 섬김을 그리스도인의 정상적인 삶의 표현이라고 여긴다

더 나아가 그리스도인은 다른 사람을 섬기고 자신을 나누어 줄 때 가장 잘 성장한다고 믿는다. 섬김과 봉사가 교회의 성장 모델이며 성도들의 영성 개발의 일부라고 믿기 때문에, 통상 교회 밖에서 선교와 섬김에 참여하는 회중의 비중이 상당히 높다. 교회 밖으로

> 그리스도인들은 훌륭한 교훈을 듣고 배울 수는 있지만, 선교와 섬김에 참여하지 않는 한 진정한 성장을 이룰 수 없다.

나온 교회들은 섬김을 받기 위해서가 아니라 섬기고 자기 목숨을 주기 위해 오신 예수님(막 10:45)처럼 되기를 원하며, 다른 사람들을 섬기고 그들을 위해 헌신한다. 그들은 그리스도인이 훌륭한 교훈을 듣고 배울 수는 있지만, 선교와 섬김에 참여하지 않는 한 진정한 성장을 이룰 수 없다고 믿는다.

---

7. 2002년 5월 5일, "도시를 위해 도시 안에 있는 교회"라는 제목의 설교에서.
8. Epistle of Mathetus to Diognetus, chapter 6, verse 25,
9. Adolf Harnack, *The Expansion of Christianity in the First Three Centuries*, vol.1, Wipf and Stock Publishers, 1998, 216.

4. 효과적으로 전도한다

북아메리카의 교회들이 전도에 성공적이지 못하다는 사실을 모르는 사람은 없다. 출석 교인 수가 1991년 최대 49퍼센트에서 2002년에 43퍼센트까지 떨어졌다. 1992년부터 1999년 사이에 미국 인구가 9퍼센트 늘어난 반면, 같은 기간에 성인 예배 출석 교인 수는 12퍼센트 줄어들었다.10 하트포드 신학교가 시작하고 FACT(Faith Communities Today)가 실시한 연구 결과에 의하면 14,000개 교회 가운데 겨우 절반만이 성장하고 있음을 알 수 있다.11 성장을 보인 교회도 대부분 교회 간에 수평 이동한 것으로 보인다. 미국 교회의 3분의 2가 정체 상태이거나 감소했다. 2001년 ARIS(미국의 종교 인구를 조사하는 기관—옮긴이)가 5만 가정을 상대로 조사한 결과에 따르면, 기독교인으로 분류할 수 있는 인구의 비중은 1990년 86퍼센트에서 2001년 77퍼센트로 줄어들었다.12 "금년에 회심자가 한 명도 없었다. 헌금이 줄어 부채를 2만 달러나 떠안게 되었다. 우리 도시의 어떤 교회도 우리보다 낫지 않다는 사실로 위안을 삼는다"는 의장의 발언이 있었던 연차 총회는 우리 모두를 슬프게 했다.

FACT는 "사회 정의에 깊이 관여하고, 지역사회를 섬기는 활동에 직접 참여하는 교회들은 그렇지 않은 교회보다 성장 가능성이 더 높다"13 고 발표했다. 이것은 교회 밖으로 나온 교회들에게 반가운 소식이 아닐 수 없다.

미국의 인구 통계는 끊임없이 변한다. 자신이 기독교인이라고 주장하는 사람이 점점 줄어든다. 얼마 전에 콜로라도 주 롱몬트에 있는 로키마운틴 크리스천 교회에서 있었던 일이다. 삼십대 남자 한 명이 회중들의 간증 모임에 참여하게 되었다. 그는 자동차 수리공으로 한 번도 교회 문턱을 밟아 본 적이 없는 사람이었다. 기독교식 결혼식이나 장례식에 참석한 일도 없고, 부활절이나 크리스마스 예배에 참석한 일조차 없었다. 그래서 '교회에 가려면 어떻게 해야 하는지 몰라' 친구에게 데려다 달라고 부탁했다.

뭐라고? 교회에 어떻게 가는지 몰랐다고? 교회에 갈 줄 모르는 사람이 어디 있을까? 그러나 이런 식으로 생각해 보자. 당신은 불교 사원에 가는 방법을 알고 있는가? 이슬람교는 어떤가? 거기에 가면 자유롭게 자리를 잡을 수 있는지, 자리를 배정받아야 하는지 아는가? 믿지 않는 사람도 그들과 마찬가지로 절하고 무릎 꿇어야 하는지 알고 있는가? 모르는 것 투성이다.

우리는 '교회에 가려면 어떻게 해야 하는지' 모르는 인구의 비중이 점점 더 늘어난다는 사실을 받아들여야 한다. 교회 밖으로 나온 교회는 지역에 사람들을 파송해서 사랑과 섬김을 베푸는 교회가 되게 하는 이점을 가지고 있다. 그들의 빛은 숨길 수 있는 것이 아니다. 빛은 세상을 밝히게 마련이다. 이 책은 그들의 삶을 소개한다.

비록 이런 교회들이 아무런 대가를 바라지 않고 지역 사람들을 섬기지만 많은 사람이 이들의 나눔과 섬김과 사랑을 통해 하나님의 나라로 이끌려 들어온다. 성경을 보면 베드로가 중풍병으로 침상 위에 누운 지 8년 되는 사람을 만났다. 베드로가 애니아에게 예수 그리스도께서 너를 낫게 하시니 일어나 네 자리를 정돈하라고 하자, 애니아는 곧 일

---

10. Barna Research Group이 전화로 실시한 여론조사 결과이다.
11. Hartford, CT: Harford Seminary/Faith Communities Today(FACT) study.
12. American Religious Identification Survey(ARIS), 2001.
13. Hartford, CT: FACT study.

어났다. 룻다와 사론에 사는 사람들이 다 그를 보고 주께로 돌아왔다 (행 9:33-35). 친구가 병이 나았기 때문에 사람들이 주께로 돌아왔는지는 확실히 알 수는 없다. 그러나 병이 나은 사람은 예수님의 존재, 사랑, 병 고치는 능력을 증명한다. 예수님의 연민과 사랑을 직접 눈으로 보고 느낀 사람들은 "하나님께서 자기 백성을 돌보셨다"는 반응을 보였다(눅 7:16).

전도에 열정을 가진 사람들은 흔히 예수님을 믿기 위해서는 더 많고 더 좋은 정보가 필요하다고 생각한다. 그러나 전도 대상자들이 진정으로 원하는 것은 진실성이다. 구원을 얻으려면 어떻게 해야 하는지 물어보는 사람은 많지 않다. 그 대신 사람들은 "가치 있는 삶을 살려면 어떻게 해야 하나요?"라고 묻는다. 사랑을 이야기하는 사람들이 사랑을 보일 때, 의심과 믿음의 간격이 줄어든다. 그리고 그 주변에 있는 사람들이 신앙에 관심을 갖게 된다.

플로리다 주의 리스버그는 주민이 2만여 명 되는 소도시로서 중부 플로리다 지도상에서는 점 하나에 불과하지만, 그곳에 우리가 지금까지 본, 교회 밖으로 나온 교회 중 가장 훌륭한 예가 있다. 제일침례교회는 리스버그에 사는 사람들의 신체적·정신적·영적 필요를 충족시키는 70여 개의 지역사회 선교 활동을 탄생시켰다. 남성을 위한 피난처, 여성 보호 센터, 맞벌이 집안을 위한 사역, 어린이집, 자선 사역 등 여러 사역을 통해서 정기적으로 수백 명을 그리스도께로 인도한다. 그리고 그들을 훈련하여 신앙이 자라게 돕고 섬김을 실천하게 한다. 담임 목사 찰스 로셀은 "복음이 성경적으로 전달될 수 있는 유일한 길은 상처를 감싸고 필요를 채워 주는 방법으로 한 사람 한 사람을 집중해서 돕는 것이다. 그리고 교회가 그들에게 복음을 전하여 그

리스도께 인도하도록 하는 것이다. 이것이 우리 교회 선교 사역의 핵심이다"라고 말한다.14

신시내티의 빈야드 커뮤니티 교회는 섬기는 전도운동(servant evangelism, 조건 없는 예수 그리스도의 사랑을 보여주기)을 통해서 해마다 수백 명이 주님께 돌아오게 한다. 창립자 스티브 쇼그렌(Steve Sjogren) 목사는 교회를 개척하는 사람들에게 이렇게 충고한다. "교회를 시작하기 전에 지역사회부터 섬기라. 그들을 사랑으로 섬기라. 누구도 좋아하지 않는 사람들을 섬기다 보면, 결국 모든 사람이 좋아하는 사람들을 만나게 된다."15

> 교회를 시작하기 전에 지역사회부터 섬기라.

매주 토요일, 이 교회는 실질적인 방법으로 신시내티에 그리스도의 사랑을 보여 준다.

차를 닦아 주기도 하고, 병에 든 식수를 나누어 주거나 먹을 것이 부족한 가정에 식료품을 전달하기도 한다. 사람들은 빛이 있는 곳으로 모여든다. 말과 행실이 일치하는 진실성을 찾아볼 수 있는 곳, 변화를 주는 믿음이 있는 곳을 찾는다. 교회 입구에는 이런 글귀가 새겨져 있다. "큰 사랑으로 행하는 작은 일들이 세상을 변화시킨다." 빈야드는 세상을 변화시켜 가고 있다.

---

14. 2003년 4월 8일, 제일침례교회에서 에릭 스완슨과 나눈 이야기에서.
15. 2003년 5월 6일, 빈야드 커뮤니티 교회에서 에릭 스완슨과 나눈 이야기에서.

교회 밖으로 나온 교회의 두 가지 전략

먼저 '모델'을 정의하기로 하자. 모델은 현실을 단순화한 것이다. 각기 다른 모델은 서로 다른 선택의 여지를 준다. 모델은 '존재하는 것' 또는 '존재 가능성이 있는 것'을 나타낸다. 우리 이야기에 모델을 끌어들이는 이유는 복음과 선행을 가지고 지역사회에 참여할 수 있는 효과적인 방법이 많다는 점을 설명하기 위해서이다.

많은 모델을 제시하겠지만 '완전한' 모델은 없다. 좋은 모델이란 소망하는 결과를 성취하는 것이요, 우리 주님의 마음 즉 주님의 소원과 일치하는 것이다. 따라서 제시된 모델들 가운데서 당신이 적용할 수 있는 원리들을 찾아야 한다.

교회 밖으로 나온 교회는 통상 두 가지 전략을 가지고 그것을 자신들의 의향에 따라 변형시켜 간다.

1. 교회가 속한 지역의 필요를 찾아 내고, 그것을 충족시킬 사역과 프로그램을 시작한다

예를 들면 푸드 뱅크, 학습 센터, 영어를 제2외국어로 하는 이민자들을 위한 영어 교육 프로그램(ESL) 등을 시작할 수 있다. 경험 있는 교회들은 흔히 독립적인 비영리 법인을 만들어 사역을 해 나간다. 이런 독립적인 501(c)(3)(미국의 세법 조항으로 비영리 단체에 세금 감면 혜택을 준다—옮긴이) 해당 법인은 기업이나 정부로부터 지원을 받아서 푸드 뱅크, 서민용 저가 주택 공급, 미혼모를 위한 주택 공급 같은 대규모 사역에 필요한 자원을 충당할 수 있다.

2. 지역의 기존 선교 기관이나 봉사 기관과 파트너 관계를 맺는다

거의 모든 지역에 도덕적 건전성과 영적 중립성을 유지하면서 소외되고 빈곤한 지역 주민들의 요구를 충족시키기 위해 힘쓰는 봉사 기관이 많다. 이들은 주로 푸드 뱅크, 노숙자를 위한 거처 마련, 위급한 일을 당한 가족을 위한 주택 공급, 학대받는 여성들에게 피난처를 제공하는 일을 한다.

더 나아가 교회 밖으로 나온 교회들은 타 교회나 위성 교회(대형 교회와의 연대 아래 위성을 통해 스크린을 보면서 예배를 드리는 교회—옮긴이)가 특수한 목표 집단(청소년, 미혼모, 실업자 등) 선교에 효과적일 수 있다는 인식을 가지고 있다. 따라서 새로운 사역을 시작하지 않더라도, 기존의 봉사 기관들과 교회 및 위성 교회가 공조하여 지역 기관의 '파트너'로서 역할을 담당할 수 있다.

이 경우 교회는 이미 지역에서 이루어지는 일들에 참여하기만 하면 된다. 지역의 푸드 뱅크와 파트너 관계를 이룰 수 있는데 각 교회가 굳이 따로 식료품 저장 창고를 마련할 필요가 있겠는가? 굶주린 사람들이 먹을 것을 원할 때, 교회는 파트너 관계에 있는 사역 기관에 사람들을 보내면 된다. 마찬가지로 푸드 뱅크 쪽에서는 그곳을 찾는 사람들의 문제가 단순히 육신의 굶주림을 해결하는 것 이상일 때는 그들을 파트너 관계를 맺고 있는 교회들에 보내면 된다.

중요한 것은 나귀가 아니었다

종려 주일에 예수님은 나귀를 타고 예루살렘에 입성하셨다. 군중은 갈채와 환호로 예수님을 맞이했다. 종려나무 가지를 베어 나귀가 지나가는 길에 깔고, 종려나무 가지가 부족할 때는 기꺼이 자신들의 겉옷을 벗어 땅바닥에 폈다. 그러고는 예수님과 나귀 앞에서 걸으며 "호산나 다윗의 자손이여"(마 21:9)를 외쳤다. 한동안 나귀는 그것이 모두 자신을 위한 일이라고 생각했을지도 모른다.

그날 아침 그 나귀는 힘든 일을 감당하고 있었다. 그렇다고 해도 사람들의 환호는 나귀 때문이 아니었다. 나귀와는 아무 상관도 없었다. 그는 단순히 메시지를 실어 나르고 있을 뿐이었다.

교회 밖으로 나온 교회는 예수님을 늘 환영만 하지는 않는 곳으로 그분을 모시고 가는 선한 나귀와 같다. 섬기는 교회는 오로지 나귀에 불과할 뿐, 여전히 예수님이 중요하다. 여러분이 이 일에 동참하기를 고대한다. 지금 번지고 있는 불은 선한 불이다. 생명이 다치지 않고 구원을 얻는 길이다. 이것은 위대한 여행이 될 것이다.

생각하기

"교회 밖으로 나온 교회는 셀 수 있는 것뿐 아니라 가장 중요한 것을 평가 기준으로 삼는다." 이 장을 읽고 난 지금, 세상에서 하나님에게 중요한 것이 무엇이라고 생각하는가? 당신에게 진정으로 중요한 것은 무엇인가?

토론하기

1. 최근 들어 당신 교회가 하는 일이 자랑스럽다고 느낀 때는 언제인가?
2. 당신 교회는 교회 안에 초점을 맞추고 있는가, 세상에 초점을 맞추고 있는가?
3. 당신이 속한 지역에 있는 모든 교회, 모든 성도가 의미 있는 방법으로 다른 사람들을 사랑하고 섬긴다면 그 지역이 어떻게 달라질 것이라고 생각하는가?
4. 성도들의 삶에 어떤 일이 벌어질 것이라고 생각하는가?
5. 교회에는 어떤 일이 일어날 것이라고 생각하는가?
6. 지역에는 어떤 일이 일어날 것이라고 생각하는가?

실천하기

1. 바람직한 결과를 효과적으로 얻기 위해 필요한 '임계량'이 비전을 가진 한 사람이라면, 당신이 그 한 사람이 될 수 있겠는가? 그렇다면 어째서 그런가? 그렇지 않다면 어째서 그렇지 않은가?
2. 이 장을 읽은 다음, 교회의 변화와 관련하여 어떤 가능성이 마음속에 떠오르는가?
3. 새로운 가능성을 탐색하는 과정에 누구를 권하여 참여시키겠는가?

설교 및 강의를 위한 아이디어

본문_ 이사야 58장 1-12절

주제_ 이사야 58장은 두 부류의 사람들과 두 유형의 교회를 이야기한다. 이웃의 필요에 대해서는 아무 일도 하지 않으면서 금식하고 하나님을 찾는, 안에 집중하는 사람들과 다른 사람을 섬기기 위해 헌신하는, 세상에 초점을 맞추는 사람들이다.

설명_ 복음과 선행이 중심인 예수님의 사역(행 10:36-38).

적용_ 교회 밖으로 나온 교회가 되라는 도전을 받아들일 각오가 되어 있는가?

2. 세상에 초점 맞추기
─한 교회의 여정

"인간의 가장 큰 고통 중에 새로운 아이디어가 주는 고통이 있다.
그것은 당신이 선호하는 견해가 잘못되었다거나 당신의 확고부동한
신념이 잘못된 기초 위에 서 있다고 생각하게 만든다.…이에 따라
보통 사람들은 새로운 아이디어를 싫어하게 마련이며,
아이디어를 내는 사람을 부당하게 대하는 경향이 있다."

월터 배저트

초점

허블 우주 망원경은 1990년 4월 24일 우주 왕복선 디스커버리호에 의해 우주에 발사되었다. 처음에 천문학자들은 이 망원경에 큰 기대를 걸었다. 그것이 새로운 발견은 물론이고 그들의 가설과 이론을 증명해 주리라고 예상했다. 허블을 우주에 띄우기까지, 소위 세계에서 가장 강력하고 정확한 망원경을 만드는 데 15억 달러가 넘게 들었다. 지름 2.4미터에 무게가 1톤이 나가는 주경(主鏡)은 인간의 힘이 미치는 한 완벽에 가깝게 연마되었다. 요철이 1인치의 80만 분의 1을 벗어나지 않는다. 허블 관계자들은 이 거울의 지름을 지구의 지름과 같다고 가정할 때 "가장 큰 돌출부가 15센티미터를 넘지 않을 것"이라고 말한다.

지구 상공 565킬로미터에 떠 있는 허블은 시야의 장애를 받지 않으며 몇 광년씩 우주 공간을 꿰뚫어보면서 전에 볼 수 없던 은하들을 발견했다. 그런데 문제가 생겼다. 허블을 우주 궤도에 올려놓은 뒤, 엔지니어들은 주경에 결함이 있음을 알게 되었다. 선명해야 할 물체가 흐리게 보였다. 문제는 볼 수 있는 능력이나 크기가 아니라 초점이었다. 허블을 수리하지 않으면 안 되었다. 1993년, 드디어 천문학자들이 우주 왕복선 인데버를 타고 접근하여 주경을 바로잡았다. 작업은 대성공이었다. 수리를 통해 허블의 흐리던 시야가 밝아졌고, 전에 없던 정확도와 선명도로 우주를 탐험할 수 있게 되었다.[1] 허블의 초점이 바로잡히고야 비로소 그것은 원래 목적을 수행할 수 있었다. 크기도 중요하고 능력도 중요하다. 그러나 가장 중요한 것은 초점이다.

지역을 변화시키는 일에 관심이 없다고 말할 교회는 없을 것이다. 조엘 리스 박사는 교회를 세상에 있는 하나님의 기업, 하나님의 비즈니스라고 불렀다.2 불행하게도 많은 미국 교회가 시장을 잃어버려서 이익을 내지 못하고 있으며 '파산' 신호를 보이기에 이르렀다. 교회가 하나님의 기업이라면 그리스도인은 그 기업을 운영하는 기업가들이다. 사전은 기업가를 '기업의 경영을 맡아 책임지고 위험을 무릅쓰며 이윤을 창출하는 사람'으로 정의한다. 예수님은 "아름다운 열매를 맺지 아니하는 나무마다 찍혀 불에 던져지느니라 이러므로 그들의 열매로 그들을 알리라"(마 7:19-20)고 말씀하셨다.

예수님은 그분이 찾으시는 열매를 지상명령을 통해 분명히 하셨다. "그러므로 너희는 가서 모든 민족을 제자로 삼아 아버지와 아들과 성령의 이름으로 세례를 베풀고 내가 너희에게 분부한 모든 것을 가르쳐 지키게 하라"(마 28:19-20).

그리스도인들은 하나님 나라를 위한 열매를 맺기 위해 기쁨이 가득하고 진실한 길을 찾아야 한다. 달라스 신학대학의 하워드 헨드릭스 교수는 이런 말을 했다. "구태의연한 삶을 계획하는 그리스도인은 만나 본 적이 없다. 하지만 구태의연한 그리스도인은 많다."3 이것은 교회의 경우도 마찬가지다. 콜로라도 주 롱몬트의 라이프브리지 크리스천 교회는 구태의연한 길을 걷지 않기로 했다. 이 교회는 섬김이야말로 지역사회의 관심을 끌고 열매를 맺기 위한 놀라운 시발점이라는 사실

---

1. www.hubblesite.org
2. Joe S. Ellis, *The Church on Target*, Standard Publishing, 1986.
3. 1983년 월드비전이 개최한 "Managing Your Time"이라는 주제의 세미나 강연에서.

을 알게 되었다. 라이프브리지의 담임 목사 릭 루소의 이야기를 소개한다.

우리의 여정

우리 라이프브리지 크리스천 교회는 100여 년의 역사를 가진 활기 있는 교회이다. 우리 교회는 "사람들을 예수님과 더 깊은 관계로 이끌어 가는 것"을 사명으로 삼고 있다. 라이프브리지는 오랫동안 성장을 지속했고, 교회 리더십은 언제나 세상에 초점을 맞추는 것을 소중한 가치로 삼았다. 풍부한 믿음의 유산과 훌륭한 전통을 가지고 있으면서도 현대 사회를 향해 그리스도의 메시지를 효과적으로 전하기 위해 관계성과 진실성에 초점을 맞추었다. 우리는 언제나 열매 맺는 교회가 되고자 힘썼다. 하나님의 기업을 맡은 선한 청지기로서 일하고 싶어했다. 아무도 우리가 이런 일들에 주력한다는 점을 의심하지 않았다. 그러나 수년 전 우리 교회의 지도자들은 우리의 모든 사역을 심도 있게 평가하기 시작했다.

> 늘 지역사회의 일부가 되는 일에 가치를 둔다고 말해 왔지만 우리의 자원 배분 방식을 분석한 결과, 지역사회에 대한 관심이 최우선 순위가 아니었음을 알게 되었다.

다른 모든 교회처럼 우리도 많은 사역에 주력했다. 교회가 관여할 수 있는 활동은 무궁무진하다! 각 사역을 평가하는 과정에서 우리는 전에는 절대로 없으면 안 될 것 같던 활동들이 더 이상 쓸모 없거나 불필요함을 알게 되었다. 우리는 어떤 사역이 교회의 사명을 이루는 데 더 유용한지 하나하나 따져 보았다.

늘 지역사회의 일부가 되는 일에 가치를 둔다고 말해 왔지만, 우리의 자원 배분 방식을 분석한 결과 지역사회에 대한 관심이 최우선 순위가 아니었음을 알게 되었다. 구제 사역이 있기는 하지만 구제 사역에 참여하기 위한 의도적인 전략 같은 것은 없었다. 몇 년 전, 지역 봉사 기관의 한 회원이 이런 이야기를 했다. "라이프브리지에는 재능을 가진 사람도 많고 자금을 제공할 만한 여력도 있을 텐데, 전혀 나타나지도 않고 힘든 일에는 관심을 보이지 않는다"는 것이었다. 듣기 좋은 말은 아니지만 정확한 진단이었다. 우리의 자금 지출을 분석해 본 결과 그 사람 말이 옳았다. 최대의 자산인 사람을 제대로 활용하지 못했고, 교회 밖에서 봉사하는 사람들에게 관심을 기울이지도 않았다. 게다가 우리는 교회 울타리 밖에서 관계를 형성하기 위한 효과적인 방법을 찾지도 않았다.

우리는 자주 가치 있는 목적을 위해서 돈이나 다른 물질을 기부하고는 우리가 할 몫을 다 했다고 생각했다. 그것도 필요한 행위이기는 하지만 거기에는 실질적인 참여가 수반되지 않았을 뿐 아니라, 종종 죄책감을 조금 덜기 위한 수단으로 이용하기도 했다. 예수님은 하인에게 제자들의 발을 씻기도록 하지 않으셨다. 몸소 수건을 들고, 대야 앞에 무릎을 꿇고, 손에 때를 묻히셨다. 돈과 다른 물질적인 도움도 늘 필요하기는 하지만, 물질적인 도움이 실제로 일하는 수고를 대신할 수 없다는 점을 우리는 깨닫게 되었다.

> 자녀에게 진리를 가르치려고 한다면 '말'이 아니라 '본'을 보이는 게 최선이다.

그래서 우리는 사역 방법을 바꾸었고, 그 결과 지역사회가 바라보는 교회의 이미지가 바뀌기 시작했다. 세상으로 나가는 일에 집중하면서 점점 그것이 이미 하고 있던 30여 가지 사역에다 한 가지 더 추가하는 단순한 일 정도로 그치는 것이 아님을 알게 되었다. 우리 자신이 아닌 다른 사람들에게 초점을 맞추기 위해서는 전교회 차원에서 노력이 필요했다. 여러 해 동안 이 사역을 지속한 결과 삶에 변화가 일어나고, 사람들이 하나님과 연결되고, 성도들 간에 영적 성장과 성숙이 이루어졌다. 이러한 현상은 교회 역사상 유례를 찾아볼 수 없는 일들이었다.

세상에 초점을 두기 위해 우리가 택한 변화는 하룻밤 사이에, 또는 우연히 이루어지지 않았다. 여섯 가지 중요한 결정이 그 토대를 마련해 주었다.

1. 세상을 향한 관심을 확대하기로 결정했다

라이프브리지는 언제나 잃어버린 사람에게 다가가는 것을 사명으로 인식해 왔다. 현대 문화를 감싸 안기 위해 여러 해에 걸쳐 교회 위치를 바꾸고, 건물을 개조하고, 예배 방법과 스타일을 바꾸었다. 우리는 '끊임없이 변하는 세상을 향해 절대 변하지 않는 복음'을 전할 책임을 이해하고 받아들인다. 복음 전파는 교회 지도자, 스태프, 성도들에게 매우 중요한 비중을 차지한다.

1990년대에는 크리스마스와 부활절을 전후로 대규모 특별 행사를 열어 방문자들을 끌어들이는 것이 라이프브리지의 주요 선교 전략이었다. 특별 행사를 위해 막대한 시간과 자금을 쏟아부었고, 그 결과 사람들이 수천 명씩 교회를 방문했다. 사람들에게 교회를 소개하고 다시 교회를 찾아 예배에 참여하게 하는 것이 목적이었다. 이 전략은 교회를 성장시켰고, 이를 통해 현재 교회의 구성원으로 헌신한 많은 가족을 얻게 되었다.

우리의 "디킨스 크리스마스"는 거의 모든 면에서 대단히 성공적이었다. 1,000명이 넘는 교인이 크리스마스 행사를 준비하기 위해 재능과 시간을 바치겠다고 자원했다. 캐럴 공연, 거리 축제, 학교 합창단 참여, 지역 모임 참여, 극단, 공예 교실, 이야기 교실, 디너 극장, 예수 탄생 드라마 등으로 독창적인 크리스마스 행사를 진행했다. 우리 지역은 물론 인근 지역까지도 그것을 크리스마스 연례 행사로 삼았다. 많은 사람이 이 행사를 통해 라이프브리지와 새로이 관계를 맺게 되었다. 행사 마지막 해에는 무려 3만 2,000명을 행사에 끌어들였다! 많은 매체에서 이 행사를 기사로 다루었다. 우리가 생각할 수 있는 모든 면에서 그것은 아주 성공적이었다.

그러나 많은 이유 때문에 우리는 방법을 바꾸기로 결심했다. 행사를 치르는 데 돈이 많이 들고 막대한 스태프 자원이 필요했으며, 궁극적으로 내부에 집중하는 결과가 초래되었다. 지역을 위한 행사이기는 했지만, 결국 지역이 우리를 향해 들어오도록 요구하는 것이었다. 오랜 기간에 걸쳐 성공을 거두었음에도 불구하고 지역사회에서 우리의 이미지는 분명 "디킨스 크리스마스"와 다른 특별 행사에 묶여 있었다. 우리의 초점을 바꾸어 의도적으로 세상을 향한다는 것은 변화를 뜻했다. 그것은 우리 지역을 알고 섬기기 위해 새로운 방법을 모색하는 것을 의미했다.

몇 해 동안 우리는 섬김을 통해 지역 참여에 집중해 왔다. 공립학교, 경찰서, 그 밖의 다른 지역 기관에서 지역사회의 많은 필요를 채워 주기 위해 도울 수 있는 방법들을 모색했다. 우리는 크리스마스 기간 중 우리의 초점을 바꾸는 것이 회중의 사고에 전환을 일으킬 수 있는 최선의 방법이라는 사실을 깨닫게 되었다. 지역 주민을 끌어들이기 위해 대규모 행사를 여는 대신, 라이프브리지 성도들이 지역에 나가서 섬길 수 있는 단기 봉사 기회를 마련했다. 그리고 성도들에게 이렇게 말했다. "지난 몇 년 동안 우리는 사람들을 이곳으로 끌어들이기 위해 많은 노력을 기울였습니다. 올해에는 똑같은 양의 에너지를 지역사회에 쏟아 붓기 원합니다." 이것이 '섬김의 시간'이 만들어진 경위이다(아래 '자세히 들여다보기' 참고).

특별 행사라는 점에서는 다를 바가 없지만, 지금은 세상에 집중하고 크리스마스를 통해 지역사회의 필요를 충족시키는 데 집중한다. 섬김의 시간은 몇 주간에 걸쳐 온 교인이 참여하는 섬김의 장이다. 라이프브리지 성도들이 이 일에 흥미를 느낄까? 나이를 막론하고 온 교인이 "그렇다"고 대답했다. "이것이야말로 교회가 지금까지 해 온 일들 중 가장 훌륭한 일"이라고 말했다. 이제는 온 교인이 연중 지역 섬김을 실천할 길을 열어 놓고 있다.

큰 행사들이 여전히 라이프브리지 선교 전략의 일부를 차지하고는 있지만, 더 이상 그것에 초점을 맞추고 있지는 않다. 우리는 선교 행사와 현재 진행하고 있는 섬김을 통한 지역 참여에 똑같은 비중을 둔다. 우리는 지역사회를 섬기도록 성도들을 교회 밖으로 내보낸다. 그러나 지역 주민을 교회 안에서 이루어지는 활동에 참여시키는 데 그 목적을 국한하지 않는다. 성도들은 섬김을 통해서 살아 있는 믿음이라는 더 높은 가치에 도전한다.

자세히 들여다보기

섬김의 시간

라이프브리지 크리스천 교회는 교회 모든 성도에게 추수감사절부터 크리스마스까지 지역을 섬기는 일에 참여하도록 권유한다. 몇 주에 걸친 섬김의 시간은 라이프브리지 성도들이 세상에 초점을 맞추는 삶을 살도록 준비시키고 무장시키는 입문 절차이다. 이 섬김의 시간 동안 우리는 지역의 다른 기관들과 연대하여 필요한 봉사 활동을 펼친다. 라이프브리지 스태프와 볼런티어들이 지역의 필요를 파악하기 위해 지역 기관들과 접촉하는 9월에 준비 작업을 시작한다. 그리하여 11월이면 봉사 신청을 받기 시작한다. 11월에 들어서면 매주 봉사 활동에 대한 상세한 정보를 인쇄하고, 교인들과 다른 참석자들이 30가지 이상의 프로젝트 중에서 교회가 시행할 일들을 선정한다. 몇 가지 프로젝트를 예로 들어 본다.

- 새 주인이 들어갈 임시 숙소 페인트칠과 청소
- 지역 돕기 프로그램과 크리스마스 선물 나눠 주기
- 저소득층 가정을 위해 문을 연 지역 어린이 보호 시설 새로 꾸미기
- 지역 마트에서 무료 포장 작업
- 공립학교 야간 보수 작업자들과 함께 일하기
- 지역 동물보호단체 시설 청소와 페인트칠
- 야생동물보호국과 함께 공원 복원 및 정화 작업
- 시청 직원들과 함께 소방차 진입로 만들기
- 미혼모 센터 시설 보수와 페인트칠

이 기간 동안 1,500명 이상 되는 성인과 어린이, 즉 전 교인의 절반 정도가 6,000시간 이상 지역 봉사에 참여한다. 예배만 참석하는 성도들에게는 이것이 예배 외에 처음 경험하는 활동인 경우가 많다. 친구나

가족을 데리고 와서 함께 봉사하는 경우도 꽤 있다.

카렌의 남편은 교회에 자주 출석하는 편이 아니지만, 카운티의 공원과 공터를 보수하기 위해 가족 단위로 볼런티어를 모집한다는 이야기를 듣고 선뜻 참여해 보겠다고 나섰다. 나무를 가지 치고, 쓰레기통을 비우는 등 봉사를 하는 동안 우리 교회에서 한 목회자를 만났는데 서로 공통된 관심사가 많다는 것을 알게 되었다.

두 번째 섬김의 시간이 다가올 무렵, 그는 아내가 봉사할 마음이 있느냐고 물어볼 때까지 기다리지 않았다. 주보 사이에 끼어 있는 신청서를 보고 관심 있는 섬김의 종목에 동그라미를 쳤다. 그러고는 상기된 목소리로 "나도 참여하겠어"라고 아내에게 말했다. 전에는 교회에 흥미를 느끼지 못하던 그가 섬김을 실천하는 동안 서서히 그리스도인들과 공동체 의식을 쌓아 갔다. 그리고 교회 출석 횟수도 지난해보다 늘었다.

2. 우리는 이미 있는 일은 더 만들지 않기로 했다

전통적으로 교회는 학교가 하는 일이 마음에 들지 않을 때 자체 학교를 만들었다. 어떤 기업에서 하는 일이 못마땅하면 독립적으로 다른 일을 시작했다. 세속 음악이 마음에 들지 않으면 음반 회사를 만들었다. 그러다 보니 거의 모든 분야에서 '크리스천' 버전을 갖게 되었다. 결국 우리는 문화의 흐름에 영향을 주는 것이 아니라, 세상 문화와 대립하는 흐름을 만들어 내고 말았다.

라이프브리지는 학교, 봉사 기관, 비영리 단체(종교 기관이든 아니든 가리지 않고)에 가서 우리가 도울 수 있는 일이 무엇인지 알아보기로 했다. 이런 방법으로 맺은 파트너 관계를 통해 우리가 갖고 있는 자원과 그들의 자원을 관리하는 선한 청지기가 될 수 있었다. 자체 푸드 뱅크를 시작하는 대신 지역 푸드 뱅크에 식품을 비롯한 여러 자원을 제공하고 시간을 내서 자원 봉사를 하도록 성도들을 격려했다. 교도소에 그리스도의 사랑을 전하는 "엔젤 트리" 크리스마스 프로젝트를 마련하는 대신 우리는 선물을 고르고 포장하고 전달하는 일을 돕는 방법으로 지역이 주최하는 행사에 참여한다. 또 자체 기독교 학교를 세우는 대신 의도적으로 공립학교에 참여한다. 라이프브리지만의 독립된 절차와 프로그램을 만드는 대신 이미 필요를 채우기 위해 노력하는 기관들, 지역의 공직자들과 함께 파트너 관계를 맺는 데 힘을 기울였다. 그리하여 여러 봉사 기관과 경쟁 관계가 아니라 서로 돕는 우호적인 사이가 되었다.

자세히 들여다보기

기독교 학교를 세워야 하는가

다른 많은 교회처럼 라이프브리지는 기독교 학교를 설립하는 일과 관련하여 적잖은 압박을 받았다. 우리는 실제로 설립안을 가지고 씨름했고, 학교를 세울 경우 교인과 지역이 많은 혜택을 얻을 수 있다는 것도 알게 되었다. 우리는 스스로 몇 가지 기본적인 질문을 던졌다.

우리가 학교를 원하는 이유는 무엇인가? "신앙에 기초한 교육을 제공함으로써 학생들에게 긍정적인 영향을 주기 위해서"라는 대답이 압도적으로 많았다.

학교를 세운다면 우리는 얼마나 많은 학생들에게 영향을 줄 수 있을까? 당시 그 지역 학생 수를 감안할 때 전체의 2.5퍼센트에도 못 미친다

는 계산이 나왔다.

학생들의 삶에 중요한 영향을 주는 사람은 누구인가? 친구, 부모, 교사, 교사처럼 영향력이 있는 다른 성인들을 들 수 있다. 교사들은 매일 많은 시간을 학생들과 함께 보낸다.

이 질문들에 대한 대답을 기초로 하여, 우리는 다음과 같은 최종 질문을 했다. 학교를 설립하는 대신 지역의 공립학교에 참여하는 길을 모색함으로써 학생들의 삶에 더 큰 영향을 줄 수는 없을까? 학교 시스템이 갖는 결점을 끊임없이 지적하기보다 교사, 코치, 직원들에게 도움을 줄 방법을 찾는다면 학생들의 삶에 더 큰 영향을 줄 수 있지 않을까?

마침내 우리는 자체 학교를 세우지 않기로 결정했다. 만약 그리스도인 학생, 교사, 행정가, 교장, 코치, 식당 직원이 공립학교를 떠나 우리가 세우는 새 학교로 옮겨 버린다면 남아 있는 사람들에게 "당신들은 지옥에나 가시오"라고 말하는 것과 다름없을 거라고 생각하게 되었기 때문이다.

우리가 자체 학교를 세우지 않기로 결정함에 따라 지역 공립학교가 우리가 좋아하지 않는 많은 기준을 폐기하고, 공립학교 직원 수백 명이 예수님을 영접하고, 우리 지역에 사는 학생 수천 명이 신앙에 기초한 교육이 어떻게 다른지를 알게 된다면 얼마나 좋을까? 물론 그렇게 되지 않을 수도 있지만.

하지만 분명한 사실은 라이프브리지 교인들이 여러 학교에서 매월 수백 시간씩 봉사한다는 점이다. 라이프브리지의 학생들은 매주 "임팩트 사역"(Impact Ministry)에 참여하여 다양한 모습으로 학교에 봉사함으로써 신앙을 표현한다. 교사, 코치, 학교 직원 수백 명이 라이프브리지 가족이다.

라이프브리지는 지역 학교를 도울 수 있는 길을 찾았고, 섬기는 과정에서 세상을 바꾸는 관계를 형성했다. 커리큘럼이 아니라 신앙을 가진 사람들이 학생들을 가르치고 지도할 때 신앙에 기초한 교육이 가능하다. 이것은 공립학교 시스템도 마찬가지다. 우리 학군 내의 그리스도인 종업원들이 그들을 버리지 않은 우리 교회 성도들의 사랑에 얼마나 고마워하는지 모른다.

내게는 세 자녀가 있다. 큰 아이 둘이 최근 공립학교를 졸업했다. 부모 입장에서 아이들이 노출되어 있는 학교 현실에 항상 만족할 수는 없었다. 때때로 교사와 직원들을 만나 교육 철학과 학교 관행에 대해 토론했다. 그러나 우리가 반대 의견을 들고 나올 때도 그들은 우리 이야기를 경청했고 다른 관점을 제시할 기회를 주었다. 어떻게 그런 일이 가능했을까? 바로 우리가 쌓아 온 관계 때문이다.

벌써 여러 해에 걸쳐 우리 청소년 담당 스태프들이 보건학 시간에 강사로 초빙되어 데이트, 성 문제, 가치관과 관련한 문제들을 강의해 왔다. 청소년 코치 중 한 사람은 교회를 통한 순결 운동을 시작했다. 우리 학군에서 시작된 '친구가 먼저'(Friends First)라는 프로그램은 이제 전국에 있는 많은 학군에서 시행되고 있다. 현재 50만 명이 넘는 학생이 공립학교에서 순결 운동 프로그램을 수강하고 있다.[4] 그리스도인인 한 과학 교사는 창조론에 관심 있는 학생과 부모를 대상으로 우리 교회에서 2년간 창조론을 가르쳤다. 그는 창조론을 선택 과목으로 채택하자고 학교를 설득하여 마침내 허락을 받아 냈다. 이런 일들은 젊은

---

4. www.friendsfirst.org

이들의 삶에 관여하기 위해 공립학교에 파고들어 취한 사려 깊은 선택의 결과로서 몇 가지 예에 불과하다.

3. 우리는 지역 기관을 위해 교회를 개방하기로 했다

한때는 교회가 지역의 중심이었다. 그러나 세상이 변해서 지금은 그런 기능을 거의 담당하지 못한다. 우리 스스로 소외를 불러온 측면도 있고, 지역이 우리를 멀리한 측면도 있다. 반교회적인 논쟁과 사회 분위기가 지역과 교회의 관계를 어렵게 만들 때가 많았다.

라이프브리지가 교회 건물 신축을 심각하게 고려할 무렵, 하나님께서는 이미 교회에 출석하는 교인을 수용하기 위해 더 큰 건물을 짓는 것 이상의 원대한 비전을 주셨다. 하나님께서 좋은 여건들을 허락하셨고, 그 결과 교회는 우리 도시 주변에 있는 성장 지역의 미개발 농지 121만여 평방미터를 매입할 수 있었다. 교회의 필요를 평가하는 과정에서 급성장하는 우리 지역의 필요를 생각하게 되었다. 우리는 지역 주변이 아니라 지역의 중심부에 있기를 원했다.

> 1,200명 성도가 우리 땅에 대한 선한 청지기가 되어 지역을 섬기겠다는 일념으로 5,000건이 넘는 아이디어를 제시했다.

건물 설계나 부지 이용 계획을 마련하기 전에 많은 연구 조사를 했다. 이 연구 조사에는 지도자들만 참여하지 않았다. 온 교인을 상대로 "우리 지역이 필요로 하는 것이 무엇인가?", "우리 교회가 필요로 하는 시설은 무엇인가?" 등을 질문하고 답변을 들었다. 12일 밤에 걸쳐 자유 토론을 진행하는 동안 테이블 위에는 산더미처럼 서류가 쌓였고 성도들은 소그룹 모임을 통해 카운티, 시, 학교, 지역, 이웃에 대해 생각했다. 이 기간 동안 1,200명 성도가 우리 땅의 선한 청지기가 되어 지역을 섬기겠다는 일념으로 5,000건이 넘는 아이디어를 제시했다.

이와 동시에 교회 안에 특별 조사단이 결성되어 비영리 단체, 시 공무원, 보건부 관리, 카운티 대표자들을 만나 "우리 지역의 필요가 무엇인가?"를 물었다. 답변 내용을 심사하는 과정에서 우리는 많은 공통점을 발견하게 되었다. 공통된 내용 중 많은 부분을 새 건물을 설계하는데 반영했다. 우리 교회의 경우, 세상에 초점을 둔다는 것은 우리 교회 시설을 지역에 개방한다는 의미를 내포한다.

자유 토론을 통해 우리는 두 가지 직접적인 유익을 얻었다. 첫째, 라이프브리지의 성도들에게 "교회가 나를 위해 무엇을 해줄까?"를 묻는 대신 "우리가 지역을 위해 할 수 있는 일이 무엇인가?"를 물을 기회를 주었다는 점이다. 자유 토론 기간 내내 기도회를 하고 비전을 탐색했다. 우리는 "길 건너기"라는 이미지를 자주 활용했다. 글자 그대로 이것은 교회에서 길을 건너 이웃으로, 고속도로를 건너 도시로 나간다는 뜻이다. 우리가 일하는 곳, 사는 곳, 노는 곳에서 믿음의 삶을 산다는 것을 뜻하며, 또한 섬김을 의미한다. 자유 토론 기간은 우리 모두의 변화를 위한 촉매제가 되었다.

두 번째 직접적인 유익은 교회와 지역사회 사이에 싹트기 시작한 새로운 관계이다. 물론 지역 지도자들과 벌인 자유 토론의 내용이 모두 긍정적이었던 것은 아니지만 대화를 나누는 과정에서 신뢰가 쌓이기 시작했다.

결국 우리는 더 큰 교회를 마련하는 것 이상의 목적으로 교회 공간을 사용하는 것이 하나님께서 제공하신 모든 것을 선한 청지기답게 관리하는 일임을 깨닫게 되었다. 그것은 교회 부지 가운데 일부를 점점 심각해지는 지역 노인의 주택 문제를 해결하기 위해 사용하는 것을 의미했고, 지역 대학과 공유할 수 있는 교육 시설 계획을 의미했으며, 지역 주민 모두가 사용할 수 있는 공원과 오락 시설 구축을 의미했다. 또 만남의 장소가 되는 것처럼 단순한 것을 의미하기도 했다. 작년에 수백 개에 이르는 서로 다른 그룹과 기관들이 라이프브리지에서 만났다. 그 중에는 중소기업 및 대기업, 공립 및 사립학교, 비영리 단체, 시민들의 모임이 포함되었다.

교회 문을 이렇게 넓게 개방하는 이유는 무엇인가? 손님을 맞이하기 위해 매트를 깔면 직원과 청소 요원들이 할 일은 더 많아진다. 하지만 그것은 세상에 초점을 맞추는 또 하나의 방편이다. 문을 열어 놓음으로써 우리는 더 많은 사람을 만난다. 우리 시설의 벽돌 한 장, 막대기 하나까지도 동원해서 복음의 선한 청지기가 되려는 것이다.

4. 지역을 사랑하고 섬기려면 먼저 우리 지역을 알아야 한다고 생각했다

문제점이라고 생각되는 내용들을 개선하려고 애쓰는 대신, 우리는 먼저 지역의 진정한 요구에 관심을 기울였다. "부서지지 않으면 고칠 수 없다"는 말이 있는데, 우리는 부서졌다는 것을 모르면 고칠 수 없다는 것을 깨닫게 되었다. 우리가 지역을 섬긴다고 하는 것은 지역을 안다는 것을 의미했다.

우리는 우리 교회가 속한 도시에 대해 몰랐던 것을 많이 알게 되었다. 세인트브레인 지역협의회에 대해서도 잘 알게 되었다. 이 그룹은 "지역의 사회적·경제적 요구에 부응하여 자원과 서비스를 조정함으로써 개인 삶의 질을 향상시키는 것"을 사명으로 삼는다. 지역사회의 복지를 향상시키기 위해 협력하는 롱몬트 지역의 비영리 단체 종사

자들이 사적으로 구성한 협의회이다. 협의회에서는 정보를 교환하고 롱몬트 주민을 섬긴다는 목적을 달성하기 위해 공동으로 전략을 개발한다. 이 회의에 참석하고 나서 우리 교회 대표자들은 지역을 돌보는 일을 우리만 하는 게 아님을 알게 되었다. 우리 지역에 있는 다양한 그룹이 주민을 섬긴다는 비슷한 비전을 가지고 있다. 이 협의회에 참여하면서 우리는 풍부한 정보를 얻었고 중요한 관계를 구축할 수 있었다.

자세히 들여다보기

집 없는 학생들

2002년 여름, 우리는 우리 학군 내에 집 없는 학생이 443명이나 된다는 사실에 놀랐다. 롱몬트는 살기 좋은 곳이다. 그래서 이곳으로 이사 오는 사람이 많고, 성장하는 지역이다. 도시 사면에 새로운 행정구역이 생겨나고 있다. 언뜻 보기에 롱몬트에는 집 없는 사람이 없을 것 같다. 그런데 실제는 그렇지가 않다. 세인트브레인 지역협의회가 집 없는 학생들에게 학교에서 필요한 물품들을 제공하는 "팩 투 스쿨"* 프로그램을 도와 달라고 요청했을 때 우리는 기꺼이 그것을 수락했다. 팩 투 스쿨은 학교 지역, 로터리 클럽, 몇몇 교회, 구세군, 기타 비영리 단체들이 함께 손잡고 진행하는 프로그램이다. 라이프브리지 교인들은 학용품, 특히 사전과 계산기를 제공하는 방법으로 참여했다. 또 라

---

*팩 투 스쿨은 1992년에 지역의 변화를 원하던 덴버의 여성 세 명이 처음 시작한 일이다. 그들은 학교에서 필요한 학용품을 담은 새 가방을 제공하는 방식으로 매년 가난한 어린이 800~1,000명을 도왔다. 그들은 어린이가 적절한 학습 도구를 갖게 될 때 자존감이 높아지고 학습 기반이 조성되며, 그것이 가난의 사이클을 깨는 데 도움을 준다고 믿었다—옮긴이

이프브리지의 자원 봉사자들은 필요한 물품을 가방에 넣어 전달하는 일을 도왔다. 여러 기관이 협력함으로써 집 없는 학생들이 등교하기 시작할 때 필요한 물품들을 대 줄 수 있었다. 한편 이 프로젝트는 노숙자들과 관련해서 오래도록 논의해 온 여러 문제에도 접근하는 길을 열어 주었다. 이를 통해 많은 해결 방안들이 나오고 있다.

5. 모든 사람을 이 흐름에 참여하도록 초청하기로 했다

사회는 흐르는 강물과 같다. 흐름의 방향이 우리 마음에 안 들면 우리는 선택을 해야 한다. 잘못된 흐름을 바라보며 소리치고 비명을 지르며 강둑에 그대로 서 있든지, 아니면 바지를 걷어 올리고 강물 속으로 들어가야 한다. 라이프브리지는 어떻게든 긍정적인 변화를 일으키기 위해 물 속으로 들어가는 교회의 대열에 끼기로 했다.

목회 사역이 즐겁기만 해야 한다는 법이 있는가? 사역과 섬김은 예수님을 따르는 모든 사람을 위해 하나님이 디자인하신 일의 한 부분이다. "우리는 그가 만드신 바라 그리스도 예수 안에서 선한 일을 위하여 지으심을 받은 자니 이 일은 하나님이 전에 예비하사 우리로 그 가운데서 행하게 하려 하심이니라"(엡 2:10). 하나님께서 미리 예비하신 '선한 일을 하라고' 우리를 구원하셨는데 우리가 그 선한 일을 행하지 않을 때, 그리스도인 대부분이 미완의 감정을 느끼는 것은 전혀 이상한 일이 아니다. 목회자나 선교사들만 창조 목적을 발견했다고 생각해서는 안 된다. 많은 사람들이 직업 외에 중요한 사역을 맡는다.

라이프브리지의 섬김에 참여하는 데 필요한 복잡한 절차 같은 것은 없다. 어린이 사역부터 노인 사역에 이르기까지 능력과 연령에 구분 없이 섬길 기회가 있다. 가족, 십대, 노인, 독신자 누구나 참여할 수 있는 프로젝트가 있다. 많은 성도들이 불신자 친구들을 초청하여 도움을 얻는다. 그들은 나무 가지치기, 방화선 만들기, 지역 푸드 뱅크의 주방에서 섬기는 일에 초대받는다. 꼭 라이프브리지 성도라야 단기 프로젝트와 지속적으로 섬기는 사역에 참여할 수 있다는 조건은 달지 않는다.

자세히 들여다보기

중학생들이 관계를 맺는다

처음에는 학생들이 과연 무엇을 할 수 있을지 회의적이었다. 그러나 첫 번째 청소 봉사가 끝나고 나서, 그랜드 메도우 공원 근처에 사는 주민들은 중학생들이 다시 올 때까지 기다리고만 있을 수 없었다. 라이프브리지 크리스천 교회에 다니는 중학생들은 학부모, 청소년 지도자, 시설 관리자들과 함께 주민들이 갈퀴질, 가지치기, 청소, 페인트칠, 시설 보수 작업을 하는 것을 도왔다.

청소년 자원 봉사 지도자 테리 헤일리가 학생들이 스스로 세상을 바른 방향으로 변화시킬 수 있다는 것을 깨닫게 해주기 위해 이 프로젝트를 시작했다. 이 크리스마스 봉사 프로젝트는 매우 성공적이었으며, 지금은 분기마다 중학생들이 청소를 돕는다. 십대들이 과연 도움이 될까 하고 의아해하던 주민들이 지금은 작업 목록을 만들고 과자를 구우면서 학생들이 오기를 기다린다. 심지어 교회에 전화를 걸어 학생들이 언제 오느냐고 알아보기도 한다. 학생들도 이런 경험을 통해 엄청난 유익을 얻는다. 한 학생은 "사람들의 마음에 감동을 줄 수 있다는 것은 신나는 일이에요. 또 일을 하면서 그들과 친구가 될 수 있다는 것을 알았어요"라고 말했다.

6. 혁신적인 아이디어와 파트너십에 마음을 열기로 했다

섬길 기회를 만드는 일은 교회 지도자만 할 수 있는 게 아니다. 우리는 영적 성숙도와는 상관 없이 모든 사람을 격려하여 섬기는 일에 참여하도록 한다. 섬김은 때때로 라이프브리지 크리스천 교회에 발을 들여놓는 첫 단계가 되기도 한다. 우리는 섬김을 실천하기 위해 기업이나 다른 그룹들과 파트너가 되는 데 제한을 두지 않는다.

자세히 들여다보기

세인트 제너비브 프로젝트

몇 해 전 미시시피 강이 범람했을 때 1,400킬로미터나 떨어진 우리 지역은 섬길 방법을 모색했다. 그것은 라이프브리지의 한 가족이, 미주리 주 세인트 제너비브에 살다가 집을 잃은 한 가족을 아는데, 자기 성경공부 조원들에게 그들을 함께 도울 수 있겠는지 물은 데서 시작되었다. 우리는 지역의 다른 교회들에 연락해서 이 일에 함께 참여할 뜻이 있는지 확인했다. 얼마 안 가서 몇 기업도 우리 일에 참여하겠다고 했다. 마침내 롱몬트 시가 세인트 제너비브와 공식적으로 파트너 관계를 맺고 수해 지역에 구호품을 보내기로 했다.

몇 달 동안 매주 수요일마다 트럭 한두 대가 의류, 건자재, 기계 장비, 식품, 생필품 등 온갖 구호품을 싣고 롱몬트를 떠나 세인트 제너비브로 향했다. 유나이티드 항공사는 매주 목요일과 금요일에 청소, 건물 개축, 그 외 세인트 제너비브에 필요한 여러 가지 일을 도우며 재해 현장에서 주말을 보내려는 롱몬트의 볼런티어들에게 무료로 티켓을 제공했다. 이 작업은 수개월 동안 계속되었다. 학교에 다니는 어린이들은 물품 보내는 일로 참여했고, 기업들은 물품을 지원할 뿐 아니라 직원들에게 휴가를 주어서 세인트 제너비브의 주민들을 돕게 했다. 지역의 거의 모든 부문에서 그들을 도울 방법을 찾았다.

그리스도인과 불신자들이 함께 협력해서 세인트 제너비브 사람들을 도왔다. 이것은 한 사람이 다른 사람을 돕기 원하는 마음을 갖고 있었고, 교회 리더들이 "그럼 같이 해보자!"고 하면서 시작된 일이었다.

세상에 초점을 맞추는 사역의 열매

우리가 교회 밖으로 나간 이후로 우리가 섬기는 사람들의 삶이 놀랄 만큼 변하지는 않았다. 그러나 우리도 모르는 사이에 지역사회가 수용적인 자세로 변했고, 시간과 에너지를 바치겠다는 볼런티어들의 열성이 더 뜨거워졌으며, 그들 자신의 삶에 변화가 일어났다. 섬길 일이 생길 때마다 이전에 참여하지 않았던 그룹들이 섬기며 선교하고 싶어한다. 우리는 열정에 불붙일 섬김의 기회가 있는 한, 결국 라이프브리지 성도 100퍼센트가 교회 밖의 사역에 참여할 것으로 기대한다.

교회의 초점을 바꾸면서 다방면에서 성장이 이루어졌다. 1996년에 우리 교회 교인 수는 1,100명이었다. 지금은 주일마다 다섯 번 드리는 예배에 3,000명이 참석한다. 과거 여러 해 동안 새신자 중 80퍼센트가 불신자이거나 교회를 떠나 버린 사람들이었다. 우리는 이 숫자에 흥분한다. 그러나 단순히 교인 수가 늘어난 데에 그치지 않는다. 라이프브리지는 우리 도시와 주변 지역에서 소금과 빛의 사명을 감당한다. 우리는 개인의 변화와 지역의 변화를 함께 경험하고 있다.

예수님은 소금과 빛이 되라고 우리 모두를 초청하신다.

너희는 세상의 소금이니 소금이 만일 그 맛을 잃으면 무엇으로 짜게 하리요 후에는 아무 쓸데 없어 다만 밖에 버려져 사람에게 밟힐 뿐이니라 너희는 세상의 빛이라 산 위에 있는 동네가 숨겨지지 못할 것이요 사람이 등불을 켜서 말 아래에 두지 아니하고 등경 위에 두나니 이러므로 집 안 모든 사람에게 비치느니라 이같이 너희 빛이 사람 앞에 비치게 하여 그들로 너희 착한 행실을 보고 하늘에 계신 너희 아버지께 영광을 돌리게 하라(마 5:13-16).

우리는 하나님께서 하시는 일을 위해 우리 자신을 내어 드릴 때 그분의 손과 발이 된다. 소금과 빛을 필요로 하는 세상에서 소금과 빛이 된다.

"당신은 소금 값을 못해!" 이 말은 역사상 소금으로 임금을 지불하던 시대에 유래했다. 예수님 당시 실제로 로마 군병들은 소금으로 주급을 받았다. 공증인이 없던 시절, 거래 관계가 이루어지면 마주 앉아 일정 비율의 소금을 나누어 갖는 것이 통례였다. 그리고 "이것이 우리 사이의 변개할 수 없는 합의를 뜻한다"고 말했다.

"너희는 방부제, 양념이 되어야 하고 세상에 가치를 부여해야 한다"라는 말을 하기 위해 예수님은 소금이라는 평범하고도 본질적인 물질을 사용하셨다. 그래서 우리 라이프브리지는 언제나 "우리는 지역사회에서 맛을 내고 있는가? 소금 값을 다 하는가?"라고 자문한다.

하나님은 또 그리스도인들에게 빛이 되라는 사명을 주셨다. 빛이 없다면 세상은 어떻게 될까? 빛은 밝힌다. 끌어들인다. 어둠을 몰아낸다. 가정에서 가장 중요한 빛은 값비싼 샹들리에가 아니라 복도에 있는 조그만 야간등이다. 왜 그럴까? 한밤중에 발을 헛디디지 않게 해

주기 때문이다. 언제나 세상을 변화시키기 위해 거창한 일을 할 필요는 없다. 다른 사람을 섬기면서 부드럽게 어깨를 만지는 것만으로 충분할 때도 있다.

지난 2년 동안 라이프브리지 성도들은 크리스마스 휴가철을 이용해서 지역 초등학교 화장실을 청소하고 복도에 페인트칠을 했다. 얼마 전에는 유치원 교실에 초청받아 아이들의 공예품 만들기를 거들었다. 2년 동안 화장실 청소를 해준 학교의 경우, 지금은 학생과 교사들에게 직접적인 영향력을 갖게 되었다. 작년에 지역의 고등학교에서 한 학생이 자살 소동을 벌였다. 교장 선생님은 라이프브리지에 전화를 걸어 학교 시설 안에서 학생들과 3일 동안 함께 있을 스태프 몇 명과 청소년을 지도할 볼런티어를 보내 줄 수 있느냐고 물었다. 라이프브리지가 공립 고등학교에 다가가는 데 그보다 더 좋은 기회가 또 있을까? 우리는 곧바로 사람들을 보냈다.

> 사랑을 보여 주고, 사랑의 본을 보이기 위해서는 우리가 섬기는 대상이 불편하고 깨끗하지 않은 일일지라도 가까이 다가가야 한다.

우리가 종의 자리에 설 때 하나님은 사역할 기회를 주신다. 때때로 우리는 너무 가까이 가지 않고 돕고 싶다는 생각을 할 때가 있다. 그러나 사랑을 보여 주고 사랑의 본을 보이기 위해서는 우리가 섬기는 대상이 불편하고 깨끗하지 않을지라도 가까이 다가가야 한다. 마사 매닝(Martha Manning)은 그의 책 『착륙 지점』(A Place to Land)에서 이렇게 썼다. "한때 나는 완전한 자선이란 도움을 받는 사람과 아무런 관계가 없이 도와 주는 것이라고 생각했다."

마더 테레사는 그것을 이렇게 표현했다. "나는 세상에 사랑의 편지를 보내기 위해 글을 쓰시는 하나님의 손 안에 있는 작은 연필이다."

우리에게는 섬김을 통해 하나님이 사랑의 메시지를 쓰시게 하는 능력이 있다. 최근 우리 학군의 한 사람은 "집 없는 사람들을 위한 임시 주택 건축 프로그램이든, 집 없는 사람을 돕는 일이든, 어떤 형태의 도움이든 간에 라이프브리지가 지역을 위해 하는 모든 일에 진심으로 감사드린다"고 했다.

예수님은 교회들에게 소금과 빛이 되라고 요청하신다. 그것은 정말 평범한 일들이다. 소금과 빛에는 신비스러운 것도 마술적인 요소도 복잡한 것도 없다. 예수님은 의미 있고 영향력 있는 교회가 되라고, 우리가 있는 환경과 상황 속에서 변화를 일으키라고 말씀하신다.

생각하기
하워드 헨드릭스는 이런 말을 했다. "구태의연한 삶을 계획하는 그리스도인은 만나 본 적이 없다. 하지만 구태의연한 그리스도인은 많다."

토론하기
1. 당신의 교회가 무사안일의 죄에 빠져 있지는 않은가?
2. 라이프브리지 이야기에서 어떤 점이 자신과 일치한다고 보는가?
3. 현재 당신의 교회가 적용하는 지역사회 선교의 초점과 방법은 무엇인가?

실천하기
당신의 교회가 지역의 소금과 빛이 되기 위해 할 수 있는 일을 목록으로 만들어 보라.

설교 및 강의를 위한 아이디어

본문_ 마태복음 5장 13-16절

주제_ 그리스도인들이 지역사회에 영향을 주지 못하는 이유는 두 가지다. 하나는 소금의 맛을 잃는 것이다. 믿는 사람이 보여 주어야 할 구별된 맛을 잃는 것이다. 주위의 다른 사람들과 똑같이 되거나 사랑, 자비, 동정심, 섬김을 보이기보다는 오히려 역행하는 삶을 산다. 다른 하나는 그들의 빛을 감추는 것이다. 예수 그리스도의 빛을 발하기는 하지만 그 빛이 등경에 가려져 있다. 즉 교회의 네 벽 안에 갇혀 있는 것이다.

설명_ 라이프브리지 이야기

적용_ 소금의 맛을 내기 위해, 당신의 가치와 행동에서 그리스도를 닮기 위해 무엇을 할 것인가? 빛이 되기 위해, "당신의 빛을 사람들 앞에 비치게 하여 그들로 당신의 착한 행실을 보고 하늘에 계신 아버지께 영광을 돌리게" 하기 위해 무엇을 할 것인가?

3. 섬김의 힘

"예수님은 우리에게 위대함에 대한 새 규범을 주셨다.…
으뜸이 되고자 하는 자마다 종이 되라는 것이다. 이것은 위대함에
대한 새로운 정의이다.…우리에게는 오직 사랑으로 말미암는 성품,
즉 은혜로 가득한 마음만이 필요하다."

마틴 루터 킹

품질보증서로서의 섬김

리츠 칼튼 호텔에서 머무는 즐거움을 맛본 적이 있다면 그것이 얼마나 놀라운 경험인지를 알 것이다. 고객이 도착하는 순간부터 모든 스태프가 한 가지 사실에 집중한다. 고객에 대한 섬김이다. 이 호텔의 좌우명은 "우리는 신사·숙녀를 섬기는 신사·숙녀다!"이다. 섬김은 우연히 이루어지는 게 아니다. 직원들은 문제를 바로잡고 불만을 처리할 진정한 권한을 가지고 있다. 이 호텔 직원들이 고객을 섬기기 위해 얼마나 많은 일을 하는지는 믿기 어려울 정도이다. 손님이 웨이터나 객실 직원, 접수 직원에게 "아, 됐어요"라든지 "괜찮아요"라고 말하기보다 고마움을 표현할 때 그들은 손님에게 미소를 띠고 대답한다. "고객을 섬기는 것이 제 즐거움입니다." 아주 매력 있는 서비스이다. 리츠 칼튼이 오랫동안 호텔 산업에서 가장 명성이 높은 상을 받는 것은 그리 놀랄 일이 아니다. 이 기업은 섬김의 힘을 알고 있기 때문이다.

섬김이 그토록 강력한 이유는 무엇일까? 어째서 섬김이 그토록 많은 것을 가능하게 하는가? 지역사회가 섬김을 통해 변화된다는 게 가능한 일인가? 섬김의 힘을 이해하기 위해서 교회 밖으로 나온 교회를 서로 맞물리게 하는 세 원을 잘 이해할 필요가 있다. 교회가 지역사회의 변화에 관여할 때마다 그들은 도시나 지역의 필요와 꿈, 하나님의 명령과 소원, 교회의 소명과 역량의 교차점에 서게 된다.

원을 세 개 그려 보자. 첫 번째 원은 도시의 필요와 꿈을 나타낸다.

도시의 필요와 꿈

어느 도시나 누가 보더라도 알 수 있는 필요가 있을 뿐 아니라 이루고 싶은 열망 내지 꿈이 있게 마련이다. 우리가 어떻게 그러한 필요와 꿈을 알아 낼 수 있을까? 그것을 알 만한 위치에 있는 사람들 즉 법을 집행하는 부서, 소방서, 학교, 공공 서비스 등의 분야에서 열심히 일하는 사람들에게 물어 보는 게 가장 빠른 방법이다.

지난 수년 동안 보울더 카운티를 위한 목회자 협력 단체는 매달 우리 도시를 위해 봉사하는 사람들을 초대해서 점심 식사를 했다. 우리는 시장, 콜로라도 대학 총장, 지역의 법률 대리인, 경찰서장, 학교장들, 시 행정 담당관, 소방서장 등을 초청했다. 그들에게 지금 목표로 삼고 힘쓰고 있는 일이 무엇이냐고 물

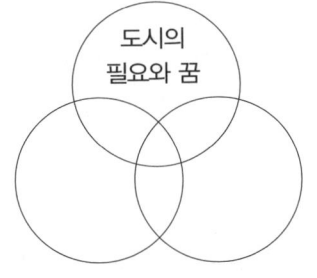

었을 때 "글쎄요, 마약을 더 사용하고, 술집을 더 만들고, 낙제생이 더 늘고, 학교 점수가 더 떨어지고, 집 없는 사람이 더 늘고, 보울더 지역이 더 오염되어야겠지요"라고 말하는 사람은 아무도 없었다. 우리가 지닌 영적 열망만 빼고는 건강한 도시에 대한 그들의 관점은 우리와 똑같았다. 즉 살고 싶은 마음이 생기는 도시, 가족을 부양하고 싶은 도시이다. 당신이 사는 도시에 대한 당신의 꿈을 생각해 보라. 아마 대부분 도시 주민의 생각과 일치할 것이다.

하나님의 명령과 소원

두 번째 원은 건강한 도시를 향한 하나님의 소망을 나타낸다. 하나님께서 도시에 관심을 가지실까? 당연하다! 도시를 향해 하나님께서 원하시는 일을 우리가 어떻게 알 수 있을까? 그분의 명령과 소망을 어떻게 발견할 수 있을까? 성경에는 도시에 관한 말씀이 셀 수 없을 만큼 많다.

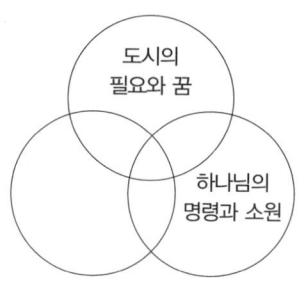

하나님은 도시가 안전한 곳이 되기를 바라시며, 구원의 자리가 되기를 원하신다. 성경은 "여호와께서 성을 지키시며"(시 127:1), "성읍을 치료하며 고쳐 낫게"(렘 33:6) 하신다고 말한다. 그리고 그렇게 깨끗해지고 죄를 용서받아 변화된 도시는 하나님을 향한 영광과 찬송의 도구가 된다고 하신다. "이 성읍이 세계 열방 앞에서 나의 기쁜 이름이 될 것이며 찬송과 영광이 될 것이요 그들은 내가 이 백성에게 베푼 모든 복을 들을 것이요 내가 이 성읍에 베푼 모든 복과 모든 평안으로 말미암아 두려워하며 떨리라"(렘 33:9).

예수님은 친히 도시가 그분과 관계를 가지고 구원에 이르기를 소망한다고 말씀하셨다. "예루살렘아 예루살렘아…암탉이 제 새끼를 날개 아래에 모음 같이 내가 너희의 자녀를 모으려 한 일이 몇 번이냐 그러나 너희가 원하지 아니하였도다"(눅 13:34). 예수님이 군중의 환호를 받으며 예루살렘에 입성하실 때, "가까이 오사 성을 보시고 우시며 이르시되 너도 오늘 평화에 관한 일을 알았더라면 좋을 뻔하였거니와"(눅 19:41-42). 무리가 기뻐하며 큰 소리로 하나님을 찬양할 때, 예수님은 그분이 생명을 주기 원하지만 거절하는 성읍을 보면서 우셨다.

레이몬드 바케 박사는 미래의 도시에 대해 이야기하면서, 이사야 65장 17-25절을 기초로 하나님이 원하시는 건강한 사회의 특징을 다음과 같이 여섯 가지로 요약했다.

- 공적 즐거움과 행복(17-25절)
- 어린이와 노인의 건강 보호(20절)
- 집 없는 사람이 없음(21절)
- 굶주리는 사람이 없음(22절)
- 가족 보호 시스템(23절)
- 폭력이 없음(25절)[1]

우리는 위의 목록에 다음 사항을 추가한다.

- 의미 있는 일(22-23절)

이렇게만 된다면 얼마나 살기 좋은 곳이 되겠는가? 이런 곳에서 살아 보고 싶지 않은가?

지역 교회의 소명과 역량

건강하고 변화된 지역을 만들기 위해 교회가 할 일이 있다. 지역이 마음에 들지 않는다고 빠져 나갈 수는 없다. 원하든 원치 않든 지역의 삶에 교회가 적극적으로 참여하거나 관여하지 않고는 그 지역이 건강해질 수 없고, 하나님께서 원하시는 모습이 될 수 없다는 점을 깨

---

1. Raymond Bakke, *A Theology as Big as the City*, InterVarsity Press, 1997, 82-83.

달아야 한다. 이것이 지역을 설계하신 하나님의 뜻이다.

하나님은 언제나 자기 백성을 통해 지역사회에 소망과 건강을 부여하셨다. 에스라와 느헤미야는 도시를 복구하는 데 놀라운 솜씨를 발휘했다. 하나님의 사람들은 언제나 하나님과 동역하여 과부, 고아, 나그네, 연약한 자, 가난한 사람들을 도울 특권을 가지고 있다. 소외된 사람들을 돌보는 일은 교회의 소명 중 일부이다. 1세기 아테네의 기독교 변증가였던 아리스티데스(Aristides)는 로마 황제 하드리안에게 기독교를 다음과 같이 설명했다. "그들은 서로 사랑합니다. 절대 과부를 보고 그냥 지나치는 법이 없으며, 고아를 해치는 사람들에게서 고아를 구합니다. 그들은 자신들이 가진 것을 아무것도 없는 사람들에게 조건 없이 나눠 주고, 나그네를 보면 자기 집으로 데려갑니다. 그리고 진짜 형제처럼 행복해합니다."2

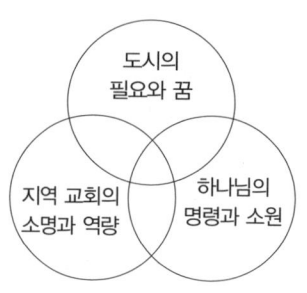

하나님은 사랑과 자비를 통해 하나님의 성품을 드러낼 뿐 아니라 모든 족속에게 복음을 전하고 제자로 삼으라고 교회를 부르셨다(마 28:18-20, 막 16:15). 오늘날 여러 나라에서 많은 사람이 우리 도시, 우리 지역으로 몰려온다. 그리고 하나님께서는 지역사회에 복음을 전하라고 교회에 명하신다. 교회의 소명은 명백하다.

각 지역 교회의 역량이 지역사회 변화의 대리자 역할을 결정한다. 어떤 교회도 모든 일을 혼자 할 수는 없지만 어느 교회나 하나님의 사랑, 자비, 능력이라는 의미 있는 방법으로 도시와 지역 주민들을 돕고 섬길 수 있는 역량이 있다.

교차되는 부분 보기

이 그림에서 가장 흥미 있는 부분은 도시, 하나님, 교회가 서로 맞물리는 부분이다. 원이 서로 다른 독립체를 나타내는 반면, 맞물리는 부분은 이 독립체들 사이에서 벌어지는 일들을 설명한다. '일반 은총'이라는 말은 교회와 상관 없이 도시의 이해 관계와 하나님의 소원이 교차하는 공통 부분을 설명하기

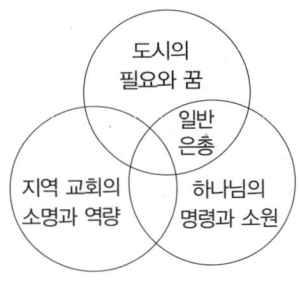

위해 사용하는 용어이다. 하나님께서 교회를 통하지 않고 친히 도시를 위해 행하기 원하시는 일을 설명하기 위해 장 칼뱅(Jean Calvin)이 사용한 말이다.3

일반 은총은 "그는 은혜를 모르는 자와 악한 자에게도 인자하시니라"(눅 6:35)와 "하나님이 그 해를 악인과 선인에게 비추시며 비를 의로운 자와 불의한 자에게 내려주심이라"(마 5:45) 한 말씀대로 모든 사람을 향한 하나님의 인자하심을 의미한다. 하나님은 모든 사람이 안전하고 정의롭게 살기를 바라신다. 믿는 자와 믿지 않는 자를 보호하는 성벽이 일반 은총이다. 일반 은총은 학교, 가로등, 교통신호, 하수도, 도로, 교량 같은 공적인 일들을 포함한다. 또 그것은 경찰이나 소방서 같은 공공 서비스도 포함한다. 칼뱅은 일반 은총을 위해 세금을 낸다고 말했다.4

---

2. Charles W. Colson, *Loving God*, Zondervan Publishing House, 1983, 176. (『러빙 갓』, 홍성사)
3. Bakke, *A Theology as Big as the City*, 159.
4. 위의 책.

일반 은총은 "가이사의 것은 가이사에게"(막 12:17) 주는 이유 가운데 일부이다.

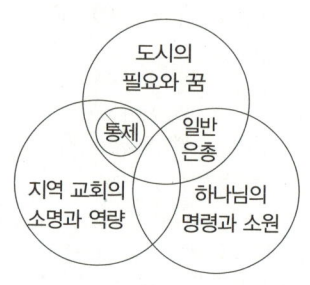

'통제'는 하나님의 뜻과 상관없이 도시와 교회가 교차되는 부분에 있다.

이 교차되는 부분의 역사는 일반적으로 선하지 못하다. 유럽의 일부 국가는 교회에 대해 통제권을 가지고 있다. 미국은 다소 기복이 있지만 교회가 국가 정치를 선의에서 통제하는 역할을 한다. 어느 경우든 이들 두 객체에 대한 통제는 복음에 지속적인 영향을 주지 못한다.

'구원'은 도시를 향한 하나님의 소원, 도시 구원을 위한 교회의 소명과 역량이 도시와 관계를 맺으면서 맞물리는 부분에 있다.

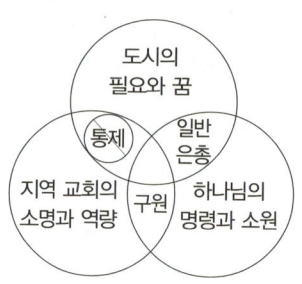

이러한 교차 상황을 가장 잘 설명하는 성경구절이 디모데전서 2장 1-7절이다. 중보하고, 기도하고, 지도자들에게 감사하고, 도시를 구원으로 이끌기 위해 힘을 다하라고 말씀한다. 하나님은 모든 사람이 구원을 받으며 진리를 아는 데에 이르기를 원하시기 때문이다(딤전 2:4). 바벨론에 사로잡혀 간 포로들에게 주신 하나님의 말씀도 이와 관련이 있다. "너희는 내가 사로잡혀 가게 한 그 성읍의 평안을 구하고 그를 위하여 여호와께 기도하라 이는 그 성읍이 평안함으로 너희도 평안할 것임이라"(렘 29:7).

맞물리는 원들을 통해서 재미있는 현상들을 볼 수 있다. 하나님께서 도시를 구원하기 원하시고 도시민을 구원하는 것이 교회의 사명임에도 구원은 도시의 소망을 벗어나 있다. 흥미롭게도 건강한 보울더 카운티를 조성하기 위한 논의 중에 도시 구원의 필요성을 말한 도시 관계자는 한 명도 없었다. 그래서 우리 도시를 예수 그리스도께로 인도하기 위한 전략에 도시민을 우리 교회로 초청하여 복음을 듣게 하거나 복음을 들고 도시 속으로 파고드는 일을 포함시키고 있다. 지금까지는 이 두 전략이 모두 효과적이었을지 모르지만 미래에는 어떨까? 도시를 파고들 방법은 무엇인가? 네 번째 교차점을 살펴보아야 한다.

변화를 일으키는 '중심점'

도시의 필요와 꿈, 하나님의 명령과 소원, 교회의 소명과 역량을 모두 포괄하는 유일한 지점은 섬김이다. 섬김은 세 가지 관심사를 한데로 모으는 중심점(Sweet Spot)이다. 섬김은 도시가 필요로 하는 것이고, 하나님께서 원하시는 것이며, 교회가 할 수 있는 일이다. 도시는 구원에 별로 관심이 없을지 모른다. 그러나 필요로 하는 것은 있다. 의미 있는 관계를 발전시킬 수 있는 열쇠는 이 필요를 충족시키는 것이며, 그렇게 형성된 관계를 통해 지속적으로 복음을 제시할 기회를 얻고 그리스도의 사랑과 구원으로 이 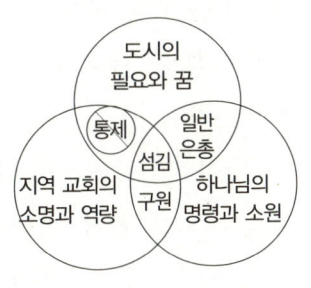 끌게 된다. 초대교회는 사람들이 사랑하고 섬김을 실천했기 때문에 성장했다. 섬기는 사람은 어디든지 가야 한다고 믿는다. 우리는 섬김을 통해서 필요가 있는 곳에 접근할 수 있고, 영향을 주는 자리에 다가갈 수 있다.

우리는 억지로 밀고 들어갈 수 없었던 도시 선교의 자리에 초청받고 있으며, 섬김이 구원으로 이끄는 다리가 된다는 점을 확신하게 되었다. 회개로 이끄는 것은 '하나님의 인자하심'(롬 2:4)이지 심판의 위협이 아니다. 섬기고 축복할 때 복음을 막는 장벽이 무너지게 된다. "하나님께 나아가는 길은 예수님을 통하는 것 한 가지밖에 없지만, 예수님을 향해 가는 길은 천 가지다"라는 말이 있다. 지역사회에 파고드는 천 가지 진입로를 만들 때 사랑을 베풀, 도시와 함께 복음을 나눌 천 가지 기회가 열릴 수 있다.

섬김을 통해 도시의 삶에 파고들면서, 우리는 보통 거리를 두기 쉬운 사람들과 교제할 기회를 갖게 되었다. 관계가 형성되자 사람들이 하나님께로, 그분의 교회로 나오기 시작했다. 과거에는 볼 수 없었던 일이다. 선행은 복음이 건너다닐 커다란 다리를 놓는다. 섬김을 통해 구원의 문이 열린다. 지역 주민들은 이제 우리 교회에 여러 가지를 부탁한다. 보육원에 교회를 세우고, 청소년 범죄자를 선도하며, 비영리 기관에 목사를 보내 주고, 집 없는 사람들과 함께 일하며, 학교에서 일하고, 심지어 전에는 우리가 마음대로 접근할 수 없었던 다른 많은 환경에서 일해 달라고.

이타적인 섬김은 모든 사람의 관심을 끈다. 2003년 가을, 우리 지역의 한 교회에 나가는 학생 25명과 어른 몇 명이 보울더에서 좀처럼 보기 힘든 일을 했다. 그들은 지역에 있는 한 기업체를 찾아가 아무 대가 없이 나뭇잎을 긁고, 화장실을 청소하고, 회사를 찾는 고객의 앞 유리창을 닦았다. "왜 이런 일을 하세요?" 하고 사람들이 물으면, "실질적인 방법으로 하나님의 사랑을 보여 주기 위해서지요"라고 대답했다. 많은 사람이 "정말 멋있다"는 반응을 보였다. 유리창을 닦고 나자, 처음 이 도시를 방문한 한 사람은 "펜실베이니아에 돌아가면 보울더 사람들은 이런 일을 다 하더라고 말하겠다"고 했다. 한 기업체 사장은 "믿기 어렵겠지만, 누군가 와서 화장실 청소를 좀 하게 해 달라고 기도했어요"라고 말했다. 그날 오후 이 젊은 종들은 좀더 알아보고 싶어하는 사람들을 붙들고 복음을 전할 기회를 얻었다. 섬기는 사람들은 힘으로 밀고 들어갈 수 없는 곳에 초대를 받는다.

사람들이 예수님을 믿으면 즉시 남을 섬기는 일에 참여할 수 있다. 처음 믿기 시작할 때부터 그리스도인이 된다는 것이 고립된 경험이 아니라 지역에서 사는 삶이고 섬김임을 이해할 수 있다.

> 섬기는 사람들은 힘으로 밀고 들어갈 수 없는 곳에 초대를 받는다.

알링턴 선교회를 통해 해마다 수백 명이 예수님을 영접한다. 2002년에는 새신자 1,600명이 하나님의 가족이 되었다. 삶에 감동을 주고, 삶이 변화된다. 예수 그리스도를 영접한 많은 사람이 볼런티어로 섬긴다. 섬김은 구원으로 통하는 다리가 되고, 구원은 섬김으로 통하는 다리가 된다.

자세히 들여다보기

알링턴 선교회

알링턴 선교회는 하나님의 소원, 도시의 꿈, 교회의 역량이 교차하는 지점에서 이루어지는 가정교회 운동으로서 섬김이라는 완전한 중심점에 들어가 있다. 틸리 버긴이라는 탁월한 여인이 알링턴 선교회를 시작했다. 틸리는 몇 년 동안 한국에서 선교 활동을 했고, 후에 텍사스의 알링턴에서 학교 행정가로 자리를 잡았다. 1986년에 틸리는 자기 주위에서 섬김이 필요한 일들을 발견하고 나서 이렇게 자문했다. "알링턴을 선교의 장으로 삼으면 어떨까?" 그래서 시작했다. 그녀의 사명은 단순했다. 교회에 다니지 않는 사람들에게 요한복음 3장 16절을 들고 찾아가기를 거듭했다. 그러나 용기를 내어 이웃을 만나고 선교하기 시작하면서 곧바로 여호와의 증인에게 도전을 받았다. 그들은 "남의 영역을 침범하지 말고 당신의 교회가 있는 곳으로 돌아가라"고 말했다. 틸리는 그들의 말에 개의치 않고 서서히 선교의 발판을 넓혀 나갔다. 다행스러운 일이었다.

현재 알링턴 선교회는 지역 가정교회 250군데(4,000여 명 출석)를 거느리고 있다. 이들은 매주 음식, 옷, 가구, 학교 용품, 의료 및 치과 서비스, 통학 서비스, 어린이 및 성인 돌보기, 어린이 1,100명을 위한 방과 후 프로그램 46개소, 상담, 영어 회화, 시민권 준비반, 직업 소개 등으로 알링턴의 지역 주민 수천 명을 섬긴다. 밤에 일하는 불완전 취업자들이 낮 동안 눈을 붙일 수 있는 방을 제공하기도 한다. 물론 네모반듯한 블록으로 지은 선교 센터도 사랑과 깊은 동정심으로 충만하지만, 진정한 선교는 알링턴 주변 주택과 아파트에 산재한 247개 가정교회에서 이루어진다.

　매일 수백 명이 다양한 필요로 센터를 찾는다. 이들의 필요를 충족시킬 방안이 마련되면 지역적으로 적합한 가정교회가 사후 관리를 맡는다. 작년 추수감사절에는 알링턴 선교회 사람들이 각자 자기 집에서 1,100여 명에게 식사를 대접했다. 센터에서보다는 가족·친구들과 함께 식사를 하는 편이 낫다고 생각했기 때문이다. 이것은 틸리와 그녀의 동료들이 얼마나 친절하고 사려 깊게 모든 사람을 대하는지를 보여 주는 한 가지 예일 뿐이다. 2003년에는 21,000명이나 되는 사람들이 알링턴 선교회의 크리스마스 가게에 들러 크리스마스 이야기를 듣고 (여기서 800명 이상이 예수님을 믿기로 작정했다), 어디를 가도 그렇게 싼값으로 살 수 없는 선물(지역 상인들과 개인이 내놓은 신제품 또는 거의 신제품에 가까운 물건들)을 골랐다. 한 소년은 브로치를 골라 엄마한테 선물할 거라며 포장해 달라고 내밀었다. 그런데 소년은 포장한 선물을 뜯은 다음 브로치를 꺼내 들고 줄을 서서 또 다시 포장해 달라고 했다. 몇 번이나 그렇게 되풀이하기에 마침내 틸리가 다가가 왜 그러느냐고 물어 보았다. 그는 여기 있는 사람들에게서 받은 대우를 여태껏 받아 본 적이 없으며 그 사랑을 더 느끼고 싶어서 계속 줄을 다시 섰다고 말했다.

끝까지 사랑하기

　　　십자가 고난을 받기 전날 밤, 예수님은 제자들과 함께 최후의 만찬을 하셨다. 평생 제자들을 사랑하셨음에도 "끝까지 사랑"하신다는 사실을 보여 주기 위해 무언가를 하셨다고 요한은 기록했다(요 13:1).

알고 있는가? 주님은 언제나 제자들을 사랑하셨지만 얼마나 사랑하시는지를 정확히 보여 주고 싶어하셨다. 그래서 예수님은 무슨 일을 하셨는가? 설교를 들으러 또는 프로그램을 확인하러 교회로 나오라고 하지 않으셨다. 다만 저녁 식사를 하기 전에 제자들의 발을 씻고 닦아 주심으로써 섬김의 본을 보이셨다. 제자들은 예수님에게 섬김을 받으면서 예수님의 사랑을 깨달았다. 예수님은 섬김을 통해 사랑을 나타내셨다. 예수님이 가르쳐 주신 교훈은 무엇인가? "내가 주와 또는 선생이 되어 너희 발을 씻었으니 너희도 서로 발을 씻어 주는 것이 옳으니라 내가 너희에게 행한 것 같이 너희도 행하게 하려 하여 본을 보였노라"(요 13:14-15). 예수님은 종이 되어야 하는 사람들을 섬기셨다. 그들은 또 다른 사람들을 섬겨 그들을 종으로 세워야 할 사람들이었다. 교회 밖으로 나온 교회들이 출현한다는 사실은 예수님이 주신 이 교훈이 21세기까지 여전히 이어지고 있음을 뜻한다.

> 어떤 사소한 섬김도 의미가 있다.

　섬김은 언제나 다른 사람의 필요를 채워 주고 다른 사람의 성공을 돕는 일이다. 섬김은 다른 사람의 필요를 최소한 자신의 필요와 같은 수준에 두는 것이다. 섬김은 이루어져야 할 어떤 일이 준비되어 있고, 할 의지가 있으며 할 능력을 갖춘 사람이 있을 때 일어난다. 이타적이고 조건 없는 섬김은 사람들의 마음을 연다. 예수님이 눈먼 걸인에게 "네게 무엇을 하여 주기를 원하느냐?"(눅 18:41)라고 물으셨을 때, 예수님은 종의 마음을 표현하고 있었다. 예수님은 진실한 종이 해야 하는 질문을 하셨다. 예수님이 제자들의 발을 씻어 주시거나 고기 잡던 날 아침에 생선과 빵으로 아침 식탁을 마련해 주신 것은, 어떤 사소한 섬김도 의미가 있음을 보여 주고 싶으셨던 것이다.

섬김은 우리가 사랑으로 다른 사람들에게 다가가는 행위이다. 섬김은 그리스도인의 표시다. 우리는 예수님께서 보여 주셨고, 지금도 보여 주고 계신 섬김의 자세를 가져야 한다. "너희 안에 이 마음을 품으라. 곧 그리스도 예수의 마음이니…종의 형체를 가지사"(빌 2:5-7).

모자이크 교회의 어윈 맥마너스 목사는 이렇게 말했다. "하나님이 섬기는 분이라는 점에서 볼 때 종이 된다는 것은 신비로운 의미를 지닌다. 다른 사람을 섬길 때 우리는 하나님의 형상을 더 잘 드러내게 되고 우리 마음은 하나님의 마음과 공명한다. 순수하게, 이기심이나 계산이 없이 섬길 때 우리는 하나님의 형상을 가장 잘 닮을 수 있다."5

섬김은 영적인 은사가 아니다. "은사가 없어서" 섬기지 못한다는 것은 말이 되지 않는다. 실제로 베드로 사도는 "하나님의 여러 가지 은혜를 맡은 선한 청지기 같이 서로 봉사하라"(벧전 4:10)고 말했다. 성경은 사람들이 "말씀도 듣고 자기 병도 고침을 받고자"(눅 5:15, 6:17) 예수님께 모여 왔다고 기록되어 있지만 예수님의 일정표에는 그보다 더 많은 계획이 있었다. 예수님은 '섬기고 주기 위해서' 왔다고 말씀하셨다(마 20:28). 오늘날도 그리스도를 따르는 많은 사람이 교회는 하나님의 말씀을 듣고 병 고침을 받는 곳으로 인식한다. 그러나 또한 교회는 섬기고 주는 곳이 되어야 하지 않을까? 당신이 섬기는 바로 그 교회가 섬기고 주는 곳이 되어야 하지 않을까?

> 섬김은 영적인 은사가 아니다. "은사가 없어서" 섬기지 못한다는 것은 말이 되지 않는다.

---

5. Erwin Raphael McManus, *An Unstoppable Force*, Group Publishing, Inc., 2001. (『멈출 수 없는 하나님의 운동력』, 국제제자훈련원)

몸으로 표현하는 선교의 역설

오늘날 '몸으로 표현하는 선교' 방법에 대해 글도 많이 쓰고 이야기도 많이 한다. 우리가 선포하는 메시지를 말만이 아니라 몸으로 표현한다는 뜻이다. 몸으로 표현하는 선교를 생각하면서 우리는 자연스럽게 예수님의 성육신—하나님이 육신이 되어 잃어버린 세상에 오심(요 1:14)—을 떠올리게 된다. 우리는 "여러분, 여러분이 바로 사람들이 볼 수 있는 유일한 복음입니다. 여러분이 바로 사람들이 읽을 수 있는 유일한 성경입니다. 여러분은 그들에게 작은 예수가 되어야 합니다"라고 부르짖는 강단의 외침을 듣는다. 사람들을 사랑하고 섬길 때 예수님을 닮게 된다고 생각하면 기분이 좋아진다. 예수님은 사람들의 삶을 통해서 예수님이 드러나야 한다고, 우리가 예수가 되어야 한다고 말씀하셨다. 그러나 실제 우리의 모습은 그렇지 못할 수 있다.

마태복음 25장 35-36절에서 예수님은 이렇게 말씀하셨다. "내가 주릴 때에 너희가 먹을 것을 주었고 목마를 때에 마시게 하였고 나그네 되었을 때에 영접하였고 헐벗었을 때에 옷을 입혔고 병들었을 때에 돌보았고 옥에 갇혔을 때에 와서 보았느니라."

그때 그분을 따르는 사람들이 당황하며 말했다. "주여 우리가 어느 때에 주께서 주리신 것을 보고 음식을 대접하였으며 목마르신 것을 보고 마시게 하였나이까 어느 때에 나그네 되신 것을 보고 영접하였으며 헐벗으신 것을 보고 옷 입혔나이까 어느 때에 병드신 것이나 옥에 갇히신 것을 보고 가서 뵈었나이까."

예수님이 대답하셨다. "내가 진실로 너희에게 이르노니 너희가 여기 내 형제 중에 지극히 작은 자 하나에게 한 것이 곧 내게 한 것이니라."

선교 현장에서 우리의 선교 대상은 예수님을 만나는 것이 아니라 우리를 만나는 것이다! 우리가 그들에게 예수님이 아니라, 그들이 우리에게 예수님이다! 예수님은 "너희가 그들에게 하는 것은 내게 하는 것과 마찬가지다"라고 말씀하시지 않았다. "너희가 그들에게 하는 것은 내게 하는 것이다"라고 하셨다. 마더 테레사는 죽어 가는 사람, 저는 사람, 외로운 사람, 소외된 사람, 사랑받지 못하는 사람, 즉 "가면에 가려진 예수"를 찾아 나가서 돌보는 것이 자신의 사역 전략이라고 설명했다. 우리는 그분을 찾아 나설 준비가 되어 있는가?

성경 말씀 보기

공동체 안에서 충분히 보살핌을 받지 못하고 있는 사람들을 향한 하나님의 마음을 표현한 성경구절이 많다. 구약을 보면 자기 백성이 불행한 사람들의 보호자가 되어야 한다고 말씀하시고 가난한 자, 이방인, 과부, 고아, 궁핍한 사람들에 대한 하나님의 마음을 분명하게 드러내셨다. 성경은 언제나 모든 일을 하나님의 시각에서 가르친다. 하나님의 마음을 들여다보게 하고, 우리를 향한 하나님의 마음이 어떤 것인지 알게 해준다. 우리가 성경을 이해하고 하나님이 원하시는 것이 무엇인지 알 때 우리 삶에 변화가 온다. 교회가 속한 지역에서 세상에 초점을 맞추며 소금과 빛의 역할을 하는 교회는 교회 바깥 선교에 대해서 강한 성경적 확신을 갖는다(소외된 사람들에 대한 하나님의 마음을 나타내는 성경구절은 부록에 따로 정리하였다).

선한 사마리아인

　　선한 사마리아인(눅 10:30-37)은 실제적인 많은 일을 통해서 예루살렘 밖에 버려진 불쌍한 영혼에게 진정한 이웃이 되어 주었다. 첫째, 선한 사마리아인은 도움이 필요한 사람을 피하지 않았다. 하나님께서 우리에게 주시는 사역 기회는 대개 예기치 않은 사태와 하던 일의 중단이라는 두 가지 국면 사이에서 일어난다.

　둘째, 사마리아인은 의료 서비스를 제공했다. 요즘은 예전보다 의료비가 많이 올랐다. 지역사회의 빈곤층에게 의료 서비스를 제공하거나 치아 치료를 도와 줄 방법이 있는가? 여러 해 전, 캘리포니아 어바인에 있는 매리너스 교회는 오렌지 카운티의 사회봉사 기관과 협력하여 한 십대 소년을 도왔다. 그 아이는 착하지만 심한 여드름과 그로 인한 상처 때문에 지나치게 수줍어해서 집안에만 틀어박혀 있었다. 매리너스 교회가 레이저 수술비를 대서 치료를 받았는데, 그 결과 피부가 몰라보게 달라졌다.6 이 십대 소년의 삶에 변화가 있었으리라는 생각이 드는가? 믿는 사람들이 베푼 친절을 잊을 수 있으리라고 생각하는가?

　셋째, 사마리아인은 상처 입은 사람을 자기 나귀에 태워 주었다. 즉 교통수단을 제공했다. 가난한 사람들이 소외되는 이유 가운데 하나로 대중 교통수단의 부족을 들 수 있다. 교통수단이 없어서 직장에 나가지 못하거나 학교에 갈 수 없다면 가난에서 벗어날 수 없다. 한 예로 텍사스 주 알링턴은 대중 교통수단이 거의 없다고 해도 과언이 아니다. 차가 없으면 돌아다닐 수 없다. 그래서 알링턴 선교회는 하루에 2,000명을 직장과 학교로 실어 나르는 대중교통 사역을 시작했다. 버스 회사를 시작하기는 벅찰 수 있다. 그러나 찾아보면 교통수단을 통해 도울 수 있는 방법들이 있다. 당신의 교회에서 바깥출입이 원활하지 못한 사람들의 쇼핑이나 병원 방문을 도울 방법은 없겠는가?

많은 교회가 무료 오일 교환이 지역사회에 접근하는 매우 효과적인 방법이라는 사실을 알게 되었다. 라이프브리지 크리스천 교회는 고객의 경제 상태에 따라 요금을 책정하는 두 칸짜리 자동차 정비 공장을 새 건물에 세우려 하고 있다.

콜로라도 주 보울더에 있는 갈보리성서교회는 공원 세 곳을 이용하여 해마다 자전거 수리 서비스를 실시한다. 한 독신 여성이 그녀의 유일한 교통수단인 낡아빠진 자전거를 가지고 나타났을 때, 담당자들에게는 그런 고물 자전거를 고칠 만한 부품이나 공구가 없었다. 그래서 그들은 그 자전거를 지역에 있는 자전거 가게로 가져다가 한 시간 만에 새 자전거로 고쳐서 보냈다. 그녀는 그들의 친절에 감동하여 울음을 터뜨렸다. 오하이오 주 신시내티에 있는 빈야드 커뮤니티 교회의 수석 목사 데이브 워크맨은 "사람들이 교회에 나올 때까지 12-20회의 적극적인 부딪침(교회와 기분 좋게 만나는 것)이 필요하다"고 말했다.7 공공장소에 우리의 모습을 드러내고 섬길 때, 이런 "기분 좋은 만남"이 가능하다.

넷째, 사마리아인은 숙소를 제공하고 함께 있어 주었다. 그는 상처 입은 사람을 여관으로 데리고 갔을 뿐 아니라 어두운 밤을 그 사람과 함께 지냈다. 3년 전 혹한기에 갈보리성서교회는 무주택자 수용소로부

---

6. 2003년 3월 25일, 매리너스교회 등대선교회의 로리 비쇼어가 어바인에서 에릭 스완슨과 나눈 이야기에서.
7. 2003년 5월 6일, 신시내티에서 에릭 스완슨과 나눈 이야기에서.

터 교회의 남는 방을 제공해 달라는 요청을 받았다. 교회는 10월부터 4월까지 매주 월요일마다 8-10명에게 잠자리를 제공했다. 갈보리성서교회는 집이 없는 것은 사회적 병폐가 아니라 안정적인 주거지를 갖지 못하는 데서 생기는 문제일 뿐이라고 생각한다.

자세히 들여다보기

예수님 알기

작년 봄, 친구 도니와 나(에릭)는 무주택자 수용소에서 10명을 교회로 데려와 하룻밤을 같이 지내기로 하고 수용소의 허락을 받았다. 우리는 그들을 밴에 태우고 교회로 돌아와서 간식을 함께 먹고 "덤 앤 더머"라는 영화를 본 다음 함께 기도했다. 그 후 체육실에 야전침대를 펴고 잠자리에 들었다. 그들이 다음 날 아침 7시에 떠나야 했기 때문에 도니는 4시 30분에 일어나 크리스마스 날 아침에나 굽는 '올타임 시나몬 롤'을 구웠다. 그들은 뜨거운 커피 향과 버터를 발라 오븐에 갓 구워 낸 시나몬 롤 냄새에 잠이 깨어 금방 주방에 줄을 섰다. 그들은 한 꺼풀 한 꺼풀 우리에게, 그리고 서로에게 자신들의 삶을 열었다.

당시 도니와 나는 예수님이 가난하고 불쌍한 사람들을 만나는 내용의 마태복음 25장을 공부하고 있었다. 그들이 지금까지 먹어 본 적이 없는 맛있는 시나몬 롤을 허겁지겁 삼키는 모습을 보며 도니에게 어떤 생각이 드는지 물어 보았다. 도니는 "예수님도 분명히 시나몬 롤을 좋아하실 거라는 생각이 들었어"라고 대답했다.

지극히 작은 자에게 숙소를 제공하고 함께 있어 줄 방법이 있는가?

지역 수용소에 자원할 생각이 있는가? 당신의 교회는 숙소를 제공할 수 있는가? 사랑의 집짓기를 도와 망치질을 할 마음이 있는가?

흥미로운 것은 사마리아인이 맨 마지막으로 여관 주인에게 돈을 지불했다는 점이다. 돈과 상관 없이 그렇게 좋은 일을 많이 할 수 있었던 것이다. 신시내티에 있는 빈야드 커뮤니티 교회의 자선 사역 담당자 비키 베어드는 "가난한 사람들에게는 돈보다 관계가 더 필요하다. 도심에 들어가면 거저 얻을 수 있는 것들이 많다. 하지만 가난한 사람들을 돌봐 줄 사람은 더 필요하다."8 그녀의 말은 일리가 있다. 그러나 때때로 도구 중의 도구인 현금을 대체할 수 있는 것은 없다. 의료비와 난방비를 내기 위해서도 현금이 필요하다. 보울더에 있는 한 교회는 이란에서 이민 온 가정이 집값을 저가로 분할 상환할 수 있게 해주기도 했다. 이것이 바로 눈에 보이는 그리스도의 사랑이다.

자세히 들여다보기

크릭사이드 커뮤니티 교회

몇 년 전, 캘리포니아 주 산 레안드로에 있는 크릭사이드 커뮤니티 교회의 목사 존 브루스는 오클랜드의 한 초등학교 교장과 만나 교회가 학교를 위해 할 수 있는 일에 어떤 것이 있는지 물었다. 당시 그 학교는 폭력이 최악인 상태였고, 어떤 때는 거의 반이나 되는 학생들이 오

---

8. 2003년 5월 6일, 신시내티에서 에릭 스완슨과 나눈 이야기에서.

직 얻어맞지 않기 위해 결석하는 일도 있었다. 교회는 쉬는 시간과 점심시간에 학교 운동장에 사람을 배치했다.

출석률이 다시 높아지자, 교회는 또 달리 섬길 기회를 찾기 시작했다. 그들은 초등학교 학생 중 하위 10퍼센트를 보살필 때 가장 큰 영향을 줄 수 있음을 알게 되었다. 그 아이들과 함께 공부하며, 학교 전체의 교육 수준을 높인다는 데 목표를 둔 것이다. 이 교회 성도들은 교실에서 일대일로 학생들을 돕고, 방과 후에는 학생들과 함께 숙제를 돕기도 하고 같이 놀아 주기도 하고 학습 게임을 하면서 학생들이 공부도 하고 건강하게 자랄 수 있는 환경을 만들어 준다.

크릭사이드의 자원 봉사자들은 학생들을 돕는 일 말고도 아침 식사 제공, 보답 잔치, 선물 꾸러미, 칭찬, 감사 표시 등으로 교사들을 격려한다. 교장은 서슴지 않고 이렇게 말했다. "지난해에는 어려움이 많았는데 이런 활동이 교사들의 사기를 유지시켜 주었습니다. 고마워할 때, 가치를 인정해 줄 때 교사들은 더 높은 수준으로 학생들에게 헌신하게 됩니다."

하지만 아무 열매가 없다면 어떻게 할까

이따금 우리는 스스로 이런 질문을 한다. "열심히 섬겼는데 아무 일도 일어나지 않으면 어떡하지? 아무런 반응이 없으면 어쩌지?" 한 친구는 자기 교회가 시행하는 "한 블록 입양하기"(Adopt-a-Block) 사역에서 가장 힘든 것이 주일에 하루 꼬박 이웃집 마당을 청소해도 고맙다는 인사 한 마디 없는 것이라고 고백했다. 어떤 사람은 전에는 그런 사랑을 받아 본 적이 없다며 고마워하고, 어떤 사람은 그리스도를 영접하기도 하며, 또 어떤 사람은 교회로 들어와서 활동적인 리더가 되기도 하지만 섬김에 아무 반응을 보이지 않는 사람도 많다. 그러나 그대로 좋다. 새삼스러운 일은 아니다.

예수님은 비눗기 있는 물이 담긴 대야 옆에 꿇어 앉으셨다. "자기 사람들을 사랑하시되 끝까지 사랑하시니라"(요 13:1). 예수님은 제자들의 발을 씻어 주셨다. 십자가를 지기 전에 마지막으로 섬기신 모습이다. 제자들이 발 닦을 자격을 얻기 위해 어떤 일을 해야 했는가? 믿음인가? 그렇다면 도마는 제외해야 했다. 충성심인가? 그럴 경우 베드로는 빼야 했다. 정직한 행위인가? 그렇다면 나중에 배신하는 유다를 제외해야 했다. 그러나 그렇지 않다. 예수님은 모든 제자의 발을 다 씻어 주셨다. 섬기는 행위는 제자들의 문제가 아니라 예수님의 문제였기 때문이다. 섬김은 대가를 바라지 않고 이루어질 때 참된 섬김이 된다.

문둥병자 열 사람을 고쳐 주어도 그중 한 사람만 감사할 줄 알았지만, 그것이 나머지 아홉 명을 고쳐 주지 말아야 할 이유가 되지는 않았다. 사람들이 감사하든 그러지 않든 병 고침은 아버지께서 주신 사명이었다. 어느 날 예수님은 그분을 십자가에 붙들어 매는 망치와 못에 자신을 맡겨야 했다. 모든 사람이 믿고 영생을 얻을 수 있게 하기 위해 기꺼이 자신을 내주셔야 했다. 모든 사람이 다 믿지는 않을 거라는 사실을 모르셨을까? 그것이 우리 죄를 대속하는 죽음을 포기하는 이유가 되었는가? 사도 바울은 "우리가 선을 행하되 낙심하지 말지니 포기하지 아니하면 때가 이르매 거두리라 그러므로 우리는 기회 있는 대로 모든 이에게 착한 일을 하되"(갈 6:9-10)라고 했다.

선행에는 반드시 고통이 따른다

전에 보울더의 경찰서장이던 친구 톰 코비는 "선행에는 반드시 고통이 따른다"고 자주 말한다. 옳은 말이다. 많은 사람이 기득권처럼 현상 유지에 집착하며 삶을 바꾸는 우리의 사역이 자신들을 방해한다고 여긴다. 당신이 섬기는 모든 사람이 긍정적인 반응을 보이지는 않는다. 더욱 좋지 않은 경우는 당신에게 섬김을 받는 바로 그 사람이 당신에게 반기를 드는 때이다. 그러나 이런 일은 예전에도 있었다. 우리가 예수님의 발자취를 따르고 싶다면 예수님이 걸어가신 길을 따라가야 한다. 예수님이 손 마른 자를 고치자 바리새인들은 기뻐하기는커녕 "노기가 가득하여 예수를 어떻게 할까 하고 의논"했다(눅 6:11). 베드로와 요한은 병자에게 행한 착한 일에 대하여 책임을 추궁 받았다(행 4:9). 우리는 우리가 다른 사람을 섬기는 행위가 언제나 회개, 회심, 감탄을 일으키리라고 기대하는 경향이 있다. 하지만 실제로는 그렇지 않다. 그렇다고 그것 때문에 우리의 사랑과 섬김이 위축되면 안 된다. 그것이 그리스도인의 소명이기 때문이다.

자세히 들여다보기

구명보트 14호

1912년 4월 14일, 타이타닉호가 북대서양에서 빙산을 들이받고 물에 잠기기 시작했다. 구명보트가 배분되는 시점에는 배가 가라앉고 있음을 분명히 알 수 있었다. 승객들은 구명보트에 옮겨 탔고, 구명보트는 차가운 물 위에 내려앉았다. 물에 던져진 구명보트 20개에는 대부분 사람을 더 실을 수 있는 여유 공간이 있었다. 그러나 구명보트에 탄 사람들은 물에 빠져 가는 사람들이 살려 달라고 부르짖는데도 보트가 침몰될까 봐 되돌아가기를 두려워했다. 그들은 물에 떠서 구조를 요청하는 수백 명의 피맺힌 절규를 애써 외면하며 묵묵히 노를 저었다.

구명보트 14호에 탄 제5항해사 해럴드 로우의 생각은 달랐다. 그는 달리 행동했다. 그는 많은 승객을 다른 보트에 옮겨 태우고 더 많은 생존자를 구조하기 위해 침몰하는 배를 향해 다가갔다. 비록 그들 모두를 구할 수는 없었지만 차가운 바다에서 익사할 뻔한 몇 사람의 소중한 생명을 구할 수 있었다. 생존자들이 다른 생존자들을 구했다.

콜로라도 오로라에 있는 콜로라도 커뮤니티 교회에서 구명보트 14호는 세상으로 나가는 교회를 상징하는 말이 되었다. 이 교회는 보트에 탄 사람들을 보살피는 것은 물론이고, 아직 물에 빠져 있는 사람들을 찾아가는 데서 존재 의미를 찾는다. 그들은 '사람들을 변화시키는 변화된 사람들'이다. 주일 아침, 오로라에 있는 건물에서 이루어지는 일만이 '교회'가 아니다. 로버트 겔리너스 목사는 이 교회의 사명을 다음과 같이 설명했다.

- 사람들을 그리스도께 연결하기
- 사람들을 지역에 연결하기
- 사람들을 그들의 소명에 연결하기

지역과 '우정의 천을 짠다'고 하는 그들의 전략은 많은 혁신적인 면모를 띠고 있다. 그들은 지역사회의 모든 사람에게 '총체적·문화적 관련성을 가지고' 복음을 전할 수 있게 되기를 바란다. 콜로라도 커뮤니티 교회는 저소득층이 사는 지역에 그리스도의 사랑을 전하기 위해 '오퍼레이션 처치 온 더 블록'(Operation Church on the Block)이라는 프로그램을 통해 교회를 거리로 끌고 나간다. 교회를 가지고 사람들에게 나아가기 위해 지역 주요 간선도로 근처에 있는 아파트 단지에 아파트를 임대하여 센터로 이용한다.

겔리너스 목사는 이렇게 말한다. "모든 아파트 건물에 아파트 한 채, 모든 트레일러 공원에 트레일러 한 대! 이것이 우리의 목표입니다." '처치 온 더 블록'은 성경 공부, 재미 있는 활동, 청소년 멘토링 및 학습 지도, 리더십, 기술 개발 등으로 구성된다. 매달 첫 번째 주일에는 '구명보트 선물'이 교회의 자원 센터로 배달된다. 이 센터는 아파트와 트레일러 공원에 사는 사람들의 필요를 채워 주는 데 이용한다. 선물은 교인들이 사람들의 생활에 필요한 것들을 기준으로 준비하는데 통조림, 기저귀, 샴푸, 학생용 물품 같은 것들이다.

교인 대부분이 기쁨으로 교회 밖 선교를 위한 헌금에 참여하고 있으며, 일명 '5+5'라는 전략을 쓴다. 성도들에게 소득의 5퍼센트를 교회 밖 선교를 위해 헌금하게 하는 전략이다. 겔리너스 목사는 "우리 교회에는 1,700명으로 구성된 선교위원회가 있습니다. 각자가 하나님께서 일하시는 곳이 어디인지를 가려내고 그에 대해 사용할 자금을 결정합니다"라고 말했다.9 콜로라도 커뮤니티 교회 교인들의 믿음은 지역사회에서 구체화된다. 그들은 지역사회의 꿈과 상처에 깊이 개입한다. 그들은 저주하지 않는다. 사랑하고 섬긴다. 그들은 물러서지 않는다. 아직도 물에 빠져 허우적거리는 사람들을 구하기 위해 찾아간다. 타이타닉은 대서양 바닥에 가라앉아 있지만, 구명보트 14호는 콜로라도 주 오로라에서 물 속에 빠져 있는 사람들을 구조하느라 오늘도 여념이 없다.

생각하기

"그는 가난한 자와 궁핍한 자를 변호하고 형통하였나니 이것이 나를 앎이 아니냐"(렘 22:16).

토론하기

1. 우리가 섬김을 주저하는 까닭은 무엇인가?
2. 당신의 교회는 '섬기는 교회'라고 할 만한가? 왜 그렇게 생각하는가? 그렇지 않다면 그 까닭은 무엇인가?
3. 어윈 맥마너스가 "우리가 섬김을 실천할 때 하나님을 가장 잘 닮을 수 있다"고 말한 것은 어떤 의미라고 생각하는가?
4. 도시를 섬기는 일이 어떻게 구원에 이르는 다리가 될 수 있는가?
5. 구원이 어떻게 도시를 섬기는 일에 이르는 다리가 될 수 있는가?

실천하기

다음 성경구절들을 공부하고 그 의미를 생각해 보라.

- 렘 29:4-7
- 렘 33:6-9
- 사 58:1-8
- 사 65:17-25
- 눅 13:34
- 눅 19:41

---

9. 2003년 6월 3일, 덴버에서 에릭 스완슨과 나눈 이야기에서.

- 눅 6:36
- 마 5:45

설교 및 강의를 위한 아이디어

본문_ 누가복음 10장 30-37절

주제_ 선교는 자주 필요와 '기회'의 교차점에서 이루어진다. 선한 사마리아인의 이야기에서 두 종교 지도자의 행위는 사마리아인의 행위와 대조를 이룬다. 사마리아인이 희생자에게 실질적인 도움을 준 방법들에 대해 토론하라.

설명_ 이 장에 나오는 교회들이 지역 내 사람들의 육신적인 필요를 창조적인 방법으로 충족시킨 실질적인 방법들.

적용_ 초등학교 교장을 초청하여 학교의 필요와 꿈을 묻고, 당신의 교회가 그 학교를 어떻게 도울 수 있는지 알아보라.

4. 성도들의 **성장** 돕기

"하나님은, 각자의 소명과 은사에 따라 사람들을 무장시켜
교회, 지역, 가정, 직장, 미디어, 정부 등 사회 곳곳에서
소금과 빛이 되게 하시려고 새로운 교회 운동을 만들어 내셨다."

커비존 콜드웰

운동이 필요 없는 다이어트

나(에릭)는 접시에 베이컨을 수북하게 담아 가지고 아침 식사용 뷔페식 테이블을 빠져 나왔다. 내가 좋아하는 지방과 단백질을 섭취하라는, 어떤 의사가 쓴 책에 영향을 받았다. 치즈 오믈렛과 돼지고기 소시지를 포함한 풍성한 아침 식사에 이어 베이컨 한 접시는 특별히 좋아 보였다. 육식을 좋아하는 나는 '와, 정말 훌륭해! 식욕이 왕성한 나 같은 사람에게 딱 들어맞는 다이어트지'라고 생각했다. 친구가 비웃었지만 나는 과학이 뒷받침하는, 다이어트에 손색이 없는 식단이라는 확신을 갖고 있었다.

다이어트 중 나는 몇 차례 기억에 남을 만한 식사를 했다. 하루는 워싱턴 D.C. 청사 그릴에서 '서프 앤 터프'(바닷가재와 소고기 스테이크—옮긴이)를 큰 것으로 시켜서 마음껏 먹었다. 그것으로도 지방과 단백질이 부족할까 싶어서 나는 크림처럼 녹인 순수한 버터 한 컵을 바닷가재에 듬뿍 발라 맛을 냈다.

가재에 바르고 남은 버터는 스테이크에 양념으로 곁들였다. 웨이터는 아마 나처럼 버터 컵을 알뜰하게 비우는 사람을 본 적이 없었을 것이다. 가슴에 통증을 조금 느낀 것말고는 정말 훌륭한 저녁이었다.

누가 운동이 필요하다고 그래? 단백질과 지방 섭취를 통한 다이어트에 충실하면서 나는 몸무게가 줄기를 기다렸다. 기다리는 동안 고단백 스낵을 곁들이면 금상첨화일 거라는 생각이 들었다. 결국 몸무게가 늘어나는 원인은 단백질과 지방이 아니야. 빌어먹을 탄수화물이 문제지. 나는 사무실에서도 냉장고에 썰지 않은 햄 한 덩어리와 4.5킬로그램짜리 체다 치즈를 사서 채워 넣었다. 하루 종일 작은 햄 치즈 샌드위치를 만들어서 먹었다. 그리고 사이사이 빵을 먹었다. 밤이 되어 잠자리에 누워서도 나는 버터,

치즈, 베이컨의 지방이 내 동맥을 타고 흐르는 것을 상상하며 얼마 있으면 날씬해질 거라는 생각에 힘이 솟았다. 그렇게 몇 주일을 지낸 뒤, 몸무게를 재려고 저울에 올라서기 전까지는 좋았다. 아니 이럴 수가! 4킬로그램이나 늘었잖아! 나는 크게 실망했다. 웹 사이트에 들어가 확인해 보니 전 인구 중 5퍼센트 정도에게는 이런 다이어트가 효과가 없다고 되어 있었다. 제기랄!

당신의 성장 모델은

의식적이든 무의식적이든 회중의 신앙이 성장하도록 돕기 위해 '성장' 모델 또는 '영성' 모델에 동의하지 않는 목회자는 없다. 그들은 성경이 성장과 관련 있음을 안다. 예수님은 "사람이 떡으로만 살 것이 아니요 하나님의 입으로부터 나오는 모든 말씀으로 살 것이라"(마 4:4)고 하셨다. 베드로는 "신령한 젖을 사모하라. 이는 그로 말미암아 너희로 구원에 이르도록 자라게 하려 함이라"(벧전 2:2)고 했다. 또 히브리서 저자는 젖을 먹는 데서 벗어나 "단단한 음식"(히 5:14)을 먹으라고 했다. 내 다이어트 경우와 마찬가지로 소량의 단백질이 좋다면 많이 먹으면 더 좋을 것이다. 이런 생각 때문에 사람들은 주일 아침마다 설교를 들을 뿐 아니라, 매일 하나님의 말씀을 읽고 성경공부 소그룹 모임에 참여한다. 이런 성장 모델을 한 문장으로 요약할 수 있다. "충분한 시간과 진리만 공급하면 성장하고 변화된다."

그러나 영적 건강과 성장을 위해 성경공부만 하면 충분할까? 좋은 영양을 공급하는 것만으로 사람을 건강하게 할 수는 없다. 영적으로 성숙하도록 하려면 훌륭한 성경적 가르침만으로는 부족하다. 사람은 신체 건강을 위해 운동이 필요하고, 영적 건강을 위해서는 섬김이 필요하다. 우리는 성경을 통해 배우고, 다른 사람을 섬기는 가운데 성장하게 된다.

사도 바울은 섬김의 목적은 "각 사람을 그리스도 안에서 완전한 자로 세우려 함"(골 1:28)이라고 분명하게 밝혔다. 모든 성도를 성숙하게 하고 온전하게 하며 그리스도 안에서 완전하게 하는 것, 다시 말해 모든 사람의 믿음과 인격을 성숙시키기 위함이라는 뜻이다. 물론 이 성숙은 그리스도와의 관계가 성장한 결과이다. 성도들이 영적으로 성장하도록 돕는 것은 각 교회가 갖는 중요한 사명이다. 제자 훈련, 영적 개발, 그리스도인의 성숙 등 어떤 표현을 쓰더라도 우리의 목적은 각 사람을 그리스도 안에서 완전하게 세우는 것이다. 교회는 대개 교인들이 영적으로 성장하고, 믿음을 공유하며, 섬김에 참여해 주기를 바란다.

> 사람은 신체 건강을 위해 운동이 필요하고, 영적인 건강을 위해서는 섬김이 필요하다.

"데리고 와서, 무장시켜, 밖으로 내보내라." 얼마나 많이 들어 온 슬로건인가? 잘못된 접근은 아니다. 논리적이고 효과가 있어 보인다. 그러나 라이프브리지 크리스천 교회의 지도자들은 많은 사람들이 영성 훈련에 흥미를 느끼지 않는다는 사실을 발견했다. 대부분의 다른 교회들처럼 라이프브리지는 성경공부반, 소그룹과 더불어 영성 개발을 위한 다른 많은 기회를 제공한다. 일부 교인들은 그런 기회들을 통해서 크게 성장하는 반면, 별 효과를 보지 못하는 사람들도 있다. 이 교회도 신앙을 나누라고, 그리고 신앙 성장의 방법을 배우라고 교인들에게 도전을 준다. 그러나 기대하는 만큼 많은 사람이 도전에 반응을 보이지는 않는다.

라이프브리지와 그 밖의 교회들은 사람들을 섬김에 참여시키는 편이 신앙 성장을 돕기 위해 특별히 마련된 활동에 참여시키는 것보다 훨씬 더 쉽다는 것을 알게 되었다. 그들은 또 사람들이 섬김의 자리에서 돌아와 "기도를 어떻게 하고, 성경을 어떻게 하면 잘 이해할 수 있는지, 신앙을 어떻게 나눠야 하는지 가르쳐 줄 수 있나요? 푸드 뱅크에서 일했는데 함께 일하는 사람이 내가 교인이라는 사실을 알고 기도하는 방법을 가르쳐 달라고 했어요! 나도 잘 모르거든요! 좀 도와 줄 수 있나요? 신앙을 나눌 기회가 있었지만 무슨 말을 해야 좋을지 알 수가 없었어요. 어떻게 하지요?"라고 묻는 것을 종종 본다.

> 사람들을 섬김에 참여시키는 것이 신앙 성장을 돕기 위해 특별히 마련된 활동에 참여시키는 것보다 훨씬 더 쉽다는 것을 알게 되었다.

사람들은 섬김을 통해서 그들의 신앙을 펼쳐 나갈 수많은 기회를 얻는다. 물론 영적 성장이 없이 섬길 수도 있다. 이것은 많은 지식을 가지고 있으면서 전혀 섬기지 않는 사람들과 마찬가지다. 그리스도인의 성장이 우리의 목표라면, 영적 성장을 갈망하게 하는 열정을 여는 열쇠가 필요하다. 오늘날의 문화 속에서는 섬김이 그 어떤 것보다 사람들에게 다가가는 쉬운 방법이다. 그뿐 아니라 섬김은 교인들을 믿음이 가장 눈에 잘 띄는 현실 세계에 서게 만든다.

자신 안에 있는 소망에 관한 이유를 묻는 이들에게 대답할 것을 준비(벧전 3:15)하는 데 전혀 관심을 보이지 않던 사람들이, 기대하지 않았던 기회를 마주하게 되면서 흥분하기 시작한다.

자세히 들여다보기

어제와 다른 날 만들기

여러 해 전, 애리조나 주 북서쪽 피닉스에 있는 밸리 그리스도 교회는 '어제와 다른 날 만들기' 라는 프로그램을 시작했다. 2003년에 그들은 교인 3,286명을 동원하여 일일 지역 회복 프로젝트에서 섬기게 했다. 이들은 기업, 지역 리더, 도시 관리들과 함께 조사한 결과 176가정에 페인트칠, 수리, 조경이 필요한 것을 알게 되었다. 소그룹들이 동원되어 지역에 배치되었고 하루가 끝날 무렵 페인트 7,000리터 이상, 자갈 1,500톤을 소모하며 지역 손질을 마쳤다. 교회는 섬김을 통해서 소그룹을 지역에 투입하는 단순한 방법을 발견했다. 밸리 그리스도 교회의 '어제와 다른 날 만들기' 프로그램은 단순하며, 촉매 작용을 일으켜 거의 누구나 참여할 수 있는 행사를 제공한다. 담당 목사 테리 앤더슨은 소그룹에 선교할 기회를 제공해 준다는 점에 고무되어 있다. 테리는 이러한 접근법이 갖는 네 가지 이점을 다음과 같이 요약했다.

- 섬김은 소그룹을 그들의 안전지대로부터 끌어 낸다.
- 섬김은 소그룹들이 더 견고하게 결속되도록 한다.
- 섬김은 전도할 기회를 준다.
- 섬김은 지역사회에 호의적인 느낌을 준다.[1]

섬김이 주는 또 한 가지 이점은 지속적인 성장을 자극하는 직접적인 보상이 따르는 경우가 많다는 것이다. 사람들은 자신의 삶을 통해 변화를 주고, 주변 세상에 긍정적인 영향을 끼치며, 지역사회를 향상시키는 데 일익을 담당할 기회를 얻을 때 성장한다.

생수의 근원

수년 전, 많은 교회 지도자가 만나서 세상에 초점을 맞추는 사역에 대해 토론했다. 빙 둘러앉아 한 사람씩 자기를 소개하고, 자신의 이야기를 했다. 애틀랜타에 있는 피치트리 침례교회의 유능한 성경공부반 리더 메리 프랜시스 보울리는 그 가운데서 가장 흥미 있는 사람이었다. 다음은 그녀가 소개한 내용이다. 그녀가 이끄는 소그룹에 많은 여성 성도가 참여했는데, 어느 날 그녀가 모든 소그룹 성경공부를 중단하되 지역 사역에 참여한다는 조건하에서만 다시 시작하겠다고 발표하자 모두 충격을 받았다고 한다. 그녀의 말에 따르면 여성 성도들은 애틀랜타의 이곳저곳을 돌아다니며 현금 출납원, 식당 종업원, 미용사, 독신녀, 여성 수용소에서 일하는 여성, 스트립쇼에 출연하는 무용수, 매춘부 등 아무도 돌아보지 않는 여인들을 섬기기 시작했다. 메리에게 사역의 사명을 이야기해 달라고 하자, 그녀는 "애틀랜타의 여성을 구원하기 위하는 것"이라고 대답했다.

질문이 이어졌다. "스트립쇼에 출연하는 무용수, 매춘부까지도 섬기는 주체로 삼았다는 게 정말인가요?"

"아니죠!" 그녀는 이어서 대답했다. "매주일 아침, 애틀랜타의 회중석에 앉아 있는 사람들입니다!"

---

1. 2003년 6월 6일, 피닉스에서 에릭 스완슨과 나눈 이야기에서.

얼마나 충격적인 이야기인가! 메리는 이 사역을 "생수의 근원"이라고 명명했다. "생수의 근원"은 교회 안의 여성을 교회 밖 여성들에게 내보내서 섬기게 하는 것이 목적이다. 그녀는 그리스도인이 자신을 다른 사람들에게 주지 않고는 성숙을 이룰 수 없다고 확신했다. 메리 프랜시스는 그리스도인이 성장하는 데에 영양분이 차지하는 비중은 반밖에 되지 않는다고 이해했다. 나머지 절반은 운동이다.

LA에서 변화를 일으키기

로스앤젤레스의 모자이크 교회는 교회 밖으로 나와 세상에 초점을 맞추는 사역에 전력투구하는 교회이다. 이 교회 교인들은 동부 로스앤젤레스의 어느 고등학교에서 할리우드의 한 극장에 이르기까지 각기 다른 세 장소에서 만나 예배를 드린다. 그들은 주차장이 없는, 교인 수가 1,500명에 이르는 교회로 성장했다. 지난 4년 동안 매월 평균 성인 한 사람씩을 해외에 전문직 선교사로 파송했다. 대부분 중국, 인도네시아, 인도, 중동 및 북아프리카 지역이다.

선임 목사 어윈 맥마너스는 영적 성장과 섬김에 대해 이렇게 말했다. "어떤 사람들은 성장에 일련의 단계가 있다고 한다. 즉 첫 단계로 몇 개월 가르치고, 그런 다음 잠시 훈련 프로그램을 통해 훈련받게 하며, 마지막 단계로 섬길 기회를 준다는 것이다. 하지만 나는 그렇게 생각하지 않는다. 마치 아기들이 몸집이 작다는 것 말고는 성인에게 필요한 모든 것을 가지고 태어나듯이, 하나님의 자녀는 그리스도를 섬기고 성장하는 데 필요한 모든 것을 가지고 태어난다고 믿는다. 그러므로 우리는 첫날부터, 때로는 심지어 그리스도인이 되기 전부터 그들을 지역 봉사에 투입한다.

내가 제자 훈련에 대해 잘 모를 수 있지만, 이것만은 분명히 안다. 제자 훈련은 네 면이 벽으로 둘러싸인 교회 안에서 일어나는 것이 아니라는 점이다. 또 우리는 새신자가 뿌리를 내리게 하는 가장 큰 요인은 개인적인 보살핌이나 소그룹에 참여하는 것이 아니라, 첫날부터 지역의 다른 사람들을 섬기는 일에 참여하는 것임을 안다. 교회에 정착하게 하는 열쇠는 지역사회를 섬기도록 동원하는 일이다. 실제로 우리 교회에 불만족을 느끼고 떠나려던 사람들이 지역사회에 대한 교회의 사역 때문에 머물러 있기로 결심하는 경우가 종종 있다."2

> 우리 집에서 당신이 쓰레기를 가지고 나갈 때까지는 손님에 불과하며 가족이 되지 못한다.

어윈은 그의 책 『멈출 수 없는 하나님의 운동력』에서 섬김이 어떻게 교회에 정착하는 것과 관계가 있는지 더 구체적으로 설명했다. "섬김을 시작하지 않는 사람은 교회에 출석해도 1년 안에 떨어져 나간다. 새신자를 어떻게 정착시킬 수 있을까? 어떻게 그리스도의 몸이 되게 할까? 온갖 연구를 다 해도 결국 한 가지 변수로 귀결된다. 섬기기 시작하면 정착한다는 것이다."3

매리너스 교회의 로리 비쇼어는 그것을 이렇게 설명한다. "우리 집에서 당신이 쓰레기를 가지고 나갈 때까지는 손님에 불과하며 가족이 되지 못한다."

---

2. 2001년 5월 22일, 에릭 스완슨과 나눈 이야기에서.
3. *An Unstoppable Force*, Group Publishing, Inc, 2001, 174. (『멈출 수 없는 하나님의 운동력』, 국제제자훈련원)

억제할 수 없는 영향력을 지닌 교회

펠로십 바이블 교회가 "억제할 수 없는 영향력을 지닌 교회"라는 컨퍼런스를 주최했다. 거기서 담임 목사 로버트 루이스가 대규모 청중을 대상으로 한 강연은 그 교회가 리틀 록 지역을 섬기게 하는 모닝콜이 되었다. 그 교회는 계속 성장해 왔지만 지역사회의 필요와는 동떨어져 있었다. 로버트 루이스는 사람들이 교회에 처음 나올 때 열정이 끓어오르는 것을 보았다. 그들이 어떻게 흥분하지 않을 수 있겠는가? 펠로십 바이블 교회는 가르치는 교회이고, 로버트 목사와 스태프들은 훌륭한 교사들이다. 그러나 사람들이 교회에 나온 지 4-5년이 지나면 사역에 참여하지 않는 한 권태로워하는 것을 알게 되었다. 훌륭한 가르침(영양분)만 가지고는 충분치 않았다. 그런데 교회가 지역사회를 섬기기 시작하면서 성도들은 섬길 기회를 찾고 계속 성장하게 되었다.

펠로십 바이블은 되도록 많은 성도를 참여시키기 위해 이런 질문으로 도전을 주었다. "어떻게 하면 사람들이 감동을 받아 '하나님께서 놀라운 방법으로 일하시는군. 하나님이 함께하시지 않으면 아무도 이런 일을 할 수 없을 거야'라고 말할 수 있을까요?" 그렇게 해서 펠로십 바이블은 지금까지 수년 동안 100여 교회의 5,000명이 넘는 볼런티어들을 이 사역에 참여시켜 공원을 만들고, 50여 학교를 새로 단장하는 등 각자 자신의 지역을 섬기게 했다. 그들은 집을 개조하고 학교에 유니폼, 학교 용품, 겨울 코트 등을 기증했다. 어린이 수백 명에게 크리스마스 선물로 장난감을 나눠 주기도 했다. 또 은행이나 호텔의 컨퍼런스 룸 같은 공공장소를 빌려 재정 관리, 결혼, 행복, 노인 복지 등을 다루는 "삶의 기술" 반을 운영하여 지역사회에 더 가까이 다가가 수많은 주민의 삶에 영향을 주었다. 그들은 그 지역에 나타난 예수 그리스도처럼 빛을 발산했다.

일단 지역에서 어떻게 행동할 것인지에 대해 교회의 사고만 바뀌면, 하나님께서 의도하신 교회의 사명 즉 빛과 소금의 사명을 어떻게 감당할 것인가 하는 내용은 각 교회가 가진 자원과 창의성에 따라 달라질 뿐이다.

경험적 증거

달라스 신학교의 하워드 헨드릭스 박사는 제자도와 관련하여 "다른 사람의 성장에 책임질 때 우리는 성장한다"[4] 고 말했다. 기독교 지도자들은 대부분 이 점에 공감하면서도 성경공부를 많이 하고 충분한 시간만 주어지면 성장할 수 있다는 가정 때문에 뒤로 물러선다. 그러나 만일 다른 사람들을 위한 사역이 단순히 성장을 향한 가능성에 그치지 않고 영적 성장에 절대적으로 필요한 일이라면 어떻게 하겠는가? 다른 사람들을 위한 사역이 부차적인 일이 아니라 정말 필요한 일이라면 어쩌겠느냐 말이

> 만일 다른 사람을 위한 사역이 단순히 성장을 향한 가능성에 그치지 않고 영적 성장에 절대적으로 필요한 일이라면 어떻게 하겠는가?

다. 그리스도인 100퍼센트가 교회 안이나 지역사회에서 각자의 분량대로 봉사한다면 어떻게 될까? 모든 것이 변할 수 있을까? 지역사회가

---

4. 1978년 7월, 콜로라도 주립 대학교에서 행한 시리즈 강연에서.

변할 것이다. 교회가 변할 것이다. 나아가 교회 구성원이 변할 것이다. 성장에 대한 내 가정이 옳은지 확인하기 위해 나(에릭)는 10가지 질문으로 조사를 실시했다.

참가자

참가자는 우리 갈보리성서교회의 3개 성인 주일학교 출석자 82명이다.

갈보리성서교회는 스웨덴 이민 선교를 목적으로 1889년에 설립된 만큼, 우리 지역에서 오랜 역사를 갖고 있다. 주일 예배에 출석하는 성인 성도가 650여 명 되니까, 내가 샘플로 삼은 성인 82명은 예배에 출석하는 성인의 12.6퍼센트에 해당한다.

지난 2년 동안 우리 교회의 담임 목사 톰 셔크는 교회의 담장을 벗어난 사역에 참여하는 데 중점을 두었다. 비록 '교회 고유의 스피드' 때문에 완만한 움직임을 보이고 있기는 하지만, 세상으로 나가는 교회로 변모되어 가고 있다. 이 기간 동안 우리는 사랑의 집짓기 운동에 기금을 보내고, 집 짓는 일에 참여하며, 무주택자들에게 일주일에 한 번씩 교회의 남는 방을 제공했다. 교도소에 예수님의 사랑을 전하는 엔젤 트리 사역을 통해 많은 재소자 가족을 방문하고, 저소득층 주거 지역에 가서 자전거를 수리해 주었으며, 가출 청소년을 위한 시설을 개선해 주었다. 학대 가정의 희생자들을 위해 마련한 지역 보호소 아파트 4개를 개조하고, 헌혈을 주관하고, 다른 교회와 연합하여 집 없는 사람들을 돕는 사역을 개설했으며, 청소년 멘토링 사역을 시작했다. 성도 가운데에는 수단의 미아들을 돕거나 수많은 지역 선교단체들과 동역하는 사람들도 있다. 우리는 지역사회에 변화를 주는 교회가 되려고 힘쓴다.

그것이 우리의 삶에도 큰 변화를 가져다 준다는 것을 알기 때문이다.

기대하지 않은 발견

다른 사람들을 향한 사역과 섬김이 그리스도인의 영적 성장에 긍정적인 영향을 줄까? 내가 조사하고 연구한 결과 대답은 절대적인 '예스'였다. 다음은 내가 발견한 사실들을 요약한 것이다.

발견 1

다른 사람들을 위한 사역은 영적 성장에 긍정적인 영향을 준다. 조사 대상 중 92퍼센트가 다른 사람을 위한 사역이나 섬김이 그들의 영적 성장에 '긍정적인 효과'를 가져왔다고 대답했고, 나머지 8퍼센트는 '잘 모르겠다'고 말했다. 섬김이 부정적인 영향을 준다는 대답은 하나도 없었다.

발견 2

다른 사람들을 위한 섬김은 영적 성장에 도움을 주는 다른 영성 훈련들과 비교할 때 거의 언제나 비슷하거나 더 유익한 것으로 나타났다. 24퍼센트가 다른 사람들을 위한 섬김이 기도나 성경공부를 포함한 다른 어떤 영성 훈련보다 더 유익하다고 대답했다. 나머지 거의 모든 사람이 섬김은 다른 영성 훈련과 마찬가지로 영적 성장에 도움이 된다고 대답했다.

발견 3

다른 사람을 위해 봉사하는 사람들은 그러지 않는 사람들보다 자신의 영적 성장 수준에 더 만족하는 경향이 있다. 섬김에 참여하는 사람 가운데 88퍼센트가 자신의 영적 성장에 만족을 보인 반면, 섬김에 참여하지 않는 사람 중에서는 42퍼센트가 자신의 영적 성장에 만족했다.

만일 이 조사 결과가 정확하다면, 교회는 성도들에게 교회에 가만히 와서 듣고 받아 적기만 하라고 충동하는 일은 없어야 할 것이다. 그들의 성장을 원한다면!

이 조사 결과는 또 다른 사람을 위한 사역과 섬김에 참여하는 교회 지도자들의 경험을 수치로 나타낸 것이다. 매리너스 교회의 담임 목사 켄턴 비쇼어는 다음과 같이 말했다.

우리는 우리 교인이 참여하지 않는 곳에서 아무 일도 하지 않는다. 그리고 아무것도 그곳에 주지 않는다. "어느 한 사역을 위해 돈을 쓰고 싶다면, 먼저 그 사역에 참여하고 싶은 마음이 있어야 한다." 우리는 가난한 사람들의 삶에 변화가 일어나는 것을 보면서 가장 크게 놀랐다. 그러나 우리의 참여는 그들에게보다 우리 자신에게 더 도움이 되었다. 교회에 가장 큰 변화가 일어났다. 사람들이 헌신하면서 그들의 삶이 바뀌었다. 우리는 성도들을 향해 자주 이렇게 말한다. "가난한 사람, 궁핍한 사람들이 여러분을 필요로 하는 것보다 여러분 자신이 그들을 더 필요로 합니다." 이런 긍정적인 반응을 바탕으로 우리 교회의 볼런티어가 해마다 40퍼센트씩 성장했다.5

빌레몬에게 보내는 편지에서 바울은 "이로써 네 믿음의 교제가 우리 가운데 있는 선을 알게 하고 그리스도께 이르도록 역사하느니라"(몬 1:6)라고 말했다. 우리가 내적인 지혜를 얻는 것은 밖으로 향한 믿음의 교제를 통해서이다. 기독교는 단순히 더 훌륭한 사람이 되도록 돕는 종교가 아니다. 그리스도께서 우리의 삶 속에 들어와 세상을

> 우리가 내적인 지혜를 얻는 것은 밖으로 향한 믿음의 교제를 통해서이다.

더 좋은 곳으로 만드는 데 힘쓰게 하는 것이다.

어째서 종일 놀며 여기 서 있느냐

오래 전 멕시코시티 소칼로 광장을 방문한 적이 있다. 소칼로는 세계적인 규모의 광장 가운데 하나로 베이징의 천안문 광장, 러시아의 붉은 광장과 어깨를 나란히 한다. 소칼로 북쪽에는 매우 인상적인 성당이 있다. 그곳에 가면 성당 주위에 배관공, 전기공, 목수 등이 자기 직업을 적은 마분지를 들고 느긋하게 앉아 있는 모습을 볼 수 있다. 그들은 누가 자신을 고용해 주기를 기다리며 앉아 있다. 운이 좋은 날은 지역 회사가 그들의 수고를 필요로 해서 일거리를 준다. 수요와 공급이 절묘하게 균형을 이루는 효과적인 시장 구조라고 할 수 있다.

마찬가지로 교회에도 하는 일 없이 몰려다니는 사람들이 있다. 교회에 할 일이 있는데도 말이다. 교회 리더들은 언제나 육아실, 주일학교 교사, 안내하고 환영할 사람, 성가대원, 이사회나 위원회에서 일할 사람을 찾는다. 그러나 교회에서 서성거리는 대다수 교인은 '주일학교 교사' 나 '안내 위원' 이라고 쓴 마분지를 들고 있지 않다. 대신 '수리공', '실내 장식가' 라고 써서 들고 있다. 그러나 불행히도 대부분의 교회에는 그들이 자기 기술을 활용할 수 있는 사역이 없다.

미국 노동청은 분기마다 실업률을 발표하는데 현재 7퍼센트가 넘는다. 이것은 심각한 문제로 받아들여지고 있다. 그런데 교회가 80퍼

---

5. 2003년 5월 28일 달라스에서 행한 "Leadership Network's Wild Challenge" 강연에서.

센트의 실업률을 발표해도(적극적으로 사역에 참여하는 사람은 20퍼센트라는 뜻) 교인들은 아무렇지도 않게 생각한다. 100퍼센트가 일정한 사역에 참여하는 경우를 만족스런 상태로 본다면 정말 심각한 문제가 아닌가?

당신의 지역이 우리 지역과 같다면 해결해야 할 필요는 넘쳐난다. 그리고 당신 교회에 활용되지 않는 자산(사람)이 있다면, 그것은 교회와 지역사회에 엄청난 비효율이다. 한편 대단한 기회이기도 하다. 우리 주위에는 절실한 필요를 가진 사람들이 있고, 교회에는 변화를 주는 삶을 열망하는 사람들이 있다. 그들을 서로 연결해 준다면 어떨까? 교인 100퍼센트의 열정을 이 의미 있는 사역에 투입할 수 있다면 어떻게 될까?

> 우리 교인 100퍼센트가 일정한 사역에 참여한다면 어떻게 될까?

최근 나(에릭)는 우리 지역에 사는 로라 킨더라는 훌륭한 여성을 만났다. 그녀는 보울더 카운티의 볼런티어를 연결해 주는 부서의 총책임자이다. 이 부서는 우리 카운티 내에 있는 비영리 단체 수백 개와 협력하면서 봉사하기를 자원하는 사람들을 그들에게 연결해 주는 일을 한다. 그녀는 우리 지역 교회들과 파트너 관계가 가능할 만한 300개의 기관 목록을 내놓았다. 그 목록은 주제별 알파벳순으로 정리되어 있었는데, 첫 번째 주제는 '동물'이었다. 목록을 쭉 훑어 내려가다가 강아지와 관계 있는 기관으로 강아지 병원을 발견했다. 강아지 병원은 교회와 별 관계가 없을 것 같다고 말했더니, 로라는 그 기관이 어떤 일을 하는 곳인지 설명해 주었다. "그들은 버림받은 어린이들과 버려진 강아지를 돌봅니다. 어린이들이 강아지를 먹이고 보살피는데, 이 '대리모 과정'이 어린이들의 삶을 회복시키고 치유한다는 것을 알게 되었어요." 우리 이야기를 듣고 있던 한 여성이 흥분을 감추지 못하고 자리에서 벌떡 일어나며 말했다. "나는 자랄 때 개를 길렀어요. 그리고 아이들을 너무나 좋아해요. 당장 그 일을 할 수 없을까요?"

이처럼 모든 사람이 열정을 가지고 태어난다. '거듭난 사람'은 누구나 목적을 갖는다. 하나님이 예비하신 선한 일을 하는 것이다(엡 2:10). 기회가 충분히 주어지기만 하면 누구나 열정과 목적이 만나는 점을 찾게 된다. 성취는 직업을 가진 그리스도인의 전유물이 아니다. 어느 목사는 이렇게 말했다. "우리 교회에서 기꺼이 섬김에 참여하려는 사람들이 더 이상 없다고 생각될 때, 또 다른 기회를 만들어 줍니다. 그러면 새로운 그룹이 선뜻 앞으로 나서지요!" 이처럼 교인을 성장시키려면 사역할 기회를 많이 마련해야 한다.

마태복음 20장 1-16절을 보면, 예수님은 품꾼을 얻어 포도원에 들여보내려고 이른 아침에 나간 집 주인 이야기를 하셨다. 집 주인은 품꾼을 얻기 위해 네 차례나 장터에 나갔다. 일이 끝나기 전 다섯 번째로 나갔을 때도 아직 사람들이 서 있었다. 그래서 물었다. "너희는 어찌하여 종일토록 놀고 여기 서 있느냐?"

> 기회가 충분히 주어지기만 하면 누구나 열정과 목적이 만나는 점을 찾게 된다.

그들은 "우리를 품꾼으로 쓰는 이가 없습니다"라고 대답했다.

주인은 그들에게 말했다. "너희도 포도원에 들어가라."

아무도 '쓰지' 않기 때문에 사람들이 놀고 서 있는 경우가 있다. 수확이라는 놀라운 기회에 참여하라고 초청하는 사람이 없기 때문이다. 하지만 주인은 일할 수 있는 사람이 모두 일에 참여할 때까지 사람들을 부른다. 어떤 사람은 12시간 일했고, 어떤 사람은 1시간밖에 일하지 않았다. 그러나 결국엔 모든 사람이 포도원에 들어가 일했다.

사역 재정의하기

우리는 사역을 지나치게 좁은 의미로 정의해서 의미 있는 사역의 기회를 제한했다. 사람들은 비록 교회 밖으로 나가는 한이 있더라도 변화를 주는 삶을 갈망한다. 수년 전 보울더 지역의 갈보리성서교회는 그 교회 교인들이 이미 각기 18군데 단체에서 섬기고 있음을 조사 결과 뒤늦게 알게 되었다. 그들 중 아무도 자신이 하는 일을 사역이라고 생각하지 않았지만, 그것이야말로 진정한 사역이었다. 이제 사역에 대한 재정의가 필요하다. 사역이란 "하나님께서 주신 자원으로 다른 사람을 돕는 것이다." 세상에 초점을 두는 사역의 기회를 탐색하기 위해 이보다 더한 정의는 필요치 않다.

우리의 목표는 무엇인가

모든 그리스도인이 다른 사람을 섬기는 데서 유익을 얻을 수 있다면, 섬기지 않는 것은 탕자처럼 하늘나라의 자원을 낭비하는 것이라고 보아야 옳다. 사역은 목사가 할 일인 동시에 기술자가 해야 할 일이다. 대학교수가 할 일인 동시에 십대가 해야 할 일이다. 얼마나 많은 사람을 사역에 참여시킬 수 있을까? 다음 세 가지 사항을 참고하기 바란다.

1. 선한 일과 선한 행실에 대한 성경의 가르침을 다시 생각해 보라[6]

최소한 하나님께서는 우리 모두를 유일무이하게 창조하셨고 선한 일을 위해 창조하셨다는 말씀에 대한 이해가 필요하다. 우리는 에베소서

2장 8-9절 말씀에 아주 익숙하다. "너희는 그 은혜에 의하여 믿음으로 말미암아 구원을 받았으니 이것은 너희에게서 난 것이 아니요 하나님의 선물이라 행위에서 난 것이 아니니 이는 누구든지 자랑하지 못하게 함이라." 우리는 10절까지 읽지 않고 9절에서 마침표를 찍는 경향이 있다. "우리는 그가 만드신 바라 그리스도 예수 안에서 선한 일을 위하여 지으심을 받은 자니"라고 하신 에베소서 2장 10절 말씀을 주목해야 한다.

> 사역은 목사가 할 일인 동시에 기술자가 해야 할 일이다. 종신직 대학교수가 할 일인 동시에 십대가 해야 할 일이다.

우리는 선한 행위로 구원받은 것은 아니지만 "하나님이 전에 예비하신 선한 일을 위하여 지으심을 받은 자이다." 우리의 일은 선한 일을 만들어 내는 것이 아니라, 그것이 무엇인지를 발견하는 것이다. 우리가 어떤 모습(재능, 소원)으로 만들어졌는지는 우리가 어떤 선한 일에 열정을 가지고 있는지를 통해서 드러난다. 이 열정은 우리를 둘러싼 세상의 필요에 대한 우리의 소원과 재능이 교차하는 지점에 자리한다. 우리는 그 교차점에서 사역할 때 살아 있다는 느낌을 가장 강하게 받는다.

많은 그리스도인이 공허와 좌절감으로 인해 성경공부나 세미나에 참여하고, 개인적인 발전과 통찰력의 공허를 메우기 위해 최근에 발간된 기독교 서적을 찾는다. 그러나 사역에서 우리 자리를 발견할 때까지는 에베소서 2장 10절에서 말하는, 우리로 선한 일을 하도록 예비하신 하나님의 뜻을 만족시킬 수 없을 것이다. 최근 어떤 사람이 에베소서 2장 8-10절을 자세히 공부하고 나서 불쑥 이런 말을 했다. "그분이 나를

---

6. 딤전 2:9-10, 딤전 6:18, 딛 2:7, 14, 히 10:24, 벧전 2:12 참조. 부록에 나오는 구절 참조.

만드셨다면, 그리고 그분이 나를 위해 선한 일을 예비하신 것이 사실이라면 내가 하는 선행은 당신의 선행과 달라야 하겠네요!"

교인들이 선행에 힘쓰게 되면 교회도 건강해진다. 교회를 내적으로 다지는 일은 외적인 섬김을 통해서 가능하다. 하나님은 "성도를 온전하게 하여 봉사의 일을 하게 하며 그리스도의 몸을 세우려고"(엡 4:12) 재능 있는 리더들을 교회에 보내 주신다. 성도들이 봉사의 일을 할 때 비로소 '그리스도의 몸이 서게' 된다. 하나님은 선한 일을 하라고 우리를 구원하셨다. 교회에 리더가 존재하는 것은 성도들이 봉사의 일을 하게 하기 위해서이다. 하나님의 말씀은 "모든 선한 일을 행할 능력을 갖추게" 한다(딤후 3:17). 우리는 서로 돌아보아 사랑과 선행을 격려해야 한다(히 10:24). 그렇다면 우리가 던져야 할 질문은 이것이다. "실제로 선한 일에 참여하여 순종할 것인가?"

> 교회를 내적으로 다지는 일은 외적인 섬김을 통해서 가능하다.

보디빌딩과 웨이트트레이닝 사이에는 큰 차이가 있다. 보디빌딩 대회 장면을 본 적이 있다면 보디빌딩의 목적은 인간의 몸에 있는 모든 근육을 최대한 발달시킨 다음 몸을 그을리고 몸에 꼭 끼는 수영복을 입고 온몸에 기름을 발라 번들거리게 하고 인상적인 자세를 함으로써 근육을 최대한 돋보이게 하는 데 있음을 알게 된다. 하지만 그렇게 하는 목적이 무엇인가? 목적이 없다. 근육을 발달시키는 것 외에 다른 목적이 없다. 그것이 전부이다. 웨이트트레이닝은 다르다. 웨이트트레이닝을 통해 운동선수들의 체력과 기량이 향상되고, 그 때문에 끊임없이 기록이 갱신된다. 운동선수들에게 웨이트트레이닝은 더 큰 목표를 의미한다. 그들의 목표는 근육이 아니라 힘, 유연성, 스피드이다. 그들은 경기를 위해서 훈련한다. 그러나 훈련 자체가 경기는 아니다.

교회의 목적은 보디빌딩 이상이어야 한다. 교회는 봉사의 일을 위해 성도들을 무장시키는 훈련 장소가 되어야 한다. 이것이 캘리포니아 어바인의 매리너스 교회 소속 등대선교회가 효율성을 재는 기준이다. 그들은 "우리는 끊임없이 볼런티어들과 그들이 섬기는 지역 주민들의 삶의 변화로 우리의 일을 평가합니다"라고 말한다. 바로 이러한 자세가 실질적인 사역 구축을 위한 위대한 출발점이 된다. 사역이 섬기는 대상한테만 이롭고 섬기는 사람에게는 유익이 없다면 오래 지속하기 힘들 것이다. 반대로 섬기는 사람 자신에게는 유익하지만 섬김을 받는 사람에게 유익이 없다면 그 섬김은 힘을 잃고 말 것이다. 모든 사람이 유익을 얻을 수 있을 때에만 사역은 지속성을 갖는다.

2. 사역의 정의를 확대하라

그리스도인들은 대개 사역은 목사가 하는 일, 또는 선교사들의 선교 보고를 통해 드러나는 일로 생각한다. 교회 환경 속에서 섬김은 보통 성스러운 7가지 일 즉 육아실에서 일하기, 교회학교 교사, 소그룹 지도, 찬양 팀에서 찬양하기, 안내하기, 환영하기, 위원회나 이사회에서 섬기는 일에 국한된다. 그러나 사역은 그보다 훨씬 더 많은 일을 포괄한다. 사역은 "하나님께서 당신에게 주신 자원을 가지고 다른 사람의 필요를 채워 주는 것이다." 사역은 복음을 전하고 제자로 삼는 일이다. 동시에 마음이 상한 자를 고치고, 슬퍼하는 자를 위로하는 것이다(사 61:1-2). 그것은 주린 자에게 양식을 나누어 주며 유리하는 빈민에게 거처를 제공하는 것이다(사 58:7). 사역은 아버지가 자비로우신 것처럼 자비로운 자가 되는 것이다(눅 6:36).

당신의 교회에서 사역을 정의하는 사람은 누구인가? 십중팔구 목사이기 쉽다. 당신이 만일 담임 목사라면 사역을 정의하고 성도들에게 그 사역을 맡길 수 있는 위치에 있다. 많은 성도가 준비되어 있고, 기꺼이 따를 용의가 있으며, 당신이 위임해 주기를 기다리고 있다.

3. '다른 사람을 위한 사역'을 정상적인 그리스도인의 삶으로 여기라

> 성도들이 매주일 예배에 참석한다는 사실만으로 성장하고 있다는 환상에 사로잡히지 않아야 한다. 그들이 배우고 있을지는 몰라도 성장하고 있는 것은 아니기 때문이다.

목표 수준을 높이라. 교회 모든 성도가 어떤 모습으로든 다른 사람을 섬기게 한다는 목표를 세우라. 심지어 불신자도 남을 섬기는 일을 통해서 구원으로 인도받는다. 우리는 성도들이 주일마다 예배에 참석한다는 사실만으로 성장하고 있다는 환상에 사로잡히지 않게 한다. 그들이 배우고 있을지는 몰라도 성장하고 있는 것은 아니기 때문이다. "너희는 말씀을 행하는 자가 되고 듣기만 하여 자신을 속이는 자가 되지 말라"고 하셨다(약 1:22). 이어서 "행함이 없는 믿음은 그 자체가 죽은 것이라"고 했다(약 2:17). 모든 그리스도인이 성경 학자나 복음 전도자가 될 수는 없을지라도, 모든 그리스도인이 그들의 성숙도와 상관 없이 하나님이 주신 자원을 가지고 다른 사람의 필요를 채워 줄 수는 있다. 선한 사마리아인은 신학자가 아니었지만(이야기에 나오는 신학자들은 너무 바빴다) 도움이 필요한 사람의 고통을 덜어 주고 치료해 주고 동반자가 되어 자비를 행했다. 우리는 섬김을 통해서 예수님을 만난다(마 25:40). 그리고 섬김을 행할 때 예수님의 모습을 가장 잘 닮는다(요 13:13-15).

정말 모든 사람이 섬기는 삶을 살 수 있을까? 때때로 사람들은 치료와 쉼이 필요해서 교회에 나오는 경우가 있다. 그들은 어느 모로 보나 섬김을 받는 것 외에 정말 줄 것이 없는 사람들이다. 그럴 수밖에 없는 상황이 있을 수 있다. 그러나 이사야 선지자를 통해서 주시는 하나님의 말씀을 생각해 보라. "주린 자에게 네 양식을 나누어 주며 유리하는 빈민을 집에 들이며 헐벗은 자를 보면 입히며 또 네 골육을 피하여 스스로 숨지 아니하는 것이 아니겠느냐 그리하면 네 빛이 새벽 같이 비칠 것이며 네 치유가 급속할 것이며"(사 58:7-8). 다른 사람을 섬기면서 우리도 치유받게 된다.

육신을 치료하는 일은 고통스럽다. "그대로 누워 있어! 근육을 움직이지 마"라고 우리 몸이 비명을 지를 때, 쉬면 안 되고 운동을 해야 낫는다는 것을 아는 의사는 환자를 일으켜 세워 운동을 하게 한다. 교회는 회복실이 아니라 재활의 장소이다. 죽음을 준비시키는 호스피스가 아니라 삶을 준비시키는 재활 센터이다.

어느 주일 예배 시간에 회중석에 있는 사람 가운데 아무나 지적해서 "성도님의 사역에 대해 이야기해 주세요"라고 했을 때, 지적받은 모든 사람이 앞으로 나와 하나님께서 어떻게 자신을 사용하여 다른 사람을 섬기게 했는지 말할 수 있다면 얼마나 멋질까? 어떤 사람은 사랑의 집 짓기에 참여해서 1년에 며칠 동안 봉사할 수 있다. 또 어떤 사람은 매주 이주 노동자들을 섬길 수 있다. 어쨌든 모든 사람이 무언가를 할 수 있다. 아무 일도 하지 않는 것만이 문제가 된다.

> 다른 사람을 섬기면서 우리도 치유받게 된다.

그린치를 잊지 말라

"그린치"라는 영화는 행복하게 끝을 맺는다. 마지막에 주인공

그린치의 마음이 하루에 세 뼘씩 자랐기 때문이다. 사랑하고 동정을 느 낄 수 있는 능력이 자랐다. 예수님은 우리 마음의 크기를 키우고 사랑 할 수 있는 능력을 증대시켜 가신다. 누가복음 6장 27-32절을 보면 남 을 사랑하는 능력을 키우라는 것이 예수님이 제자들에게 가르쳐 주고 자 하신 핵심이다. "사랑하며…선대하며…축복하며…위하여 기도하 라"고 하시고, "너희가 만일 너희를 사랑하는 자만을 사랑하면 칭찬받 을 것이 무엇이냐?"라고 반문하셨다.

우리는 자연스럽게 마음이 끌리는 사람에게 호감을 갖고 애정을 표 현한다. 그런데 예수님은 제자들을 향해 그런 사랑을 뛰어넘어야 한다 고 가르치셨다. 예수님이 베드로에게 "네가 나를 사랑하느냐?"(요 21:15-18)라고 물으신 것은 사랑의 용량을 키우라는 뜻이었다. 저스 트 페이스(www.justfaith.org)의 잭 제스릴(Jack Jezreel)은 "모든 것이 우리 마음의 크기를 키우는 데 달려 있다. 작은 뇌와 큰 마음을 가진 사 람이 위대한 일을 성취할 수 있다"고 말했다.7 예수님을 만나던 날, 삭 개오의 마음이 넓어졌다. 전에는 욕심에 사로잡혀 있던 마음이 부드러 워지고 넓어졌다. 그는 도둑에서 자선가로 변했다.

당신의 영적 성장을 테스트하는 간단한 방법이 있다. 지난 1년 동안 당신의 마음이 얼마나 성장했는지 테스트하는 것이다. 당신의 양팔이 다른 사람들을 향해 더 크게 벌려졌는가? 아니면 당신만 감싸고 있는 가? 당신 삶 속에 다른 사람을 위한 공간이 있는가? 내가 아는 사람 한 사람은 이 질문에 잠깐 생각하더니 이렇게 말했다.

처음 그리스도인이 되었을 때 나는 정말 작은 집에서 살았지만 마음 은 아주 컸어요. 그런데 지금은 큰 집에 살면서도 마음은 작아요. 더 큰 마음을 갖고 싶어요." 우리 중 어떤 사람은 그린치의 마음을 지니고 태어난다. 받기만 하고 줄 줄은 모르는 사람이다. 그러나 어느 시점엔가 주님이 성장시키시는 대로 변화되고 마음을 넓힌다. 그린치로 머무는 것은 결코 정상적인 것이 아니다.

---

7. 2002년 12월 16일, 보울더 카운티의 Sacred Heart of Jesus Church에서 강연한 내용에서.

생각하기

"우리는 성공을 삶의 변화라고 정의한다. 볼런티어들이 끊임없이 경험하는, 그리고 그들에게 섬김을 받는 사람들이 경험하는 삶의 변화를 기초로 우리는 사역을 평가한다. 우리가 받는 가장 큰 상은 그분을 섬기는 과정에서 우리 모두의 삶에 일으키시는 변화의 역사를 보는 것이다." 이것이 등대선교회가 효율성을 판단하는 기준이다.

토론하기

1. 당신의 사역과 다른 사람을 향한 섬김이 당신이 성장하고 하나님을 경험하는 데 얼마나 보탬이 되었는가?
2. 지난 1년 동안 당신의 마음은 얼마나 자랐는가?

실천하기

1. 100퍼센트의 성도를 일정 형태의 사역이나 남을 섬기는 일에 참여시키기 위해 취할 수 있는 단계는 무엇인가?
2. 지역의 필요와 꿈을 알기 위해 어떤 특별한 절차를 밟아 가겠는가?
3. 성도들이 손쉽게 접근해서 섬김을 시작할 수 있는 영역은 무엇인가?

설교 및 강의를 위한 아이디어

본문_ 에베소서 2장 8-10절

주제_ 에베소서 2장 8-10절은 우리가 "그 은혜에 의하여 믿음으로 말미암아 구원을 받았으니…행위에서 난 것이 아니니"라고 분명히 말씀한다. 구원은 값을 따질 수 없는 하나님의 선물이다. 에베소서 2장 10절이 말씀을 완성한다. "우리는 그가 만드신 바라 그리스도 예수 안에서 선한 일을 위하여 지으심을 받은 자"라고! 선한 일이 우리를 구원하는 것은 아니지만, 선한 일을 위하여 구원받은 것이다.

설명_ 균형 있는 사역과 섬김의 중요성 조사 결과(113-114쪽)

적용_ 교회에서 섬기고 봉사하는 사람의 비중을 늘리기 위한 목표를 설정하라.

5. 관계를 떠나서는 아무 일도 일어나지 않는다

"리더가 처음으로 해야 할 일은 현실에 대해 정의를 내리는 일이다. 그리고 마지막으로 할 일은 감사하다고 말하는 것이다. 리더는 이 둘 사이에서 종이 되어야 한다."

맥스 드프리

관계 맺기의 실패

신용 평가 회사인 디앤비(Dun & Bradstreet)는 경영자가 실패하는 이유를 규명하기 위한 연구를 실시했다. 이 회사는 해고당한 경영자 1,200명을 연구 대상으로 삼았다. 흥미롭게도 그들이 해고된 주된 이유는 시장에 대한 전문성, 재정에 대한 이해도, 제품에 대한 지식 따위가 아니었다. 85퍼센트의 경우 관계 기술이 그 원인이었다.[1] 이것은 교회도 마찬가지다. 교회가 실패하는 주요 원인을 연구해 보면 잘 하지 않으면 안 되는 한 가지 분야, 즉 관계를 만들고 유지하고 개발하는 데 실패했다는 사실을 발견하게 될 것이다.

교회는 관계를 통해 성장한다

초대교회 때 예수님의 제자들은 동정심과 친절로 주위 사람들을 섬겼다. 그 결과 초기 몇 년 동안 해마다 40퍼센트씩 성장한 것으로 추산된다.[2] 초기 그리스도인들은 우편물을 이용하거나 대규모 특별 행사를 하지 않았다. 메시지를 전하기 위해 대대적으로 보도하는 일도 없었다. 그들은 가진 것이 몸밖에 없었다. "날마다 마음을 같이하여 성전에 모이기를 힘쓰고 집에서 떡을 떼며 기쁨과 순전한 마음으로 음식을 먹고 하나님을 찬미하며 또 온 백성에게 칭송을 받으니 주께서 구원 받는 사람을 날마다 더하게 하시니라"(행 2:46-47). 당시 하나님은 자신의 메시지를 교회에 부탁하셨다. 그리고 오늘날 그 책임을 우리가 감당해야 한다. 행사를 하면 많은 사람이 모이게 할 수는 있지만 불신자들과 친밀한 교제를 하지는 못한다.

지역사회와 지속적으로 신뢰할 만한 관계를 유지하는 교회는 그 문화에 영향을 줄 수 있는 기회를 갖는다. 영향을 주는 가장 효과적인 방법은 섬김이라고 말할 수 있다. 다른 사람들의 필요를 채워 주고 그들을 섬길 때 서로 관계가 형성되지 않을 수 없다. 그러므로 관계는 지역으로 통하는 다리를 건설하는 열쇠이다.

자세히 들여다보기

친밀한 교제

게리는 인디애나에 있는 작은 교회의 목사였다. 조그만 농촌 지역으로 이사했을 때 그는 그 지역을 파악할 수 있는 혁신적인 방법을 발견했다. 볼런티어 소방대원으로 참여한 것이다. 이 단순한 봉사 행위를 통해 커다란 관계가 만들어졌다. 그 작은 마을의 볼런티어 소방대는 몇몇 젊은이들로 구성되어 있었다. 그들은 교회에 관심이 적거나 전혀 없었다. 그들 중 여러 명이 어릴 때 교회에 나가 본 경험이 있지만 어른이 되고 나서 자기 발로 교회로 돌아간 이는 없었다. 젊은 목사인 게리는 그들과 함께 지역을 섬기며 관계를 쌓는 과정에서 교회에 다시 나오기를 주저하는 그들의 심리를 이해하게 되었다.

---

1. 1991년 애틀랜타에서 Leadership Dynamics International이 주최한 세미나 "Sharpening Your People Skills" 강연에서.
2. Rodney Stark, *The Rise of Christianity*, HarperCollins Publishers, 1996, 6.

어느 날 젊은 소방대원 한 사람이 게리에게 이런 말을 했다. "글쎄, 교회에 나가고 싶은데 양복이 없어요." 순진한 변명처럼 들릴 수도 있지만 게리는 그것을 변명으로 듣지 않았다. 그 소방대원은 진지했다. 교회에 갈 때 꼭 양복을 입어야 하는 것도 아니고 지금은 그렇게 생각하는 사람이 없다고 대답해 주자, 현실을 모르던 소방대원들은 모두 놀라워했다. 그들은 성인이 된 뒤로 결혼식이나 장례식에 참석할 때나 한 번씩 교회에 발을 디뎠을 뿐이라 예전과 달리 양복을 입고 예배에 참석하는 남성이 별로 많지 않다는 사실을 몰랐다.

소방대원들 중 많은 사람이 그 작은 교회로 가족을 데리고 갔다. 게리 목사가 그들과 함께 식사하고 그들과 함께 불을 끄고 그들과 함께 섬기는 길을 선택했기 때문에 그들이 하나님 나라에 발을 들여놓게 된 것이다. 이 젊은 목사는 지역사회와 진실한 관계를 맺는 길을 열었다.

앞서 말했듯이 교회 밖으로 나와 세상에 초점을 맞추는 많은 교회가 지역의 필요에 부응하는 다른 기관들과 파트너가 되어 지역사회에 깊이 파고들었다. 교회들은 이런 파트너 관계 안에서 때로는 성공하기도 하고 때로는 실패하기도 했다. 그러는 동안 관계 구축을 위한 기본 원칙들을 찾아내게 되었다.

관계를 쌓는 데는 시간이 걸린다

지역사회와 지속적이고도 믿을 수 있는 관계를 만드는 일은 하룻밤 사이에 이루어지지 않는다. 라이프브리지 크리스천 교회가 처음으로 '섬김의 시간'을 시작했을 때, 몇몇 비영리 단체의 리더들이 저항했다. 단기간에 볼런티어 수백 명을 투입하는 일이 언제나 효과가 있는 것은 아니었다. 어떤 비영리 단체는 많은 볼런티어들을 다룰 만한 조직적인 체계가 마련되어 있지 않았다. 그래서 일을 시작할 수 있을 때까지 오래 기다려야 했다. 또 어떤 기관은 교회가 정말 성공적으로 해 낼 수 있을까 염려했다. 심지어 라이프브리지 볼런티어들이 정말 나타나기나 할까 염려하기까지 했다. 불안감을 감추지 못하는 모습이었다. 충분히 이해할 만한 반응이었다.

'섬김의 시간'이 시작된 뒤 한 해 동안 수많은 전화 통화, 회의, 기도 시간을 거쳤다. 첫해에 볼런티어들이 맡은 일을 워낙 성실하게 수행해 주었기 때문에 이듬해에는 한결 더 수월했다. 섬기는 사람들 사이에 친화력도 생겼다.

셋째 해에 '섬김의 시간'을 준비할 때는 흥분해서 가슴이 뛸 정도였다. 지역에 있는 비영리 단체들이 7월부터 벌써 교회 사무실에 전화를 걸어 우리 프로젝트에 동참하겠다는 뜻을 밝혀 왔다. 지금은 롱몬트 지역의 많은 비영리 단체가 라이프브리지의 볼런티어들과 함께 일하고 싶어하며, 특별 프로젝트도 함께 계획한다. 그들은 크리스마스 때뿐 아니라 연중 교회에 연락을 해 온다. 관계가 형성되고 믿음이 더해졌다.

시작한 일을 마무리하라

헨리 포드(Henry Ford)에게 성공적인 인생을 사는 데 필요한 요건이 무엇이냐고 한 기자가 물었을 때, 그는 "시작한 일을 마무리하는 것이지요"라고 대답했다. 포드는 실제로 그렇게 살았다. 일을 시작하는 것이 가장 큰 문제로 보일 때가 많지만, 오랜 인내와 결단력을 필요로 하는 마무리가 중요하다.

교회가 견디기 어려울 만큼 두들겨 맞는 경우가 있다. 라이프브리지도 예외가 아니다. 서로 실망을 감출 수 없는 결과가 파트너 관계에서 발생했다. 그때 우리는 중요한 몇 가지 교훈을 얻었다. 첫째, 교회와 지역사회 모두 각자의 필요와 기대치를 충분히 이해했는지 확인해야 한다. 둘째, 가능한 한 서둘러 시작하지 않는 것이 바람직하다. 셋째, 그 프로젝트에 열정을 가진 한 사람이 책임을 져야 한다는 것이다. 이것은 파트너 관계인 양측 모두를 위해 필요한 사항이다. 마지막으로 일을 추진하는 과정에서 어떤 어려움에 부딪히더라도 시작한 일은 마무리한다는 원칙을 끝까지 고수해야 한다.

자세히 들여다보기

천사가 너무 많아요

콜로라도 주 보울더 카운티의 한 지역 기관은 크리스마스 때마다 소외된 어린이들을 찾아가 선물을 준다. 우리의 "엔젤 트리"와 비슷한 행사이다. 라이프브리지 크리스천 교회가 처음 이 일에 참여하던 해에 우리는 많은 교훈을 얻었다. 그 중 일부는 비싼 대가를 치러야 하는 것이었다.

첫째, 의사소통 통로가 불분명해서 누가 무엇을 제공하는지 알 수가 없었다. 예를 들어, 카운티의 볼런티어 조정 담당자는 유통 업무를 우리 책임이라고 생각했다. 라이프브리지는 그 지시 사항을 전달받지 못했거나 잘못 알고 있었다. 선물을 분류하고 배달하도록 되어 있는 날 라이프브리지에서 올 줄 알았던 볼런티어들이 나타나지 않았다. 우리의 소홀함 때문에 적잖은 사람이 화가 나 있었다.

둘째, 우리는 우리가 일을 수행하는 능력을 과대평가했다. 우리는 당시 성도 900명이 어린이 1,000명을 돕는 것이 그다지 어려운 일이 아니라고 생각했다. 맡은 일을 겨우 마치기는 했지만 아주 어수선하고 혼란스러웠다. 그리고 일을 마무리하기 위해 서두르지 않으면 안 되었다. 우리는 또 해당 기관에 허둥지둥하는 모습을 보였다.

셋째로, 우리는 라이프브리지 성도들의 수고에 어떻게 보답해야 할지를 몰랐다. 개인적으로 만나 이야기를 나누거나 기념 사진을 찍는 일도 하지 않았다. 선물 사는 일 말고는 어린이들과 함께 참여할 기회도 주지 못했다. 지금은 이런 실수들을 두 번 다시 저지르지 않기 위해 최선을 다한다.

다행히 카운티의 프로젝트 조정 담당자들은 너그러웠다. 우리가 저지른 첫 번째 실수를 아직 미숙해서 그러려니 하고 잘 이해해 주었다. 그렇게 하는 동안 라이프브리지는 이 지역에서 없으면 안 되는 존재가 되었으며, 이제는 주저 없이 천사 1,000명을 위탁받을 수 있게 되었다.

도덕적이고 영적으로 중립적인 기구들과 동역하라

어느 지역에나 순수한 마음으로 그 지역사회의 건강과 복지를 염려하는 사람들이 있게 마련이다. 그들은 다양한 방법으로 자신의 염려를 나타내며 집 없는 사람, 마약 중독자, 어린이, 노인, 공원, 깨끗한 거리, 지역 주민의 안전 같은 절박한 문제에 관여한다. 이러한 필요를 해결하기 위해 고심하는 사람들과 교회가 동역할 기회는 얼마든지 있다. 비록 교회가 문제에 대해 그들과 다른 견해, 다른 해결책, 궁극적으로 인간애에 대한 다른 관점을 갖는다 할지라도 더 나은 지역사회를 만들겠다는 공통된 대의 아래 지역 기구들과 함께 일할 수 있다. 때때로 이것은 교회가 지지하거나 돕지 않는 기구들과의 연합으로 귀결되기도 한다.

교회가 동의할 수 없는 지역 단체를 꼭 도와야 할까? 이 어려운 질문 때문에 그리스도인들은 섬김의 내용은 동일하지만 방법을 달리해서 접근하는 경우가 많았다. 그러나 지금은 점점 더 많은 교회가 뜻이 맞지 않는 다른 그룹들과 기꺼이 파트너가 된다. 개별 사안에 매달리는 대신, 예수님이 말씀하시는 필요를 충족시킬 공통된 기반을 찾는다. 마태복음 25장 35-36절은 "내가 주릴 때에 너희가 먹을 것을 주었고 목마를 때에 마시게 하였고 나그네 되었을 때에 영접하였고 헐벗었을 때에 옷을 입혔고 병들었을 때에 돌보았고 옥에 갇혔을 때에 와서 보았느니라" 하신 예수님의 말씀을 기록했다.

교회가 지역사회의 필요를 충족시킴으로써 하나님을 영화롭게 할 때, 지역 단체를 이끄는 사람들과 관계를 맺어 갈 때 하나님의 은혜를 나눌 수 있는 기회를 얻게 된다. 우리와 의견이 다르던 사람들이 궁극적으로는 그리스도를 선택하고, 그분의 진리를 배우며, 하나님을 경외하는 일과 거리가 먼 그들의 정책과 철학을 바꾸게 될 것이다. 우리 도시를 다스리고, 학교를 이끌고, 지역 단체들을 감독하는 사람들이 언젠가는 그 일을 통해 하나님께 영광을 돌리는 믿음의 사람들이 될 수 있을 것이다.

자세히 들여다보기

파트너와 얼굴을 마주할 수 없을 때

(이야기의 민감성을 감안하여 관련된 교회, 지역 기관, 도시 이름은 밝히지 않는다.)

지역의 위기 관리 센터에 볼런티어들이 필요했다. 학대당하는 여성과 어린이를 돕는 그 센터는 심각한 재정 위기에 부딪혔다. 그곳의 여성들은 대부분 자녀를 부양하기 위해 애쓰는 독신자들이었다. 지역 교회의 성도 몇 사람이 이미 그곳에서 시간제 봉사를 하고 있었다. 그들이 참여함에 따라 교회는 의류, 식료품, 재정적 도움, 건물 수리 등을 도와 달라는 요청을 받게 되었다. 센터 소장은 누구나 인정할 만큼 동정심이 많으며 사람들을 즐겨 돕는 훌륭한 여성이었다. 그러나 교회가 그곳과 관계를 맺은 지 얼마 안 되어 소장은 자기는 종교에 관심이 없으며 누구에게도 종교적 견해를 가지고 압박하는 것을 원치 않는다고 분명히 못 박았다. 사실상 교회가 그 일에 개입하는 유일한 이유는 그 기관에 도움이 필요하고 이미 일하기로 약속된 교인들이 있기 때문이라는 점을 우리는 분명히 했다.

센터가 제공하는 서비스에 상담이 포함되어 있었다. 소장은 임신을 한 여성은 반드시 낙태해야 한다고 주장했다. 센터에 아이가 하나 더 생기는 일은 절대 안 된다고 못을 박았다. 낙태를 할 경우 센터에서 낙태 비용을 지불해야 하는 것도 문제 삼았다.

그것은 말할 것도 없이 교회의 활동을 위축시켰다. 전적으로 받아들여지지 않는 상황일 때 교회는 어떻게 도움을 줄 수 있을까? 성도들은 소장을 만나 그들이 염려하는 일들과 낙태에 대한 교회의 입장을 놓고 이야기했다. 또한 센터의 문을 닫아 도움을 차단하지 말고 해결책을 제시해 달라고 했다. 소장은 여전히 자기 생각을 바꿀 수 없다며 단호한 입장을 보였다.

그 상황에서 교회는 도울 수 있는 다른 곳을 찾아야 할 것 같았다. 그러나 그것은 지역이 필요로 하는 중요한 일이었고, 성도들은 이미 센터에 대단한 열정을 가지고 있었다. 그렇다면 해결 방법은 무엇인가? 교회는 센터의 여성들을 돕기로 의견을 모았다. 소장은 교회에서 제공하는 어떤 자원도 낙태를 위해 사용하지 않겠다고 약속했다.

바람직한 해결책을 찾은 듯해 보이지만 아직 이야기는 끝나지 않았다. 그 뒤에 일어난 일이 더 흥미롭다. 교회의 자원 봉사가 신뢰를 얻으면서 참여할 기회가 더 늘어났다. 멘토링, 직업 훈련, 어린이 보호를 위한 볼런티어를 새로 요청받게 되었다. 그것은 수용소에 있는 여성들의 삶에 영원한 영향을 미칠 수 있는 관계를 형성할 더없이 좋은 기회였다.

은혜로운 섬김과 그리스도인의 증거를 통해 소장이 자신의 관점을 바꾸고, 더 나아가 그녀가 그리스도를 영접하게 된다면 그 이상 좋은 일은 없을 것이다. 하지만 그런 일은 일어나지 않았다. 그러면? 그녀는 다른 일자리를 찾아 그곳을 떠나게 되었다. 후임자를 물색하는 과정에서 교회의 볼런티어 여러 명이 면접에 참여했다. 새로 온 소장이 어떤 자세를 갖게 되었을지 짐작해 보라.

갈등은 불가피하다는 점을 명심하라

지역사회를 섬기는 다른 그룹들과 문제의 원인이나 그 해결 방법에 대한 의견이 언제나 일치할 수는 없다. 그러나 문제가 있다는 사실에는 의견이 일치한다. 의견이 대립될 수 있다는 점을 감안하라. 그리고 합의하는 과정에서 관계 형성을 시작하라. 의견 대립을 해소하는 최선의 방법은 관계의 바탕에서 나온다. 관계의 끈이 튼튼하면 갈등이 웬만큼 심각하지 않고는 그 관계가 깨어지거나 손상되지 않는다. 나(릭)는 잘 모르는 사람들과의 관계에서 아주 사소한 갈등만 있어도 쉽게 뒤로 물러선다.

우리는 둘 사이에서 일어나는 모든 문제가 해소될 때만 좋은 관계라고 생각하는 경향이 있다. 그러나 사실 관계는 그런 식으로 이루어지지 않는다. 예를 들어 내 아내 다이앤과의 결혼 생활 중 언제나 갈등의 합의점을 찾을 수 있는 것은 아니었다. 하지만 우리는 합의점을 찾지 못하더라도 화해할 수는 있다고 생각한다. 우리는 눈을 마주치지 않아도 손잡고 걸을 수 있음을 경험을 통해 터득하게 되었다.

의견이 대립되어 어려움에 빠질 때 아내와 나는 합의점을 찾을 때까지 뒤로 물러선다. 얼마 전에 우리는 부모 역할과 관련하여 완전히 다른 접근 방법을 내세우게 되었다. 궁지에 빠졌다. 어떤 토론도, 열정도, 강경함도 어느 한 편을 움직일 수 없었다. 우리는 공통점을 찾을 때까지 뒤로 물러섰다. 우리는 문제가 있다는 점에 의견 일치를 보았다. 문제의 원

> 합의점을 찾지 못하더라도 화해할 수는 있다.

인에 대해 의견이 일치했다. 이 문제를 놓고 아무 일도 하지 않는 것은 무책임한 일이라는 점에도 의견이 일치했다. 우리는 아이를 사랑한다는 점에 공감했다. 그 사실에서 불일치의 영역으로 다가갔다. 마침내 우리 두 사람 중 하나는 자신이 최선의 해결책이라고 생각하지 않는 접근 방법을 한 번 시험해 보고 그 결과가 어떻게 되는지 보기로 했다. 우

리는 그 해결책에 동의하지 않았지만 관계에서 공감대를 찾았고, 앞으로 나아갈 수 있었다. 다른 지역 조직들과 관계를 형성하고 유지하는 일이 중요하다면 우리는 공감할 수 있는 영역을 찾아야 하고, 거기서부터 관계를 쌓아 가야 한다.

최근 나는 한 공무원을 만나 우리 지역이 당면한 몇 가지 문제점과 그것을 해결하기 위해 교회가 할 수 있는 일이 무엇인지를 이야기했다. 그 사람의 생각은 나와 정반대였다. 그는 신앙적 관점이 나와 달랐다. 사실 그는 신앙 문제에 전혀 관심이 없었다. 정치적 관점도 달랐다. 지역 문제를 어떻게 풀어 갈지에 대해서도 생각이 상반되었다.

우리는 풀어야 할 문제가 있고, 그것을 해결해야 하며, 해결하지 않을 경우 더 심각한 문제가 생길 수 있다는 점에 공감했다. 이 출발점에서 우리는 교회가 도울 수 있는 일들을 논의하기 시작했다. 대화 과정에서 여러 차례 원점으로 되돌아가야 했지만, 결국 우리 대화는 긍정적인 방향으로 움직여 갔다. 우리는 더 많은 합의점을 발견했다. 서로 참여할 수 있는 작은 일부터 시작했다. 신뢰가 쌓이고 관계가 깊어졌다. 그 결과 지역 조직과 교회가 더 깊이 참여할 수 있는 길이 열렸다.

아무 조건 없는 파트너십을 발전시키라

경험상, 교회는 섬기고 축복하는 일만 하고 통제는 하면 안 된다. 교회가 지역의 어느 조직과 동역하거나 도움을 줄 때는 그들이 이끄는 프로젝트의 수족일 뿐 입과 머리가 되면 안 된다. 파트너 관계를 맺으려고 하는 사람들의 지위와 열정을 존중하라.

성경은 "철이 철을 날카롭게 하는 것 같이 사람이 그의 친구의 얼굴을 빛나게 하느니라"(잠 27:17)고 말한다. 지역 기관들과 만나서 토론할 때 그들의 리더십으로부터 배우라. 많은 경우 그들은 교인들에 비해 훨씬 더 긴 시간을 들여 현안을 놓고 공부하고 연구한다. 그들이 봉사하게 된 동기는 교회와 다를지라도 문제 해결은 여전히 가능하고, 서로 존중하는 마음이 꼭 필요하다.

언제나 지역 조직을 향해 "우리가 어떻게 도와 주면 될까요?"라고 묻되, 그 공적이 누구에게 돌아갈지는 관심을 갖지 말라. 자기를 내세우지 않기란 쉬운 일이 아니다. "우리가 했어요. 우리 성도들이 참여했어요. 교회가 개입했으니까 가능했지요." 이런 식의 공치사는 건강한 관계, 다리를 놓는 관계를 구축하고 유지하는 데 전혀 도움이 되지 않는다.

> 언제나 지역 조직을 향해 "우리가 어떻게 도와 주면 될까요?"라고 묻되, 그 공이 누구에게 돌아갈지는 관심을 갖지 말라.

사람들은 자신의 필요를 당신의 필요보다 앞세울 때 좋은 반응을 보인다. 빌립보서 2장 3-4절에서 바울은 이렇게 도전한다. "아무 일에든지 다툼이나 허영으로 하지 말고 오직 겸손한 마음으로 각각 자기보다 남을 낫게 여기고, 각각 자기 일을 돌볼뿐더러 또한 각각 다른 사람들의 일을 돌보라."

자세히 들여다보기

우리가 도울 일이 있을까

플래티론스 커뮤니티 교회는 콜로라도 주 보울더의 외곽 소도시에 있는데, 폭발적인 성장세를 보이고 있으며 활기가 넘친다. 상점들이 늘어선 지역에서 사역을 계속하기에는 교회가 너무 커져서 재개발된 상점가로 이사한 뒤, 지역사회와 더 밀접한 관계를 맺고 싶어 했다. 담임 목사 길 존스와 두 동료 목사가 시장을 만나서 "우리가 도울 일이 있을까요?"라고 물었다. 시장은 아이들을 돕는 일도 할 수 있냐고 했다. 길 목사는 교회를 대변하여 대답했다. "그건 저희의 전문 분야입니다!"

시장은 비참한 상황에 있는 초등학교 이야기를 했다. 그 학교 학생들은 60퍼센트가 빈곤층이었다. 75퍼센트는 붕괴된 가정 출신이고, 50퍼센트는 영어가 모국어가 아니었다. 시험 성적은 많은 학생이 자기 나이보다 두 학년 아래 수준이었다. 학교는 기적이 일어나기를 기다리는 것말고는 달리 할 수 있는 일이 없었다.

도움을 제공하는 데 어떤 부대조건도 달지 않고, 교사와 학생에게 '예수 이야기'를 하지 않겠다고 약속했음에도 학교 측 반응은 그다지 신통치 않았다. 볼런티어들은 도서관에 비치된 도서에 바코드 찍는 일을 부탁받았다. 그리고 교사 몇 명에게서 어린이들의 특정한 필요를 해결해 달라는 요청을 받았다. 볼런티어들은 무시당한다고 느끼기는커녕 놀랄 만한 자세로 일했다. 그들은 매일 혹은 매주 학교에 나갔고, 학교가 요청하는 일은 무엇이든 했다. 그렇게 3개월이 지나자 놀라운 일이 벌어졌다. 예수님은 볼런티어들의 친절한 행동과 사랑의 행위를 통해 말씀하셨다. 지금은 볼런티어들이 교실에 들어서면 어린이들이 활짝 웃으며 팔을 벌리고 맞이한다.

최근 이 학교는 볼런티어들을 잘 활용한 학교로 선정되어 하사금으로 50만 달러를 받았다. 수상 대상 학교를 심사하는 과정에서, 볼런티어들을 효과적으로 뽑아 활용할 수 있었던 비결을 질문받은 교장은 이렇게 대답했다. "우리는 필요한 모든 도움을 플래티론스 교회로부터 받았습니다. 그들이 놀라운 도움을 주었어요. 그들은 우리에게 필요한 모든 것을 충족시킬 수 있다고 확신합니다."3

은혜가 넘치는 선교를 권하고 실행하라

라이프브리지 크리스천 교회의 볼런티어들이 교회의 사명 선언서가 인쇄된 티셔츠를 입고 다니거나 주방에서 점심 식사를 대접하면서 "어메이징 그레이스"를 부르는 모습은 찾아보기 힘들다. 교회가 관계의 다리를 세워 가는 동안, 하나님의 은혜를 나눌 수 있는 기회를 모색은 하되 강요하지는 말라. 시간이 흐름에 따라 사람들은 당신의 섬김에 호기심을 느껴서 알아보려 하고, 질문을 던지고, 예수님이 당신을 위해 하신 일을 이야기해 달라고 요청할 것이다. 한번은 우리 지역에 있는 한 교회가 그 교회 성도 몇 사람을 우리가 하는 지역 프로젝트에 동참시켜 줄 수 있느냐고 물어 왔다. 우리는 기쁨으로 그들을 맞이했다. 그 중 리더 역할을 맡은 사람이 하루 중 언제 우리가 하는 일을 멈추고 도움을 받는 사람들에게 메시지를 나누는지 물었다.

정해진 시간에 우리를 소개하고 우리가 믿는 예수님에 대해 가르치는 일을 의미하는 것이리라 짐작하고, 우리는 그런 일을 하기 위해 그곳에서 섬기는 것이 아니라고 말해 주었다. 그러자 그는 도와 주는 사람이 누군지 쉽게 구별되도록 로고가 찍힌 모자를 쓰고 셔츠를 입어도 되겠느냐고 물었다. 내 대답은 무엇이었을까? 우리는 섬기면서 남의

---

3. 2003년 5월 27일, 플래티론스 커뮤니티 교회 담임 목사와 에릭 스완슨이 통화한 내용에서.

이목을 끄는 일에 관심을 두지 않기로 오래 전에 결심했다. 우리가 섬기는 목적은 두 가지다. 기본적인 필요를 충족시키는 것이고, 긍정적인 관계를 세우는 것이다.

페니의 이야기는 은혜가 넘치는 지역 선교를 아주 잘 보여 준다. 페니는 우리 교회와 금세 친해졌다. 우리가 파트너 관계를 맺고 있는 지역 봉사 기관에서 일하기 때문이다. 페니는 라이프브리지에서 파송되는 볼런티어들이 애정을 가지고 지역을 돌본다는 사실을 단박에 알아차렸다. 그것은 그녀에게 깊은 인상을 주었다. 페니는 현재 헌신적인 그리스도인으로서 교회를 섬기고, 롱몬트에 있는 한 비영리 단체의 대표로서 지역을 섬긴다. 아무도 그녀에게 전도지를 건네주거나 교회에 나가자고 강요한 일이 없었다. 그녀는 들은 것이 아니라 본 것에 의해 그리스도 앞으로 이끌려 나왔다.

해묵은 가설은 버리라

세월이 흐르면서 지역 대표들은 대부분 자기 지역을 더 살기 좋은 곳으로 만들고 싶다는 순수한 열망을 가지고 있음을 알게 되었다. 물론 개인적인 유익을 얻기 위해서, 또는 단순히 직업상 해야 하는 일이기 때문에, 아니면 성공을 위한 디딤돌로 삼기 위해 일하는 사람들도 분명히 있다. 이런 범주에 속하는 사람들도 있다. 그러나 일반적으로 지역의 책임자 위치에 있는 사람들은 자기 지역의 이익을 염두에 둔다.

이런 사람들과 관계를 맺으면서 미처 생각지 못했던 두 가지 반응을 보게 되었다. 첫째는, 불신자들이 그 지역의 그리스도인들이 얼마나 지역을 걱정하는지에 대한 긍정적인 사례를 경험하지 못했다는 점이었다. 예를 들어, 한 학교 행정 담당자는 그리스도인 학부모들과 만나 얻은 경험이 모두 부정적이라고 말했다. 그들은 학교 제도상 마음에 들지 않는 일이 있을 때 그것을 의논하고 해결책을 찾기 위해 함께 노력하는 대신 맹렬하게 비판했다고 한다. 학부모들이 걱정할 만한 타당한 이유가 있는 경우라 하더라도 그런 태도는 적대감을 준다고 했다. 한편, 그는 친절하게 대응해서 좋은 결과를 이끌어 내는 그리스도인 학부모들도 있지만, 그런 사례는 별로 많지 않다고 했다.

그리스도인들의 결점에 관해 많은 이야기를 듣게 되는데 그 내용을 들여다보면 사실을 인정하지 않을 수 없는 측면이 있다. 솔직히 많은 지역 관계자가 그리스도인들에 대해 편견을 가지고 있어서 과장하는 경향도 있기는 하지만.

둘째는, 우리 교회가 지역을 돕겠다고 제안할 때마다 지역 대표들은 거의 언제나 우리가 얼마나 실질적인 도움을 줄 수 있을까 반신반의했다는 점이다. 그들은 자주 이렇게 말한다. "종교적인 일로 상담이 필요하면 연락할게요. 종교적인 도움을 필요로 하는 사람이 있으면 당신들에게 보내겠습니다." 그들은 교회가 그들의 조직에 무슨 도움을 줄 수 있을지 알지 못했다.

교회가 사회에서 주변으로 몰리고 있다는 사실을 부인할 수는 없다. 경위야 어찌 됐든 조지 바나의 표현을 빌리면, 교회는 '무의미라는 바다에 둘러싸인 경건한 섬'으로 비쳐진다는 말이다.[4]

우리는 '어떻게', '왜'를 가지고 온종일이라도 이야기할 수 있다. 그

---

4. 1988년 3월, 신시내티에서 행한 New Church Planting Conference의 강연에서.

러나 일반적으로 교회가 지역사회의 중요한 구성 요소로 인정되지 않는 것이 현실이다. 대개 교회는 지역사회의 문제와 필요에 대해 발언권을 잃어버렸다. 지역사회에 문제를 해결할 일이 있을 때 지역 대표들은 교회에는 도움을 요청하지 않는다.

자세히 들여다보기

"교회가 도움이 되리라고는 전혀 생각지 못했어요!"

그는 콜로라도에 있는, 문제가 많은 초등학교에 교장으로 발령받았다. 그 학교는 성적도 나쁘고 출석률도 좋지 않아 관리 대상에 올라 있었다. 그가 그 학교에 부임한 첫해는 매우 성공적이었다. 시험 성적이 오르고 출석률도 늘었다. 교사의 사기와 학부모 참여도가 높아졌다. 당장 시급한 문제들은 해결했지만, 아직 시간을 요하는 많은 문제를 안은 채 2년째를 맞았다. 그는 언어 장벽, 통학 문제, 학생과 가족의 기본적인 재정 문제 등 많은 문제를 파악하게 되었다. 어느 날 그는 일이 있어서 가는 길에 라이프브리지 크리스천 교회의 주차장에 차를 주차하고 잠깐 망설이다가, 나(릭)를 만날 수 있을까 하고 안으로 들어왔다.

그는 어떻게 자기가 주 교육청의 잘나가는 자리를 내놓고 보울더로 오게 되었는지 이야기했다. 그리고 "이 도시에서 1년 동안 지내면서 몇몇 교사와 직원들에게서 라이프브리지가 도움을 줄 수 있을 거라는 말을 들었습니다"라고 했다. 그는 이런 말을 해도 좋을지 모르겠다며 교회가 도울 수 있는 네 가지 일을 제시했다. 얼마나 좋은 일인가! 그가 제시한 것은 멘토링, 개인 학습 지도, ESL, 옷이나 책 등 물품 지원이었다. 그는 또 우리가 관심을 보인다면 학부모들도 우리와 관계를 맺는 데 관심을 보일 것이라고 했다.

"선생님이 계획하신 일에 기쁨으로 동참하겠습니다"라고 대답했다. 나는 그의 다음 이야기에 깜짝 놀랐다. "제가 이곳에 들르면서 얼마나 가슴이 뛰었는지 모르실 겁니다. 제 부친이 목사님이었는데, 정말 좋은 분이었지요. 하지만 교회가 이런 식으로 도움을 줄 수 있으리라고는 생각지 못했고, 그래서 부탁하기가 꺼려졌던 게 사실이거든요."

그 만남을 통해 나는 새삼 두 가지를 깨달았다. 첫째는, 주변 사람들이 우리 성도들과 일한 경험이 있거나 그들이 우리 교회에 대해 말했기 때문에 그 교장이 오게 되었다는 것, 즉 관계의 중요성이다.

둘째는, 비록 그가 기독교적 환경에서 자랐지만 교회가 지역사회에 실질적인 도움을 준다는 사실을 알고 놀랐다는 점이다.

자기 일로 인식하라

지역 대표들이 일반적으로 그리스도인을 신뢰하지 않으며 교회가 도움을 주는 곳으로 인식되어 있지 않다는 사실을 알게 된 뒤로, 나는 지역에 참여할 수 있는 길을 찾고 더 의미 있는 대화로 이끌어 줄 방법을 모색하는 일에 열정을 갖게 되었다. 지역 사람들이 도움이 필요할 때 먼저 교회를 떠올리게 되기를 원했다.

라이프브리지는 이런 문제들에 실용적으로 접근한다. 우리는 연구를 하거나 투표를 하거나 다른 교회들의 방법을 모방하지 않았다. 그저 세상의 어떤 일도 관계를 떠나서는 일어나지 않는다고 보고, 관계를 맺는 가장 좋은 방법은 상대방이 들어와 주기를 기다리기보다는 그들의 세계로 들어가는 것이라고 생각했다.

우리는 교회가 지역사회에 개입할 수 있는 최선의 길은 지역사회에 쓸모 있는 존재가 되는 것임을 알게 되었다. 그것은 우리 모두(스태프, 리더, 성도)가 섬김을 통해 개인적으로 지역사회와 관계를 가져야 한다는 것을 의미한다.

나는 담임 목사로서 이런 것들을 말만 하고 있어서는 안 된다는 도전을 받았다. 미성년자 음주 문제가 지역 신문의 전면을 장식했다. 그에 대한 반응의 일환으로 학교 당국은 해결 방안을 모색하기 위해 소규모 비상 대책반을 만들었다. 이 대책반에 우선 시장, 경찰서장, 학군의 부교육감, 교장, 그리고 내가 포함되었다. 내가 포함된 것은 학교 당국이 다른 지역 활동을 통해 나를 알았고, 당시 내게 십대 자녀 둘이 있었으므로 그 문제에 대한 기득권이 있다고 생각했기 때문이다. 이 대책반은 연중 매주 만나서 회의를 했는데 나중에는 규모가 커져서 보건 관계자, 시 청소년평의회 회원, 기업계 대표까지 참여하게 되었다. 이런 노력을 통해 어느 정도 미성년자 음주에 대한 경각심을 불러일으켰고 문제 해결을 위한 조직망을 구성하게 되었다.

내가 비상 대책반에 직접 참가하는 대신 스태프나 핵심 볼런티어를 보낼 때도 있었다. 대책반에서 나오는 모든 과제를 떠맡을 수 없는 사정을 해명해야 하는 경우도 있었다. 대책반에서 하는 일이 교회와 전혀 관련이 없어 보일 때도 있었다. 그때만 해도 내가 참여한다는 사실 그 자체가 교회에 대한 지역사회의 신뢰를 높이고 교회에 강력한 발언권을 제공한다는 사실을 몰랐다. 비상 대책반을 통해서 만들어진 관계 덕분에 그 후로 교회는 참여 기회를 더 많이 갖게 되었다.

오늘날처럼 다원화된 세상에서는 일의 타당성을 놓고 수많은 대립

의견이 나오고, 지역 대표들의 관용에 대한 요구가 점점 더 높아지게 마련이다. 이런 상황에서 교회는 어느 때보다 주변으로 몰리기 십상이다. 교회와 사회의 간격이 벌어질 수밖에 없다. 나는 이런 상황이 교회가 대야를 들고 수건을 동이고 사회에 개입할 놀라운 기회를 제공한다고 생각한다. 우리는 섬기는 과정에서 지역사회의 소리를 듣고, 지역사회와 관계를 맺고, 궁극적으로는 지역사회가 교회의 소리에 귀를 기울이게 만들 수 있다.

> 나는 담임 목사로서 이러한 것들을 말만 하고 있어서는 안 된다는 도전을 받았다.

교회 밖으로 나온 교회의 목표는 섬김이다. 그러나 궁극적인 목표는 하나님 나라 건설이다. 이것은 더 높은 소명 의식과 강한 동기가 뒷받침되는 섬김이다. 관계는 지역사회에서 신뢰를 얻는 데 절대 필요한 요건일 뿐 아니라 많은 사람이 그리스도와 관계를 맺는 통로이기도 하다.

자세히 들여다보기

잭의 이야기
– 라이프브리지 크리스천 교회, 잭 헤이의 글

한동안 나는 교회에 나가는 문제를 놓고 아내와 토론을 벌였다. 그러나 아무 결론도 얻지 못했다. 마침내 나는 라이프브리지에 한번 나가 보면 어떻겠느냐고 제안했다. 그 동안 담임 목사인 릭 루소와 가진 인간관계 때문이었다. 나는 미성년자 음주 문제를 해결하기 위해 만들어진 지역 비상 대책반 모임에서 처음 릭 목사를 만났다. 라이프브리지 교회에서 회의를 했는데 릭 목사, 시장, 경찰서장, 보건소장, 그리고 이 학군 부교육감인 내가 참석했다. 처음엔 릭이 목사인 줄을 몰랐다. 그저 학부형이고 교회 대표라고만 알았다. 그리스도인에 대해 편견을 가지고 있었던 게 사실이지만 릭과 교제하면서 내 고정관념이 깨지기 시작했다. 나는 그가 진정한 해결책을 찾는 데 매우 관심이 많다는 것을 알게 되었다. 내가 예상했던 사람이 아니었다.

대책반에서 함께 일하는 동안 라이프브리지가 크고 작은 많은 방법으로 지역에 인력과 시설을 제공해 왔음을 알았다. 나는 이 교회가 세상에 변화를 일으키고 있음을 확인했다. 나는 교육 관련자로서, 지역의 볼런티어로서 더 나은 지역을 만들기 위해 힘써 온 것이 사실이지만 더 큰 계획의 일원이 되고 싶었다. 라이프브리지 성도들이 우리 도시를 위해 헌신하는 모습을 보고 이 교회에 매력을 느꼈다. 그들에게 끌렸다.

내 신앙은 성장과 성숙을 계속했다. 성경 공부와 기도회와 심지어 태국 선교여행에까지 참여했다. 지금 나는 지역 선교를 위해 자원 봉사를 하는 데 주력하고 있다. 내 동기는 지역 선교이다. 지난 30년 동안 교육자로 일하면서 내 인생에 위대한 목적이 있다고 생각했지만, 하나님 나라를 위해 일하는 동안 참 목적이 무엇인지를 깨닫게 되었다.

라이프브리지의 목적은 사람들을 지역으로, 교회로, 그리고 천국으로 이끄는 데 있다. 이것이 끝없는 영향력의 고리이다. 이 패턴이 반복될 때 교회 밖으로 나온 교회는 땅 끝까지 이르러 하나님 나라를 건설할 수 있다.

생각하기 "나는 교회가 도움을 줄 수 있으리라고는 생각지…."

토론하기 1. 당신의 지역 사람들은 당신의 교회에 도움을 청해야겠다고 생각할까?

2. 지역 대표들에게 "저희가 도와 드릴 것이 있나요?"라고 물어 본 적이 있는가?

3. 지역 일에 개인적으로 관여하는가?

실천하기 당신 교회 성도들이 불신자들과 나누는 교제 방법을 평가해 보라. 지역 지도자들을 만날 수 있는 방법을 연구하고, 그들과의 회의를 주선하라.

설교 및 강의를 위한 아이디어

본문_ 고린도전서 12장 12-26절

주제_ 지역은 필요 없다는 사고방식으로는 교회가 살아남을 수 없다. 우리에게는 지역이 필요하고, 지역에는 우리가 필요하다. 우리는 서로 격려하고 책임을 지고 힘을 얻기 위해 연결되어야 한다. 우리는 교회가 이런 곳이어야 한다고 생각한다.

- 모든 사람이 변화를 만드는 곳
- 아무도 소외감을 느끼지 않는 곳
- 진실한 관계를 경험할 수 있는 곳

설명_ 세 겹 줄은 쉽게 끊어지지 않는다.

적용_ 진실한 관계를 맺고 지역과 연결할 수 있는 실제적이고 새로운 방법을 머리를 맞대고 찾아보라.

6. 복된 소식과 선한 행실

"이제야 나는 깨달았다. 모든 남성은 자신이 믿는 것에 생명을 바친다. 모든 여성은 자신이 믿는 것에 생명을 바친다. 때때로 사람들은 거의 믿지 않거나 전혀 믿지 않으면서 그것에 생명을 바치기도 한다. 하나밖에 없는 삶, 그것이 우리가 가진 전부지만 우리는 이 하나밖에 없는 삶을 믿고 산다. 그러는 사이 그것은 지나가 버린다. 그러나 자신의 존재를 희생하고 믿음이 없이 사는 것은 죽음보다 더 끔찍한 일이다."

잔 다르크

요시야 왕-기억에 남는 선지자

당신은 무엇으로 후세에 기억될까? 당신의 교회는 무엇으로 후세에 기억될까? 성공과 실패를 담은 전기를 내는 사람은 그렇게 많지 않다. 하나님께 감사할 일이다. 사람들은 흔히 하나의 큰 이상, 발명, 성취, 대의를 위대한 사람들과 연관시키기를 좋아한다. 링컨이라는 이름이 나오면 사람들은 대개 '노예 해방자' 또는 '연방을 보존한 사람'으로 기억한다. 조지 워싱턴 하면 으레 '미국의 아버지'로 떠올린다. 마틴 루터 킹은 "나에게는 꿈이 있습니다"라는 명연설로 사람들의 기억에 남아 있다.

요시야 왕에게는 전기 작가가 여러 명 있었다. 열왕기하와 역대하를 보면, 그는 8세에 왕이 되어 16세에 여호와를 찾기 시작했고 성경을 재발견했으며 유다에 종교적·도덕적 개혁을 일으켰다고 기록되어 있다. 그러나 그의 삶을 직접 기록한 것으로는 동시대 선지자 예레미야가 쓴 비문만이 있을 뿐이다. 역대하의 저자는 "예레미야는 그를 위하여 애가를 지었으며 모든 노래하는 남자들과 여자들은 요시야를 슬피 노래하니"(대하 35:25)라고 기록했다. 예레미야가 요시야에 대해 기록한 것이 무엇인가? 짧은 2행 대구에 불과하다.

"정의와 공의를 행하지 아니하였느냐 그 때에 그가 형통하였었느니라 그는 가난한 자와 궁핍한 자를 변호하고 형통하였나니 이것이 나를 앎이 아니냐 여호와의 말씀이니라"(렘 22:15-16).

내용에 비해 쓰인 낱말 수는 얼마 되지 않는다. 가난한 자와 궁핍한 자를 변호했다는 말은 여호와를 알았다는 의미를 내포한다. 여기서 중요한 것은 이것이다. 언젠가 당신이 세상을 떠나면 당신을 아는 사람들은 당신의 이름이 거론될 때 무언가를 생각하게 될 것이다. 당신이 남긴 것은 과연 무엇일까?

성경 전체에 걸쳐 선한 행실은 복된 소식과 짝을 이룬다. 베드로는 예수님의 사역을 정리하면서 이렇게 간단히 기록했다. "만유의 주 되신 예수 그리스도로 말미암아 화평의 복음을 전하사…그가 두루 다니시며 선한 일을 행하시고…이는 하나님이 함께하셨음이라"(행 10:36-38). 복음과 그에 수반하는 선행은 비행기의 양 날개와 같다. 각각은 짝이 없으면 불완전하다. 각각 상대를 보완하고 상대를 고양한다. 예수님의 생애와 사역을 연구하는 것은 복음과 선행으로 짠 융단을 연구하는 것과 같다. 그분의 전 사역은 보여 주기와 말하기 즉 선행과 복음이 나란히 강한 힘을 발휘하며 직조되어 있다(마 4:23, 9:35, 눅 4:32-37). 예수님은 "하나님의 나라를 전파하며 앓는 자를 고치게 하려고" 제자들을 내보내셨다(눅 9:2). 선행은 복음이 가는 길을 고르게 다졌다. 교회 밖으로 나온 교회는 모두 확신을 가지고 예수님이 행하신 일을 해야 한다. 예수님은 본을 보여 주셨다.

> 선행은 복음이 가는 길을 고르게 다졌다.

예수님을 따르는 제자가 된다는 것은 복음과 선행에 참여하는 것을 의미했다. 우리는 "아버지의 자비로우심 같이 자비로운 자가 되고"(눅 6:36), 그분이 사랑하신 것처럼 사랑해야 하며(요 13:34-35), 필요를 가진 모든 사람의 이웃이 되어야 한다(눅 10:29-37). 예수님은 "너희 빛이 사람 앞에 비치게 하여 그들로 너희 착한 행실을 보고 하늘에 계신 너희 아버지께 영광을 돌리게 하라"(마 5:16)고 제자들에게 말씀하셨다.

갈라디아서 2장에서 사도 바울은 베드로, 야고보, 요한 그리고 자기 자신의 사역 분할에 대해서 기록했다. "우리는 이방인에게로 그들은 할례자에게로 가게 하려 함이라 다만 우리에게 가난한 자들을 기억하도록 부탁하였으니 이것은 나도 본래부터 힘써 행하여 왔노라"(갈 2:9-10). 여기서 '힘쓴다'는 말은 '열정'이라는 말과 매우 비슷하다. 우리가 모든 일에 열정을 가질 수 없음과 마찬가지로 모든 일에 힘쓸 수는 없다. 바울이 힘쓰고자 한 일은 "로마에 있는 너희에게도 복음 전하기를 원하노라"(롬 1:15)는 말씀에서 분명히 알 수 있다. 바울이 한 모든 일 가운데서 그가 진정으로 힘썼던 일은 두 가지뿐이었다. 바로 복음을 전파하는 것(행 26:28-29)과 가난한 자들을 돕는 일(행 24:17)이었다. 그는 그중 한 가지를 이루기 위해 타협할 필요도, 다른 하나를 희생할 필요도 느끼지 않았다. 그는 두 가지 모두를 위해 힘썼다. 두 가지에 집중한 것이다.

복음이 어떻게 확산되어 갔는가

우리는 초대교회의 역사를 통해 교회가 신학교, 교회 성장 세미나, 잘 계획한 청소년 프로그램, 큰 교회 건물 없이도 눈부신 성장을 이룰 수 있음을 배울 수 있다. 복음이 널리 전파되는 데에는 많은 사회학적·정치적·영적 요소가 기여했다. 1세기는 그야말로 "때가 차매"(갈 4:4) 예수께서 세상에 오신 때였다. 우리는 공통어, 팍스로마나, 안전한 여행 등 전에는 찾아볼 수 없던 상황들을 무시할 수 없다. 그러나 이런 요인들과 더불어 초기 그리스도인들은 온 세상이 일어서서 주목할 만한 방식으로 살았다. 그들의 생활 방식은 무시할 수 없을 만큼 구별된 것이었다. 그들은 예수님의 제자로서 그분처럼 살고 그분이 사랑하시는 것처럼 사랑하려고 애썼다. 그들이 받는 궁극적인 대가라면 예수님과 함께하며 먼저 간 사람들의 대열에 끼는 것이었다. 초기 그리스도인들은 복음에 사로잡혀 있었고 예수 그리스도의 가르침과 가치에 심대한 영향을 받았다. 우리는 그들이 예수님을 만나 변화되고 하나님 나라의 가치에 이끌리는 삶을 살았음을 그들의 행위를 통해 짐작할 수 있다. 그들의 삶은 세상의 소금과 빛에 그치지 않았다. 세상의 '영혼'이었다.

팔을 걷어붙인 교회

흑사병이 첫 세 기에 걸쳐 유럽을 휩쓸 때, 도망할 수 있는 사람은 모두 도시를 빠져나갔다. 그러나 그리스도인들은 달랐다. 그들은 도시에 머문 채 그리스도인이든 아니든 상관 않고 병들어 죽어 가는 사람들을 보살폈다. 알렉산드리아의 사제 디오니시우스는 믿는 사람들이 260년간 전염병에 어떻게 대처했는지에 대해 다음과 같이 기록했다.

우리 형제들은 대부분 넘치는 사랑과 형제애에서 우러나오는 친절을 아끼지 않았다. 그들은 서로 붙들고 두려움 없이 환자들을 방문했다. 그리고 지속적으로 보살피고 그리스도의 사랑으로 섬겼다. 그들은 넘치는 기쁨으로 환자들과 함께 죽어 갔다. 다른 사람들의 고통을 짊어지고, 전염병에 걸려 고통을 달게 받았다. 환자들을 돌보고 다른 사람에게 용기를 북돋아 주던 많은 사람이 그들의 죽음을 대신했다.…그러나 이교도들은 모든 것이 정반대였다. 그들은 질병으로 앓기 시작하는 사람들을 버리고 가장 친한 친구로부터도 달아났다. 그리고 죽어 가는 사람들을 길가에 내다 버리고, 죽은 사람을 묻지도 않고 쓰레기처럼 방치했다.1

초기 그리스도인들은 가난한 사람, 고아, 노인, 병자, 과부, 갇힌 자를 보살피고 사랑을 베풀었다.2 그 후 여러 세기 동안 교회는 지역사회의 변화를 위해 주도적인 역할을 담당하며, 지역의 필요를 충족시키고 사회의 병폐를 바로잡는 일에 앞장섰다. 켈트 섬은 너무 야만적이라서 로마가 정복하고 문명화할 수 없는 지역으로 알려져 있었다. 그러나 패트릭(Saint Patrick)과 그의 제자들은 28년 동안 지속적으로 사역한 끝에 5세기에 이르러서는 "700개나 되는 교회를 개척했다.…그리고 1,000여 명의 목사를 안수했다. 그의 일생 동안 30-40개 섬의 150종족이 그리스도인이 되었다."3 패트릭의 사역은 교회 개척에만 그치지 않았다. 그는 아일랜드 사람들이 더 나은 생활을 하도록 헌신했다. "그는 노예제도에 맞서서 대변하고 투쟁한 첫 공인이었다. 그의 생애 동안, 또는 그가 세상을 떠난 직후 '아일랜드의 노예제도가 종식되었고, 살인이나 종족 간의 전쟁 같은 다른 형태의 폭력이 감소했다.' 그리고 그의 삶은 성실, 관용, 모든 아일랜드 사람에게 평화라는 기독교적 삶의 표본이 되었다."4

가난한 사람들에 대한 관심과 노예제도 폐지

영국 의회 의원이며 헌신적인 그리스도인이었던 윌리엄 윌버포스(William Wilberforce)는 노예 제도를 철폐하기 위해 지칠 줄 모르는 열정을 쏟은 인물로 잘 알려져 있다. 1791년, 그는 첫 노예 제도 철폐 법안을 하원에 제출했다. 하지만 보기 좋게 거절당했다. 윌버포스는 16년 동안 동일한 사안을 가지고 투쟁했고, 1807년 마침내 영국에서 노예 매매 제도가 폐지되었다. 1700년대의 교회 갱신과 대각성 운동은 복음 선포와 시위를 포함했다. 교회는 당시 까다로운 문제들을 들고 나와 본격적으로 맞섰다. 18세기에 갱신 운동을 주도한 존 웨슬리(John Wesley)는 말로만 사회 개혁에 참여하지 않았다. 무엇보다 그는 교도소 개혁과 노동 개혁을 주창하고, 고아원과 학교 설립에 영향을 주었으며, 노예 매매 제도에 맞서 싸웠다. 가난한 사람들의 건강을 돌보고 의약품을 제공했으며, 실업 문제를 해결하기 위해 힘썼다. 가난한 사람들이 대부를 받을 수 있도록 계좌를 개설해 주고, 돈이 필요한 사람에게는 상당한 금액을 직접 전달하기도 했다. 웨슬리는 그를 따르는 중산층을 향해 "최선을 다해 벌고 최선을 다해 저축할 수 있다면 최선을 다해 베풀 수 있어야 합니다. 그렇게 할 때 벌면 벌수록 은혜가 넘치고, 더 많은 보화를 하늘에 쌓게 될 것입니다"라고 가르쳤다.

　1865년, 윌리엄 부스와 캐서린 부스는 현재 구세군으로 알려져 있는 활동을 시작했다. 당대의 한 사람은 이런 글을 썼다. "지난 25년 동안 구세

---

1. Eusebius, *Church History*, Book VII, Chapter22.
2. Adolf Harnack, *The Expansion of Christianity in the First Three Centuries*, vol.1, Wipf and Stock Publishers, 1998, 189–190.
3. George G. Hunter III, *The Celtic Way of Evangelism*, Abingdon Press, 2000, 22–23.
4. 위의 책. 내부 인용문은 Thomas Cahill의 *How the Irish Saved Civilization* 110쪽에서 인용.

군이 구제한 절도범, 도박꾼, 알코올 중독자, 창녀들의 수만큼 많은 사람이 구제받은 적은 아마 세계 역사상 어느 세기에도 없을 것이다."5

그리스도인들은 기아 구조 사업, 사회 복지관, 영세민 구조단에 참여하여 돕는 일 말고도 어린이 노동법, 학교, 대학, 고아원, 병원 설립 등에 앞장섰다. 시카고에서 윌리엄 부스, 홀 하우스, 제인 애덤스 같은 기독교 지도자들은 예수님을 영접한 사람들의 영혼과 함께 그들의 몸과 마음을 회복시키는 일을 선도했다.

많은 세속주의자는 기독교의 선교 운동이 미국 문화에 해를 준다고 비난하지만, 알고 보면 대부분의 경우 그들의 주장에는 근거가 없다. 역사가 데이비드 보쉬는 이렇게 말했다. "선교 운동은 노예 제도를 폐지하고, 개량된 농업 기술을 보급하고, 학교를 세우고, 수많은 사람에게 의료 서비스를 제공하고, 여성의 지위를 향상시키고, 타국인과 유대감을 갖게 함으로써 전쟁이 갈라놓지 못하게 하고, 신생국 지도자들을 훈련하는 데 결정적인 기여를 했다."6

선행의 열매

고속도로를 벗어나기 위해 줄서 가다가 드디어 내(에릭) 차가 멈춰 섰다. 앞에 있는 아주 오래되고 낡은 스테이션왜건은 "세계 평화를 가시화하라", "나는 거듭날 필요가 없다", "비난하지 말아요. 나 몬데일 찍었어요" 등 덕지덕지 붙은 스티커들 때문에 제 형체를 유지하고 있는 것 같아 보였다. 그런데 그중 뒤쪽 유리창 밑에 붙은 "혁신적인 일을 해보세요! 당신의 믿음을 실천해요!"라는 문구가 적힌 스티커가 눈에 띄었다. 사람들은 우리가 믿음을 삶에 적용하기를 바라고 있다는 생각이 번뜩 들었다.

그리스도인의 신앙은 철학(믿고 옹호할 수는 있지만 실천할 필요가 없는 원리나 주의) 수준으로 약화되었다. 기독교 교리를 철학과 차별화하는 것은 다른 사람들을 향한 선한 행위이다. 우리 신앙에 다리를 놓아주는 것은 하나님을 사랑하고 이웃을 우리 몸처럼 사랑하라는 두 가지 가르침을 하나로 묶는 것이다. 개혁적인 정신을 가지고 우리 믿음을 실천하자. 먼저 선행의 열매가 무엇인지 알아보기로 하자.

> 기독교 교리를 철학과 차별화하는 것은 다른 사람들을 향한 선한 행위이다.

선행은 다른 사람들을 유익하게 한다

"기회 있는 대로 모든 이에게 착한 일을 하자"(갈 6:10). 선행은 단지 복음을 포장한 것이 아니다. 오해하지 말자. 사랑의 행위, 자비, 동정, 정의감은 진정으로 다른 사람들을 돕고 깨어진 세상에서 온전한 영과 육을 가지고 살게 한다. 목마른 이에게 물을 주고, 주린 이에게 먹을 것을 주고, 추워서 떠는 이에게 입을 것을 주고, 외로운 이에게 벗이 되어 주고, 병자를 돌보고, 나그네를 환대하는 것, 이 모든 것이 하나님께서 원하시는 일이다. 우리가 섬기는 사람이 예수님을 믿든 그러지 않든 섬김은 주님이 원하시는 일이다. 복음을 받아들이고 우리 교회에 나오는 것이 사랑과 섬김의 조건이 되어서는 안 된다. 우리는 예수님의 제자이

---

5. Josiah Strong, Norris Magnuson *Salvation in the Slums*: Evangelical Social Work, 1865–1920 The Scarecrow Press, Inc., 1977,7.
6. David J. Bosch, *Transforming Mission*, Orbis Books, 1991, 294. (『변화하고 있는 선교』, 기독교문서선교회)

기 때문에 사랑하고 섬기는 것이다. 사도 요한은 "누가 이 세상의 재물을 가지고 형제의 궁핍함을 보고도 도와 줄 마음을 닫으면 하나님의 사랑이 어찌 그 속에 거하겠느냐 자녀들아 우리가 말과 혀로만 사랑하지 말고 행함과 진실함으로 하자"(요일 3:17-18)라고 기록했다. 플로리다 주 리스버그에 있는 제일침례교회의 찰스 로셀 목사는 이렇게 말했다. "모든 사람의 필요에 반응하지 않는 선교는 신약성경의 표준에 미치지 못한다."7 호세아 11장 4절에 "내가 사람의 줄 곧 사랑의 줄로 그들을 이끌었고"라는 말씀이 있다. 사람들은 흔히 사랑과 친절을 보이는 사람들에게 이끌려 하나님 앞으로 나온다. 다른 사람들을 향한 사역은 하나님과 관계를 회복하는 출발점이 될 수 있다.

선행은 하나님을 영화롭게 한다

선행은 하나님의 성품을 드러낸다. "너희 빛이 사람 앞에 비치게 하여 그들로 너희 착한 행실을 보고 하늘에 계신 너희 아버지께 영광을 돌리게 하라"(마 5:16). 예수님은 선한 일을 통해 하나님께 찬양과 영광을 돌렸다(눅 5:25-26). 로마 황제 막시미누스 다자가 재위했을 때 전염병이 창궐했다. 역사가 유세비우스는 그리스도인들이 그 비극에 어떻게 대처했는지에 대해 기록을 남겼다. 그는 그리스도인들의 빛이 가장 밝게 빛나고 하나님의 선하심이 드러난 때는 바로 그 어둠의 시기였다고 지적했다.

> 그때 그들은 가장 밝은 빛으로 이방인들에게 자신들의 모습을 드러냈다. 오직 그리스도인들만이 그 끔찍한 질병 가운데서 행위를

통해 형제애와 자비를 보여 주었다. 날마다 그들은 죽은 사람을 돌보고 매장하느라 정신이 없었다. 그들이 아니면 그대로 방치되는 사람이 많았다. 또 다른 사람들은 도시 전체에 걸쳐 굶주림에 시달리는 사람들을 모아 놓고 빵을 나누어 주었다. 이 사실이 알려지자, 사람들은 그리스도인들의 하나님께 영광을 돌렸다. 그리고 그 사실에 고무되어 그리스도인들만이 진실로 경건하고 신앙심이 강한 사람들이라고 고백하게 되었다.[8]

선행은 복음의 정당성을 입증한다

사람들이 지붕을 뚫고 중풍병에 걸린 사람을 예수님 앞에 달아 내렸다. 예수님은 그를 도와 준 친구들의 믿음을 보시고 말씀하셨다. "이 사람아 네 죄 사함을 받았느니라." 종교 지도자들은 아연실색했다. "하나님 외에 누가 능히 죄를 사하겠느냐?" 예수님은 복음을 정당화하는 것은 선행이라고 말씀하셨다. "인자가 땅에서 죄를 사하는 권세가 있는 줄을 너희로 알게 하리라 하시고 중풍병자에게 말씀하시되 내가 네게 이르노니 일어나 네 침상을 가지고 집으로 가라 하시매 그 사람이 그들 앞에서 곧 일어나 그 누웠던 것을 가지고 하나님께 영광을 돌리며 자기 집으로 돌아가니"(눅 5:20-25).

1917년, 공산주의자들이 러시아 정권을 손에 넣었을 때였다. 그들은 교회를 심하게 박해했지만 기독교를 불법으로 규정하지는 않았다.

---

7. 2003년 4월 8일, 리스버그 플로리다에서 에릭 스완슨과 나눈 이야기에서.
8. Harnack, *The Expansion of Christianity in the First Three Centuries*, vol.1, 214-215.

1918년의 헌법(제5장 제13조)은 사실상 종교의 자유를 보장했다. 그러나 공산주의자들은 교회가 하는 어떤 선행도 불법으로 규정했다. 교회는 그 동안 맡아서 해 오던 일 즉 굶주린 사람에게 먹을 것을 주고, 젊은이들을 교육하고, 고아들에게 집을 마련해 주고, 병자들 돌보는 역할을 더 이상 할 수 없게 되었다. 이제는 국가가 대신 그 책임을 떠안게 되었다. 결과는 어떻게 되었을까? 70년이 지나자 러시아의 교회는 대부분 해당 지역과 관계가 끊어졌다. 섬김을 멈추면 교회의 권위도, 영향력도, 선교 효과도 정지된다. 복음의 능력은 삶을 바꾸는 메시지와 이기심 없는 섬김이 조화를 이룰 때 발휘된다. 레닌이 악마적인 의도로 저지른 일을 게으름 때문에 우리도 똑같이 저지르고 있지는 않은가? 지역사회에 개입하지 않음으로써 그들과 상관 없이 되지는 않았는가?

> 섬김을 멈추면 교회의 권위도, 영향력도, 선교 효과도 정지된다.

오늘날 우리는 자주 포스트모던이라고 불리는 세계에서 산다. '현대'는 계몽과 이성의 시대와 함께 시작되었다. 지식층은 철학적·도덕적 진리를 마치 과학처럼 논리와 모순이 없는 법칙을 통해 발견할 수 있다고 믿었다. 포스트모던 시대는 전혀 다르다. 지배적인 진리를 인정하지 않고, 진리에 대한 해석이 다양할 수 있다고 믿는다. 이제 과거의 방식을 통해 복음을 받아들이는 사람들이 점점 줄고 있다. 말로 주장하고 토론하는 것 이상으로 눈으로 확인할 수 있는 믿음의 변호 수단이 필요한 때이다.

> 말로 주장하고 토론하는 것 이상으로, 눈으로 확인할 수 있는 믿음의 변호수단이 필요한 때이다.

선행은 사람들을 예수님께로 나아오게 한다

'섬김을 통한 전도'(servant evangelism)가 사전에 나오는 어구라고 한다면 스티브 쇼그린의 사진이 그 옆에 붙게 되어 있다. 오하이오 주 신시내티 빈야드 커뮤니티 교회의 창립 목사인 스티브는 조건 없는 그리스도의 사랑을 보여 주는 일에 헌신하는 사람이다. 그는 "그것은 정보를 나누는 것이라기보다는 사랑을 나누는 것이죠"라고 말한다.

빈야드 교회에서는 해마다 수백 명이 그리스도께로 나아온다. 매주 토요일 오전, 이 교회 교인들은 2-3시간을 간단한 지역 봉사에 할애한다. 그것은 누구나 할 수 있는 일들이다. 여름에는 무료로 세차를 해 주고, 쇼핑몰에 찾아가 크리스마스 선물을 포장하며, 여름과 크리스마스 사이에는 다른 여러 가지 일들로 섬긴다. 작년 여름에는 다른 교회들과 연합하여 하루 동안 청량음료와 생수 30만 병을 나누어 주면서 하나님의 사랑과 지역 주민에 대한 사랑을 보여 주었다. 주일 예배 사이사이에 목사들은 식료품이 든 가방을 들고 새로 나온 교인과 함께 지역 가정을 찾아가 전해 준다. 빈야드 교회에서는 섬김이 하나의 생활 방식이다. 사람들이 섬김받고 사랑받고 선행을 눈으로 확인할 때 그 선행 뒤에 숨어 있는 복음에 쉽게 귀를 기울이게 된다. 선행은 엄청난 호기심을 유발하여 영적인 문제를 더 깊이 이해하게 하며, 대화로 이끈다. 많은 경우, 선행의 수혜자가 된다는 것은 교회로 인도받다는 것을 의미한다.

선행은 지역과 우호적인 관계가 되게 해준다

갈보리성서교회는 콜로라도 주 보울더 시 경계를 살짝 벗어난 곳에 있다. 교회가 판 샘물이 거의 고갈 상태에 이르자, 교인들은 여러 해에 걸쳐 시가 공급하는 물을 공급받기 위해 시 편입을 생각하게 되었다. 수년 전 담임 목사 톰 셔크와 교회 지도자 몇 명이 시 협의회에 참석했는데, 그들이 제시한 요구 사항을 회의 맨 마지막 순서에 다루기로 되어 있었다. 협의회는 교회의 편입이 시와 시 인근 지역에 미치는 모든 잠재적인 영향을 하나하나 검토했다. 토론 도중, 협의회 회원 한 사람이 그 지역의 상세한 지도를 가지고 나와 교회 부지를 가리키며 말했다. "이 교회는 이 곳에 오래 있을 것 같지 않습니다. 따라서 이 부지를 인구 밀집 지역으로 지정하여 교회가 이 곳을 떠날 때 적절히 구획을 정리해야 한다고 봅니다." 톰은 자신이 말할 차례가 되자 교회는 오랫동안 그 자리를 지킬 것이며, 만일 그 교회가 다른 곳으로 떠난다면 다른 교회라도 그곳에서 오래 사역을 계속하게 할 거라고 말했다. 그러자 협의회 회원은 시는 전 지역의 이익을 위해 땅을 활용한다면서 이렇게 물었다. "이 교회의 편입이 우리 도시에 어떤 유익을 준다고 생각합니까?" 그는 일부러 일이 잘못되게 하려는 의도로 묻는 것이 아니었다. 그 사람과 그 자리에 모인 사람 모두가 토지를 관리할 책임을 부여받은 사람들이어서 마땅히 제기할 수 있는 질문이었다.

주택 문제가 시의 최대 관심사임을 아는 톰은 3년 전에 갈보리 교회가 자금 4만 달러와 볼런티어 60명을 투입하여 사랑의 집짓기 운동에 참여했다고 설명했다. 교회는 또 가출 청소년을 위한 주택을 새로 단장하는 데 많은 노동력을 제공했고, 지난 2년 동안 교회의 잉여 시설을 집 없는 사람들에게 내주기도 했다. 협의회 직원은 이렇게 대답했다. "교회가 그렇게 많은 일을 하는 줄은 몰랐습니다. 집 없는 사람들을 위해 숙소를 제공한다는 것은 저가 주택을 공급하는 것이나 다름없습니다." 그날 밤 시 협의회는 400여 미터에 이르는 교회까지 상수도선을 연장해 주기로 만장일치로 합의했다. 선행은 사람들의 주목을 끈다.

선행으로 이룰 수 없는 것

선행은 지역사회와 주민의 필요를 채워 준다. 그러므로 선행은 지역사회와 우호적인 관계를 가능하게 한다. 선행은 사람들이 믿음에 대해 생각하게 하고, 믿음에 대해 듣고 싶어하게 한다. 선행은 경탄을 자아내고 "훌륭해" 하며 감탄하게 만든다. 선행은 사람들을 교회로 이끌어 그리스도인들과 관계를 맺게 한다. 그러나 선행으로 이룰 수 있는 놀랄 만한 일들이 많지만 예수 안에 있는 구원을 얻는 믿음으로 이끌 수는 없다. 선행은 다리나 길 역할을 할 수는 있지만, 그 다리를 건너거나 그 길을 여행하는 구원을 얻는 복음은 아니다. 선행은 복음을 위한 보조 수단일 뿐 절대로 복음을 대신할 수는 없다.

> 선행은 복음을 위한 보조 수단일 뿐 절대로 복음을 대신할 수는 없다.

'복된 소식'이라는 뜻의 '복음'은 "모든 믿는 자에게 구원을 주시는 하나님의 능력"(롬 1:16)임을 잊지 말라. "믿음은 들음에서 나며 들음은 그리스도의 말씀으로 말미암았느니라"(롬 10:17). 아시시의 프란치스코 성자가 이런 말을 했다고 한다. "항상 그리스도를 전파하라. 필요하면 말(words)을 사용하라." 사람들이 복음을 이해할 필요가 있다고 생각한다면 우리는 말을 사용해야 한다. 많은 사람이 예수님이 구원이라는 말보다 천국이라는 말을 더 많이 사용했음을 지적하며 천국의 중요성만 주장한다. 그러나 왕을 거론하지 않고 왕국을 말할 수 없듯이, 하나님이 계시다고 이야기하지 않고 천국을 말할 수 없다. 수잔 베이커(Susan Baker)는 그의 책 『도시에서 보는 선교의 얼굴』(The Urban Face of Mission)에서 "많은 교회가 선교를 목적으로 세상을 섬긴다. 그런데 너무나 많은 경우, 섬김이 그분의 자녀가 되어 삶이 변화되기를 원하시는 하나님의 사랑의 표현이라는 사실을 들려주지 못하고 오직 필요만 채우는 것으로 끝나고 만다"고 지적했다.

'아니면'의 횡포, '그리고'의 성공

몇 년 전, 짐 콜린스(Jim Collins)와 제리 포라스(Jerry Porras)는 『성공하는 기업들의 8가지 습관』(Built to last, 김영사)이라는 통찰력 있는 책을 썼다. 이들은 기업 대부분이 사회에 대한 금전적 이익이냐, 유익이냐, 속도냐, 질이냐 등 선택을 강요하는 '이것 아니면 저것'이라는 '아니면'의 횡포에 빠져 있다고 말했다. 두 저자는 성공적인 기업들은 얼핏 보기에 모순적인 두 가지 목표, 즉 '수익과 이상주의', '생산 속도와 상품의 질'을 동시에 추구한다고 지적했다.

어느 날 예수님이 바리새인 한 무리를 만나셨다(마 22:34-39). 무리 가운데 한 사람이 "선생님, 율법 중에서 어느 계명이 크니이까?" 하고 물었다. 예수님은 그들의 계략에 휘말리지 않고 똑같은 중요성을 지닌 두 가지 대답을 하셨다. "네 마음을 다하고 목숨을 다하고 뜻을 다하여 주 너의 하나님을 사랑하라 하셨으니 이것이 크고 첫째 되는 계명이요 둘째도 그와 같으니 네 이웃을 네 자신 같이 사랑하라 하셨다." 예수님은 '아니면'의 횡포에 빠지지 않으셨다. 신앙생활은 언제나 하나님을 사랑하고 사람을 사랑하는 데 우선순위를 둔다. '그리고'의 성공을 이루는 것이다.

이와 마찬가지로 교회는 전도나 섬김으로 표현되는 '복음 아니면 선행' 중 하나를 선택해서는 안 된다. 그리고 '교회를 세우거나 아니면 세상에 초점을 맞추는 사역' 중 하나를 선택해서도 안 된다. 교회는 이 두 가지를 동시에 추구해야 한다. 하나님께서 임재하시고, 창조성을 찾고, 한계를 뚫고 나가는 사역 아이디어를 발견할 수 있는 것은 '아니면'을 '그리고'로 바꾸는 데서 가능해진다.

샘 윌리엄스(Sam Williams)는 "구원은 남을 섬기는 궁극적인 (ultimate) 동기이지 숨기고 있는(ulterior) 동기가 아니다. 사람들은 우리의 동기를 아주 빨리 알아챈다"고 말했다. 그러나 "내 마음에 원하는 바와 하나님께 구하는 바는…그들로 구원을 받게 함이라"(롬 10:1)고 말한 바울처럼, 우리가 정직하다면 사람들이 그리스도께 나오는 일에 관심이 없다고 주장할 수 없다. 그러나 사람들이 복음을 받아들이는 것이 우리가 사람들을 돕고 섬기는 일을 지속하는 조건이 되어서는 안 된다. 섬김은 우리 존재의 핵심이기 때문에 섬기는 것이며, 이것은 우리가 그리스도의 제자라는 사실을 설명한다. 복음을 나눈다는 것이 섬김의 조건은 아니지만, 섬김은 자주 복음을 나눌 놀라운 기회를 마련해 준다.

> 구원은 남을 섬기는 궁극적인 동기이지 숨기고 있는 동기가 아니다.

복음을 어떻게 나눌까

다른 사람을 섬기는 일은 자연스럽게 우리가 섬기는 대상, 섬김에 동참하는 사람들과 관계를 맺게 한다. 애틀랜타에 있는 페리미터 교회의 칩 스위니 목사는 이렇게 말했다. "우리가 도움이 필요한 사람들을 섬길 때, 우리가 가진 소망에 대해 이야기할 기회의 문이 열린다. 사람들은 우리가 진정으로 자신과 자신의 필요에 관심을 갖는다는 사실을 확인할 때 마음의 빗장을 풀게 된다. 섬김 그 자체가 우리가 해답을 가지고 있는 문제에 대해 궁금증을 갖고 질문하도록 만든다."9

베드로전서 3장 13-15절 "또 너희가 열심으로 선을 행하면 누가 너희를 해하리요…너희 마음에 그리스도를 주로 삼아 거룩하게 하고 너희 속에 있는 소망에 관한 이유를 묻는 자에게는 대답할 것을 항상 준비하되 온유와 두려움으로 하고"라는 말씀을 보면 베드로가 섬김과 전도의 연결 고리를 포착했음을 알 수 있다. 베드로는 경험에 비추어 볼 때 선행이 많은 영적 대화를 불러일으킨다고 했다. 훈련된 그리스도인들은 불신자 친구들에게 그리스도의 복음을 나누기 위해 애쓰고 기도한다. 따라서 모든 성도는 자신의 신앙생활과 기본적인 복음을 말할 수 있도록 훈련받아야 한다. 섬김이 기회를 티에 올려놓아 주지만 클럽을 휘둘러 기회의 공을 때리지 않으면 안 된다. "그런즉 그들이 믿지 아니하는 이를 어찌 부르리요 듣지도 못한 이를 어찌 믿으리요 전파하는 자가 없이 어찌 들으리요"(롬 10:14). 믿음 안에서 세상에 나가 복음을 전하는 사람이 있어야 한다.

세 가지 이야기

다른 사람들에게 어떻게 복음을 전할까? 보통 때 이야기하는 방법대로 하기를 제안한다.

첫째, 다른 사람이 하는 이야기에 귀를 기울이라

경청하는 과정에서 하나님이 그 사람의 삶 속에 역사하신다는 증거를 찾아보라. 그 사람이 입을 열어 자신의 영적 여정을 이야기할 수 있게 하는 슬기로운 질문 방법을 익히라. 여기에 몇 가지 예가 있다. "당신은 영적 여행 중 어디쯤 와 있습니까?" "당신은 당신의 영적 삶을 어떻게 표현할 수 있습니까?" "하나님께 더 가까이 나가고 싶습니까? 아니면 그분에게서 멀어지기를 원합니까? 그 이유는 무엇입니까?" "하나님께 딱 한 가지를 부탁드린다면 그 한 가지는 무엇입니까?" 이런 질문들은 영혼을 들여다보는 창이 된다.

둘째, 당신의 이야기를 해도 좋을지 양해를 구하라

"제 이야기(영적 생활)를 잠깐 해도 될까요?" 양해를 구하는 것은 상대를 존중하고 경의를 표한다는 뜻이다. 당신이 하는 이야기는 곧 당신의 신앙 간증이다. 그리스도를 만나기 전에는 어떻게 살았고, 어떻게 그분을 만나게 되었는지, 그분을 만난 후에는 당신의 삶이 어떻게 달라졌는지를 말하는 것이다. 상대방이 한 이야기와 통하는 삶의 영역을 들

---

9. 2003년 11월 4일, 캘리포니아 어바인에서 에릭 스완슨과 나눈 이야기에서.

어 그 변화를 이야기하라.

셋째, 하나님에 관한 이야기(구원의 계획)를 해도 좋을지 양해를 구하라

"관심이 있다면 적절한 때 하나님과 관계를 갖는다는 게 무엇을 뜻하는지 내게 도움을 주었던 도표, 책, 복음 개요 등(복음을 전하는 데 사용할 모든 것)을 드리고 싶습니다." '적절한 때'라고 말해 줌으로써 상대방이 심리적으로 중압감을 느끼지 않게 하라. 그 사람은 관계를 손상시키지 않고 "그렇게 하시지요"라거나 "관심 없어요"라고 대답할 것이다. 대답이 긍정적이면 앞으로 복음을 전할 기회를 얻게 된다. 그리고 당신은 나름대로 이야기를 준비할 시간을 벌게 된다. 만일 동의한다면 이렇게 말할 수 있을 것이다. "화요일 이 시간쯤 들러서 커피 한 잔 하면 어떨까요?"

전도는 90퍼센트가 하나님께 달려 있고, 나머지 10퍼센트만 우리 몫이라는 점을 명심하라. 하나님은 사람들을 자신에게 오게 하시며(요 6:65), 억지로가 아니라 우러나서 믿을 수 있도록 모든 것을 준비해 주신다.

나(에릭)는 콘택트렌즈를 두 개 낀다. 하나는 멀리 떨어져 있는 물체를 보게 하고, 다른 하나는 컴퓨터 화면이나 식탁처럼 가까이 있는 물체를 볼 수 있게 한다. 양쪽 눈으로 볼 때 나는 어떤 렌즈가 근시용이고, 어떤 렌즈가 원시용인지 구분할 수 없다. 한쪽 눈을 감을 때 다른 한쪽 눈으로 그것을 구별한다. 그리스도인들이 다른 사람의 필요를 볼 때도 마찬가지 아닐까. 우리는 한쪽 눈을 감지 않고 다른 사람의 영적 필요와 육적 필요를 볼 수 있어야 한다.

이제 전통적인 방법으로는 어렵다

지역사회가 세속화된 경우, 전통적인 방법으로 사람들에게 다가갈 수 있는 시대는 지났다. 더 이상 통하지 않는다. 4년 전에 나(에릭)는 도시 전도 계획의 일환으로 스물다섯 가정을 방문했다. 전략은 단순했다. 그냥 미소를 짓고 나를 소개한 다음, "예수"라는 비디오를 무료로 선물해도 되겠느냐고 묻는 것이었다. 그것은 아주 많은 사람들이 본 영화 가운데 하나로, 그 영화 덕분에 나는 많은 사람들에게 복음을 나누는 기쁨을 누렸고 그들이 복음을 받아들이는 것을 목격했다. 나는 기도로 무장하고 꿈에 부풀어서 문을 두드리기 시작했다. 그 결과 내가 얻은 것은? 씁쓸하지만 나는 스물다섯 가정 중 단 한 가정도 건지지 못했다.

이 상황에서 나는 단지 믿음이 중요하다는 영적 훈계로 영적인 의미를 부여하고 싶은 생각은 없다. 나는 패배자라는 생각이 들었다!

> 전도가 알지 못하는 사람을 상대로 하고 싶지 않은 일을 하는 것으로 전락해서는 안 된다.

내 상식은 스물다섯 가정을 방문해서 한 가정도 결실을 맺지 못하는 사태가 벌어지기 훨씬 전부터 그런 방법을 그만두라고 했다. 그런데도 나는 무엇을 주려고 애쓰고 있었다. 유익하고 영적인 그 무엇을! 그리고 나는 직접 경험했다. 다섯 가정이 남았을 때, 마침내 나는 방문하는 집에 아무도 없기를 기도했다. 더 이상 거절당하는 것을 견디기 힘들었기 때문이다.

그런 경험을 해본 적이 있는가? 우리는 새로운 전도 전략을 개발해야 한다. 전도가 알지 못하는 사람을 상대로 하고 싶지 않은 일을 하는 것으로 전락해서는 안 된다. "와 줘서 고마워요. 당신들은 우리 도시에 변화를 일으키고 있어요. 교회에 다니지는 않지만, 만약 나간다면 당신 교회에 나가고 싶어요!"라는 말을 들을 수 있다면 전도에 참여하는 교인들에게 얼마나 동기 부여가 될지 상상해 보라. 그들이 힘을 얻을 것이라고 생각하지 않는가? 교회 밖으로 나온 교회들은 지역사회에 호감을 줄 수 있는 접근 방법들을 찾아 낸다. 그리고 모든 지역 주민이 누가 예수를 따르는 사람인지를 알 수 있도록 좋은 이미지를 갖고자 끊임없이 노력한다.

교회의 네 가지 유형

현재 당신 교회가 어디에 초점을 두고 있는지 분별할 수 있도록 다음 그래프를 개발했다. 수직 축은 선행을 나타내고, 수평 축은 복음을 나타낸다. 중앙 각 축 위의 점선은 내적인 초점과 외적인 초점을 구분한다.

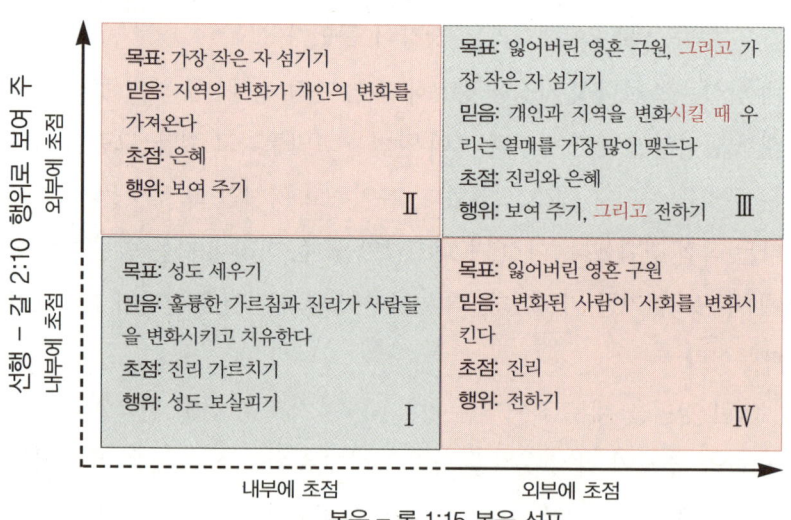

1. 내부에 초점을 맞추는 교회(Ⅰ분면)

이런 교회는 설교, 성경공부, 예배에 충실하고 교회 내부인의 필요를 잘 채워 준다. 오늘날 많은 대형 교회가 이 모델에 해당한다. 이들은 양육과 성도 세우기에 뛰어나다. 사람들이 교회에 나오면 성경의 진리와 구원의 메시지를 듣는다. 그리고 다른 사람들이 주님을 알기 위해 나오는 것을 본다. 이런 교회의 두드러진 특징은 '찾아오는' 교회라는 점이다. 이들은 "내부에도 이렇게 도움이 많이 필요한데, 언제 외부의 필요까지 채울 틈이 있는가?"라고 자문한다.

2. 섬기는 교회(Ⅱ분면)

이들은 지역에 사랑을 보여 주는 데 탁월하다. 이런 교회가 위치한 지역에 사회적, 체계적 변화를 주는 데 앞장서지만 복음을 선포하는 데에는 취약하다.

3. 외부에 초점을 맞추는 교회 (Ⅲ분면)

이런 교회는 복음을 선포하고 지역을 사랑하는 데 효과적이다. 이들은 '아니면'의 횡포에 사로잡히지 않는다. 은혜를 보여 주기 위해 진리를 타협해서는 안 된다고 믿는다. 예수님은 결국 은혜와 진리로 충만하시다. 이런 교회들은 복음을 보여 주고 선포한다.

4. 복음을 전하는 교회 (Ⅳ분면)

이런 유형의 교회는 점점 줄어들고 있는데, 이들은 교회 밖 전도에 초점을 맞추고 잃어버린 영혼을 구원하는 일에 전념한다. 이들은 일일이 가정을 방문하면서 전도지를 나눠 주고 전도 집회를 연다. 그러나 전도하는 일 외에는 거의 또는 전혀 지역을 섬기거나 지역에 덕을 끼치는 일을 하지 않는다. 이들은 전도가 그들이 해야 할 가장 중요한 일이며, 전도 전략이 성공적일 때 교회가 지속적으로 성장할 것이라고 확신한다. 이들은 더 많은 교회, 더 많은 성도가 전도에 힘써야 한다고 믿는다.

교회 밖으로 나온 교회들은 은혜를 보여 주기 위해 진리를 타협하여 선포해서는 안 된다는 것을 깨달았다. 그들은 예수님의 사역 스타일을 안다. 예수님은 선한 일을 하기 위해 복음을 타협하지 않으셨다. 가장 작은 자를 섬기기 위해 잃어버린 영혼 구원을 타협하지 않으셨다. 예수님은 예수님의 은혜 아래에 있는 진리도, 진리 안에 있는 은혜도 타협하지 않으셨다.

오늘날 우리는 세상을 향해 나아가는 교회를 채울 그리스도의 신세대 제자를 찾아야 한다. 세계를 변화시킨다는 희망찬 기대를 가지고 복잡성과 단순성의 조화 속에서 생각하고 행동하며, 은혜와 진리를 제공하고, 개인과 지역의 변화를 일으키며, 주변 사람들에게 복음을 전하고 선행을 보여 줄 신세대 제자를!

생각하기　　　　"사회 복음 없는 개인 복음은 몸 없는 영혼이고, 개인 복음 없는 사회 복음은 영혼 없는 몸이다. 전자는 유령이고, 후자는 시체다."[10]

　　　　　　　　　　　스탠리 존스(E. Stanley Jones)

토론하기　　　　앞(174쪽)의 그래프에서 당신 교회는 어디에 해당하는가? 교회의 사역이 해당하는 영역을 원으로 그려 보라. 대개 4분면 중 하나 이상을 포함하는 일그러진 형태를 그리게 될 것이다. 예컨대 당신의 교회는 대부분 Ⅰ분면에 속하지만 Ⅳ분면도 일부 포함할 것이다.

- Ⅰ분면에 해당하는 교회들은 설교와 가르침, 교회 내부 사람들에게 도움을 주는 데 익숙하다. 그들은 어떤 의미에서든 '자기 사람을 돌본다.' 사람들이 교회에 나오면 성경의 진리와 구원의 메시지를 듣는다. 그리고 그들은 다른 사람들이 주님을 알기 위해 교회에 나오는 것을 본다. 이런 교회의 두드러진 특징은 '찾아오는' 교회라는 점이다.
- Ⅱ분면에 해당하는 교회들은 지역에 사랑을 보여 주는 데 탁월하다. 이런 교회는 교회가 위치하는 지역에 사회적·제도적 변화를 주는 데 앞장서지만 복음을 선포하는 데에는 취약하다.
- Ⅲ분면에 해당하는 교회들은 복음을 선포하고 지역사회에 사랑

---

10. *The Unshakable Kingdom and the Unchanging Person*, Abingdon Press, 1972, 40.

을 보여 주는 데 유력하다.

• Ⅳ분면에 해당하는 교회들은 교회 밖 전도에 초점을 맞춘다. 잃어버린 영혼을 구원하는 데 전념한다. 이들은 일일이 가정을 방문하면서 전도지를 나눠 주고 전도 집회를 연다. 그러나 전도하는 일 외에는 거의 또는 전혀 지역을 섬기거나 지역에 덕을 끼치는 일을 하지 않는다.

참가자들에게 그래프의 어디에 원을 그렸는지 보이게 하고, 왜 그렇게 생각하는지 설명하게 하라.

실천하기

1. 당신의 교회 또는 당신이 개인적으로 참여하는 사역과 섬김을 목록으로 작성하라.

2. 당신은 '아니면'의 횡포에 사로잡혀 있는가? 전도하기 위해 섬김을 배제하는가, 아니면 섬기기 위해 전도를 배제하는가?

3. '아니면'에서 '그리고'로 바뀔 때 한계를 뚫는 아이디어가 가능하다는 것을 알았다면, 섬김과 전도를 포괄하는 마음가짐을 교회에 주입하기 위해 당신이 할 일은 무엇인가?

4. 하나님에 관한 이야기(복음)를 전하는 데 필요한 훈련 방법을 포함하는 '세 가지 이야기' 전도 모델을 가지고 각 소그룹을 훈련하라.

설교 및 강의를 위한 아이디어

본문_ 누가복음 4장 16-19절, 이사야 61장 1-6절

주제_ 예수님은 고향 나사렛에서 처음 공중 설교를 하시면서 이사야 61장을 본문으로 택하셨다. 이 구절을 통해 사역의 초점과 전략을 설명하셨다. 예수님이 메시지와 섬김을 통합하신 데에 주목하라. 예수님의 사역은 언제나 복음과 선행에 초점이 있었다.

설명_ '그리고'의 성공

적용_ 교회의 여러 사역 팀 구성원들이 각자 참여하는 각 프로그램이나 전술에서 어떻게 의도적으로 전도하고 섬김을 실천할 수 있을지 연구하게 하라.

7. 자비에서 정의로

"오늘 밤 이 세상에는 틈이 있다. 두려움과 슬픔의 구름이 덮여 있다.
오늘 밤 이 세상에는 틈이 있다.
내일은 세상에 틈이 나게 해서는 안 된다."

이글스

이 의미를 깨달으라

마태복음 9장에서 마태는 예수님을 만나던 날을 간략히 언급했다. "예수께서 그 곳을 떠나 지나가시다가 마태라 하는 사람이 세관에 앉아 있는 것을 보시고 이르시되 나를 따르라 하시니 일어나 따르니라"(마 9:9). 마태는 새 친구가 되어 주신 예수님께 감사하며 자기 집에서 잔치를 열었는데, 누가는 그것을 '예수를 위한 큰 잔치'라고 했다(눅 5:29). 이 큰 잔치에 마태는 또 누구를 초청했을까? 물론 그의 친구들, 즉 "많은 세리와 죄인들"(마 9:10)이었다. 마태는 그들이 자기의 새 친구를 만나기를 바랐다. 예수님의 제자들도 초청받아 잔치에 참석했다. 새로 그리스도의 제자가 된 사람들은 잔치를 여는 데 익숙했으며, 그들에게는 많은 불신자 친구가 있었다.

그러나 다른 무리도 있었다. 집 안은 아니라 하더라도 창문으로 들여다보거나 현관에 서 있는 사람들이 있었으니, 그들은 바리새인들이었다. 바리새인들은 자신을 부정하게 하는 물건이나 사람들을 멀리했다. 그래서 큰 잔치에 잘 참석하지 않았다. 바리새인들은 정결한 것과 부정한 것, 의인과 죄인을 분별하는 데 전문적인 식견을 가진 사람들이었다. 그들은 하나님의 비밀을 가진 자로서 모든 것을 할 수 있다고 생각했으며, 추호도 불법을 용납하지 않았다. 이 분리주의자들이 보기에 예수님이 세리와 죄인들과 함께 사귀는 것은 큰 문제가 아닐 수 없었다. 그들은 나사렛에서 온 사람을 어떻게 분류해야 좋을지 몰랐다. 그래서 예수님의 제자들에게 이런 질문을 던지며 옥죄었고, 예수님은 그들에게 대답하셨다. "어찌하여 너희 선생은 세리와 죄인들과 함께 잡수시느냐 예수께서 들으시고 이르시되 건강한 자에게는 의사가 쓸 데 없고 병든 자에게라야 쓸 데 있느니라 너희는 가서 내가 긍휼을 원하고 제사를 원하지 아니하노라 하신 뜻이 무엇인지 배우라 나는 의인을 부르러 온 것이 아니요 죄인을 부르러 왔노라"
(마 9:11-13).

예수님은 이 이야기를 통해 자기 삶의 목적과 가치를 밝히셨다. 그리고 듣는 사람들을 향해 귀담아 들으라고 말씀하셨다. 그분은 우리가 예수님처럼 살기 위해 이해하지 않으면 안 되는 성경 말씀을 언급하셨다. "나는 긍휼을 원하고, 제사를 원하지 아니하노라." 흥미로운 것은 예수님이 성경 구절의 뜻을 "가서 배우라"고 하신 부분이 여기밖에 없다는 점이다.

안식일에 밀 이삭 자르기

마태복음 9장을 손가락으로 눌러 놓은 채, 몇 장을 더 넘겨 12장 1-7절을 읽어 보라. 예수님의 제자들이 배가 고파 밀 이삭을 잘라 허기를 채웠다. 기계적으로 해석하면 안식일에 일을 한 것이 된다. 바리새인들이 또다시 예수님을 공박했다. "보시오! 당신의 제자들이 안식일에 하지 못할 일을 하나이다." 하지만 예수님은 그들의 덫에 걸리지 않고 성경 말씀과 함께 조상들의 이야기를 들어 대답하셨다. "나는 자비를 원하고 제사를 원하지 아니하노라 하신 뜻을 너희가 알았더라면 무죄한 자를 정죄하지 아니하였으리라." 그 바리새인들은 예수님이 마태의 집에서 "가서 배우라"고 가르치신 교훈을 배우지 않은 것이 분명하다. 예수님이 두 경우에 거듭 사용하신 위의 구약 성경구절은 예수님의 마음을 이해하는 중요한 열쇠가 된다.

자비의 의미

예수님이 인용하신 구절은 호세아 6장 6절이다. 그렇다면 자비는 무엇을 뜻하는가? 자비를 가장 간단하게 설명하면 궁핍하고 어려움에 처한 사람들을 향한 하나님의 태도와 행위이다. 자비는 연민(불쌍히 여기는 마음)이나 동정(함께 괴로워함)을 뛰어넘는다. 언제나 자비는 행동으로 나타난다. 선한 사마리아인 이야기를 통해 연민과 자비의 차이를 알 수 있다. 그 사마리아인은 제사장이나 레위인과 구별된다. 그가 "불쌍히" 여겼기 때문이 아니라(눅 10:33), "자비를 베푼 자"였기 때문이다(눅 10:37). 자비는 다리가 달린 사랑이다.

> 자비는 다리가 달린 사랑이다.

그들의 이름을 부르라

사람들이 경제적인 조건이나 인종 또는 성공이라는 이유 때문에 서로 벽을 쌓고 산다면 세상은 살벌할 수밖에 없다. 우리는 어려움에 처한 사람들을 얼굴도 없고 이름도 없는 인간 집단쯤으로 생각하기 쉽다. 그런데 사람은 그 이름을 알 때 훨씬 가깝게 느껴진다. 이름은 가치관, 정체성, 소속감, 연대감을 수반한다. 한 사람의 이름을 안다는 것은 신분이나 계급을 뛰어넘는 모종의 관계성을 의미한다.

얼마 전 남부 캘리포니아의 부유한 도시에서 집 없는 사람들을 섬기는 한 친구가 사역 본부 가까이에 사는 사람에게서 화가 나서 쓴 편지 한 통을 받았다. 그 사람은 시장에게 보낸 편지 사본을 내 친구, 시의회 의장, 경찰서장에게 보냈다. 친구는 답장에 사역 본부에 기거하는 집 없는 사람, 알코올 중독자, 마약 중독자, 매춘부, 방랑자들에 대해 썼다. 여기에 그녀의 답장을 소개한다.

최근 우리 지역과 관련해서 시장에게 보낸 당신의 편지에 감사드립니다. 나도 당신과 마찬가지로 우리 지역과 이웃 사람들의 복지에 관심을 가지고 있습니다. 이번 기회에 일요일 밤마다 사역 본부에서 무슨 일을 하는지, 그것이 당신이 편지에 언급한 사람들에게 어떤 영향을 주는지 말씀드리려고 합니다.

 지난 주일에 우리는 사역 본부에서 만났습니다. 보통 매월 첫 일요일에만 거기서 만나고, 다른 일요일에는 교회에서 만납니다. 식사를 하기 전 모두가 기도회에 참석했습니다. 우리는 즐겁게 식사를 나누었고, 당신이 편지에서 언급한 사람들 중 20여 명은 뒤뜰에서 성경공부반에 참석하고 기도회를 했습니다. 스포츠를 좋아하는 사람들 몇 명은 실내에 남아 NBA 플레이오프 게임을 구경했지요.

 성경공부가 끝나자마자, 이란에서 온 집 없는 가족이 나타났습니다. 우리는 그 가족을 위해 숙소를 잡아 주고 그들의 자활을 도울 이란인 교회에 연결해 주었습니다.

 기도회가 끝난 뒤, 키가 크고 건장한 아프리카계 미국인 한 사람이 와서 자기는 길거리 생활과 코카인 중독에 진력이 나 도움이 필요하다고 했습니다. 그는 플로리다에서 산베르나르디노를 거쳐 우리 도시에 들어온 방랑자였습니다.

 나는 밴과 내 차에 짐을 싣고 엄마, 아빠, 아홉 명의 아이들로 구성된, 집 없이 떠돌아다니던 가족을 태운 다음 교회가 그들을 위해 마련한 란초 쿠카몽가에 있는 집으로 데려다 주었습니다. 사역 센터로 돌아온 나는 마약 중독으로 휴식과 구조가 필요한 존을 만났습니다.

현관문을 잠그고 있는데 한 여인이 욕지거리를 하며 지나갔습니다. 그녀는 나와 눈이 마주치자 미안하다고 말했습니다. 내가 인사를 건네자 그녀는 여전히 화가 난 채로 자기는 길에 서 있다가 도둑을 맞았고, "친구들"이 성 관계를 해주면 돈을 주겠다고 해서 싫다고 말하고는 달아났다고 했습니다. 그녀는 이름이 셰리라고 했습니다. 나는 도움이 필요하면 언제든 와도 좋다고, 그런 "친구들"을 뒤로 하고 떠나올 수 있어서 자랑스럽게 생각한다고 말해 주었습니다. 그녀가 네바다 주 르노에 있는 자기 집으로 돌아갈 수 있도록 도와 주면 좋겠다고 하기에, 화요일 아침 우리 사무실에 들르면 집에 돌아갈 수 있도록 도와 주겠다고 약속했습니다.

그녀가 돌아간 뒤 나는 마약 중독자 존을 차에 태우고 그를 도울 곳이 없을까 하여 찾아다녔습니다. 하지만 어딜 가나 만원이었습니다. 다른 도시에 있는 친구에게 전화를 걸어 부탁했더니 월요일 아침 6시 30분에 약물 치료를 받게 해주었습니다.

오늘 아침 나는 셰리를 위해 버스표 한 장을 샀습니다. 그녀는 오늘 네바다 주 르노로 떠날 것입니다. 식사하라고 돈도 좀 쥐어 주었지요. 네바다에 있는 그녀의 아주머니께 전화해서 버스 정류장으로 마중 나와 달라고 부탁했습니다.

나는 교회와 사역 본부에서 우리가 섬기는 사람들에 대해, 절박한 상황에 처한 그들을 위해 우리가 무슨 일을 하는지에 대해 간단하게나마 소개하고 싶어서 이 편지를 씁니다. 다시 한 번 감사드립니다.

앤디 드림

앤디는 이 사람들 하나하나를 하나님이 사랑하는 사람으로, 예수님이 위하여 죽으실 만큼 사랑하신 사람으로 생각한다. 구호 대상자 번호가 아니라 그들의 이름이 생명책에 기록될 것이다. 생명책에 존, 주미, 바네싸, 발레리, 셰리, 아크바르, 자말, 라시드, 마르타, 디에고라고 분명히 기록될 것이다. 모든 사람이 각자 이름을 가질 것이다. 앤디는 자기가 섬기는 사람들의 이름을 안다. 주님이 아시기 때문이다. 얼굴에 이름을 붙인다고 사람이 변화되지 않을지는 몰라도, 그것이 앤디를 변화시켰다.

자비는 한 사람에게 오늘 먹을 생선 한 마리를 주는 것이다. 그것은 제도적인 차원에서 문제에 접근하는 것이 아니다. 비록 오늘 하루일망정 한 사람의 삶을 행복하게 만들어 주는 것이다. 자비는 예수님이 왜 5천 명을 먹이셨으며, 나중에 또 4천 명을 먹이셨는지를 설명해 준다. 예수님은 장래 수확을 위해 어떻게 밀을 재배할 것인지를 강의하지 않으셨다. 그저 "내가 무리를 불쌍히 여기노라…그들을 굶겨 보내지 못하겠노라"(마 15:32)고 하셨다. 예수님은 인류 전체의 기아 문제를 해결하지 않으셨다. 다만 그날 오후, 그 사람들이 조금 더 나은 삶을 살게 해주셨다.

때때로 우리는 무력증에 빠진다. 오늘날 세상에 있는 엄청난 문제들에 짓눌려서 "대체 이런 작은 친절이 무슨 도움이 되겠어?"라며 탄식하게 된다. 그러나 예수님은 "너희 아버지의 자비로우심같이 너희도 자비로운 자가 되라"(눅 6:36)라고 말씀하셨다. 이것을 가장 잘 설명해 주는 것이 마더 테레사의 말이다. "우리는 위대한 일을 할 수 없다. 오직 작은 일들을 사랑으로 할 뿐이다."

당신이 사는 지역에 주리고 목마른 사람이 없는가? 나그네는 없는

가? 헐벗은 사람이나 병든 사람은 없는가? 옥에 갇힌 사람은 없는가? 누군가에게 예수의 이름으로 물 한 잔을 주고 커피 한 잔을 대접하는 작은 일을 하는 것이 곧 이 세상에 하나님 나라를 드러내는 것이다.

자비와 정의

민주주의가 자유와 다르듯, 자비는 정의와 다르다. 저스트 페이스의 창설자인 잭 제스릴은 자비와 정의를 다음과 같이 설명했다.

어느 날 아침, 내가 잠자리에서 일어나 창밖을 내다보다가 집 뒤편에 흐르는 개울에서 의식을 잃고 물에 젖은 채 피를 흘리고 있는 사람을 발견했다고 하자. 물론 나는 그에게 달려가 응급조치를 한 다음 병원으로 데리고 갈 것이다. 다음 날 똑같은 상황에 빠진 사람을 개울에서 발견한다면 어떨까? 글쎄, 아마 나는 또 그를 보살펴 줄 것이다. 그 다음 날도 똑같은 상황을 만난다면 그 사람을 병원에 데려다 준 다음 그 개울로 가서 도대체 어떻게, 왜 사람들이 자꾸 물에 빠지는지 확인해야 하지 않겠는가!1

다친 사람을 돌보는 것은 자비이다. 강으로 걸어가 왜 그 사람이 다치게 되었는지 확인하는 것은 정의를 찾는 행위이다. 정의란 '바른 도리' 또는 '도덕적으로 바른 행동과 태도를 취하는 것'을 의미한다. 초대교회 때도 교회는 자비와 정의를 구분했다. "헬라파 유대인들이 자기의 과부들이 매일의 구제에 빠지므로 히브리파 사람을 원망하니"(행 6:1). 정의롭지 못한 일을 바로잡기 위해 처음 집사들을 임명하게 되었다. 사도들은 문제의 원인을 찾아 내고, 과부들이 공정한 대우를 받을 수 있도록 일곱 집사를 임명하여 그들이 해결책을 마련하고 시행하게 하였다.

하비 콘(Harvie Conn)은 자비와 정의의 차이를 분명히 하면서 이런 질문을 던졌다. "변화를 일으키는 교회의 도구가 될 수 있는 것은 무엇인가? 자선뿐 아니라 정의도 필요하다. 자선이 일시적인 것이라면 정의는 진행형이다. 전자는 위로를 주고, 후자는 잘못을 바로잡는다. 전자는 증상을 보고, 후자는 원인을 본다. 전자는 개인을 변하게 하고, 후자는 사회에 변화를 일으킨다."[2]

정의롭게 행하고, 자비를 사랑하며, 겸손하게 행하라

그리스도인이 다른 사람을 돕고 섬길 수 있는 좋은 일이 많다. 우리를 둘러싼 세상을 치유하기 위해 더 많은 자비와 자선 행위가 필요하다. 하나님의 사랑을 나타내고 사람들을 예수님께로 인도하는 섬김은 절대 필요한 일이다. 그러나 그것만으로는 충분하지 않을 수 있다. 선지자 미가는 하나님께서 구하시는 세 가지 일을 주지시켰다. "정의를 행하며 인자를 사랑하며 겸손하게 네 하나님과 함께 행하는 것이 아니냐"(미 6:8).

---

1. 2002년 12월 16일, 보울더 카운티에 있는 Sacred Heart of Jesus Catholic Church에서 열린 세미나 강연에서.
2. *A Clarified Vision for Urban Mission*, Zondervan, 1987, 147.

복음주의 교회는 사람들이 그리스도를 알고 하나님과 함께 겸손하게 행하도록 돕는다. 담장을 넘어 세상을 바라보고 주위 사람들에게 자비를 보여 주기 시작할 때 교회는 결정적인 전환점을 맞는다. 이것이 교회 밖으로 나온 교회로 향하는 첫 단계이다. 정의를 행하는 것은 훨씬 더 어렵다. 왜냐하면 증상만이 아니라 내재하는 원인에 대한 해결책을 찾아야 하기 때문이다.

겸손, 자비, 정의

겸손한 삶에서 자비와 정의로 이동하는 어려움과 복잡성을 이해하는 것은 중요하다. 다음은 미가서 6장 6절의 청사진을 시각화한 도표이다.

191쪽 도표를 보면 현재 훌륭한 교회가 대부분 '겸손히 행하라'는 칸에 속한다는 사실을 알 수 있다. 그들은 감격적인 예배 경험을 제공하고 훌륭한 말씀을 선포하며 교인의 사생활, 결혼 생활, 정체성 찾기, 생활양식 등에도 도움을 준다. 예수님을 알게 되면서 교인들은 전에 좌절감을 느끼던 상황에서 평화를 경험하기 시작한다. 과거에는 죄책감을 가지고 살았지만 이제는 용서받은 기쁨을 가지고 산다. 목적 없는 삶 대신에 목적을 가지고 살아간다.

그러나 이런 교회들의 많은 노력은 네 벽으로 둘러싸인 교회 안에서만 이루어진다. 그들은 미가서 6장 8절에 나오는 하나님이 구하시는 조건 중 '겸손하게 행하라'는 한 가지 조건만을 끌어안고 나머지 두 조건은 게을리 하고 있다. 그리스도는 우리의 행복만을 위해서가 아니라, 그분이 주시는 능력으로 다른 사람들을 위해 사역과 섬김을 실천함으로써 세상을 더 좋은 곳으로 만들게 하려고 오셨다.

그리스도를 아는 모든 사람이, 그분이 자신의 삶에 혁신적인 변화를 일으켰다고 고백한다. 그러나 우리는 자주 이런 변화를 우리 안에서 이루시는 일로만 제한하고, 우리를 통해 일하시게 하지는 않는다. 그리스도께 속하고 그분의 가족으로 선택받는다는 것은 그분이 관심을 두시는 일, 즉 우리를 벗어나 자비와 정의로 무장하고 다른 사람들을 향해 나아가는 것을 의미한다.

겸손히 행하라	인자를 사랑하라	정의를 행하라

교회에 나오는 사람들의 영적 문제 해결
 	
• 개인 구원
• 영성 훈련
• 주님과 만나기
• 예배
• 헌신적인 제자 되기
	교회 밖 사람들의 개인적 증상 해결
	• 친절한 행위
	• 물고기 주기
	  거처
	  식료품
	  옷
	  의료 서비스
		증상을 일으키는 원인 해결
		• 물고기 잡는 법과 연못 소유하는 법을 가르침
		  전도/제자 훈련
		  개인 훈련/멘토링
		  직업 훈련
		  일자리 창출/
		  창업 돕기
		  생활 가능한 임금/
		  내 집 마련 돕기

내부에 초점을 맞추는 교회	세상에 초점을 맞추는 교회	세상에 초점을 맞추는 교회

물고기 잡는 법

중국 격언에 "물고기를 주면 하루를 살고, 물고기 잡는 법을 가르쳐 주면 평생을 산다"는 말이 있다. 스시를 좋아하면 물고기 잡는 법을, 좋아하지 않으면 요리하는 법을 가르치면 된다. 많은 교회가 매일의 생계를 위해 필요한 것을 충족시키는 것으로 만족한다. 물고기를 주는 것은 자비로운 행위이다. 그리고 물고기 잡는 법을 가르치는 것은 정의에 가깝다. 더구나 사람들이 자급자족할 수 있도록 돕는 것은 변화를 주는 것이다.

예수님이 만난 사람들을 생각해 보자. 그들 중에는 앞을 못 보는 사람, 다리를 저는 사람, 듣지 못하는 사람, 나병 환자, 귀신 들린 사람들이 있었다. 그들은 신체적인 장애 외에 적어도 두 가지 다른 육체적 필요를 안고 있었다. 첫째, 대부분 일할 수 없는 경우라서 다른 사람에게 의지하여 살아야만 했다. 둘째, 그들은 지역사회의 사회적·영적 생활에서 제외되었다(레 13-15장). 참정권도 없었고, 사회적 주류를 동경하는 소외된 사람들이었다. 쇠약한 환자들을 고쳐 주실 때마다 예수님은 오로지 하루만이 아니라 평생을 살 수 있는 힘을 불어넣어 주셨다. 그것이 곧 예수님이 고기 잡는 법을 가르치시는 방법이었다. 끊임없이 자비를 요구하며 남을 의지하던 삶에서 자급자족하는 삶으로 완전히 뒤바꾸는 것이었다.

1999년, 멤피스에 있는 소망장로교회 성도 25명은 도심에 거주하는 1학년부터 5학년까지의 어린이 25명과 짝을 맺었다. 프로그램을 시작하기에 앞서 그들은 어린이들의 독서 능력을 검사했다. 소망교회 자원봉사자들과 12개월 동안 읽기 훈련을 하고 난 뒤, 어린이들의 독서 능력 점수는 1.2점이나 향상되었다. 이 책을 쓸 때, 소망교회 볼런티어 100명이 정기적으로 남부 멤피스 어린이들에게 독서 지도를 하고 있었다. 그들은 어린이들에게 물고기 잡는 법을 가르친다.

연못을 소유하도록 돕기

1987년 루이 코르테(Luis Cortés)는 북부 필라델피아의 다른 성직자들과 함께 "라틴 아메리카계가 소유하고 운영하는 교육, 경제, 영적 기관들의 발전을 통해서 우리 지역의 삶의 질을 향상시키기 위해" "누에바 에스페란자"(새 소망)라는 사역을 시작했다. 그들의 목적은 물고기를 나누어 주고 고기 잡는 법을 가르치는 사역을 뛰어넘는 것이었다. 그들은 사람들이 연못을 소유하도록 해주면 엄청난 결과를 가져올 수 있을 것이라고 생각했다. 필라델피아에 사는 라틴계 미국인의 평균 순 재산이 4,000달러인데, 이것은 영국계 미국인의 순 재산 44,000달러에 비하면 터무니없는 수준이었다. "누에바 에스페란자"는 통상 개인 재산의 60퍼센트가 주택 담보 대출을 해결하는 데 들어간다는 사실을 알고는 주민들이 자기 집을 갖도록 해 주어야겠다고 결심했다. 이 혁신적인 사역으로 지금까지 주택 150채를 짓거나 개축하여 라틴계 주민들에게 원가로 팔았다. 650가정에 담보 대출을 알선하고 2,500명에게 대출 상담을 해주었다. 그뿐 아니라 "복지에서 노동으로"라는 프로그램으로 수백 가정에 도움을 주었다. 그들은 자기 이웃들이 자급자족할 수 있는 자산을 갖게 함으로써 연못을 소유하게 한다.

가난에 머물러 있으면 안 된다

하나님은 "그러므로 내가 네게 명령하여 이르노니 너는 반드시 네 땅 안에 네 형제 중 곤란한 자와 궁핍한 자에게 네 손을 펼지니라"(신 15:11)고 말씀하셨다. 땅에는 언제든지 가난한 자가 그치지 않을 것이다. 그들이 언제까지 가난에 머물러 있어야 할까? 재정적 가난은 사람들 대부분이 정상적인 삶의 과정에서 거치는 한 단계라고 생각할 수 있다. 우리가 어릴 때는 자산이 없다. 대학생이 되어 학비를 조달하기 위해 일하다 보면 빚밖에 남는 게 없다. 현재 대학생인 자녀가 무일푼이라고 해서 걱정하는 사람은 아무도 없다. 왜냐하면 그것이 사회에 진출하기 위해 필요한 건강한 삶의 한 단계라고 인식하기 때문이다. 하지만 가난한 사람들과 일한다고 하면서 우리의 부주의로 가난을 조장하고, 또 영속화하지 않도록 늘 신경을 써야 한다. 그들이 기술을 습득하고 관계를 쌓을 수 있게 함으로써 가난에서 벗어날 수 있게 해야 한다.

초대교회는 모든 사람에게 자선을 베푸는 한편, 그들이 가능한 한 빠른 시일 내에 의존하는 삶에서 자급자족하는 삶으로 옮겨 갈 수 있도록 도왔다. 교회 역사가 아돌프 하르나크(Adolf Harnack)는 교회가 제공한 실제적인 도움에 대해 이렇게 기록했다.

> 그들은 노동자들의 길드를 형성했다. 필요하면 언제든지 형제에게 일자리를 제공해야 했다. 이것은 사회적인 견지에서 매우 중요하다고 생각된다. 그뿐 아니라 교회는 노동조합이었다. 그렇게 교회는 어려움에 빠져 있지만 일할 준비가 되어 있는 사람들에게 피난처가 되어 주었다. 그 매력적인 힘은 갈수록 강화되었다. 경제학적 관점에서 일할 수 있는 사람들에게 일자리를 제공하고 동시에 일할 능력이 없는 사람들의 굶주림을 해결한 조합 활동에 매우 높은 가치를 부여해야 한다.3

하나님은 그의 백성에게 "너희 중에 가난한 자가 없으리라"(신 15:5)

고 말씀하셨다. 믿음의 공동체는 변화를 주어야 한다. 그렇다. 땅에는 언제든 가난한 자가 그치지 않을 것이다. 끊임없이 이민자가 들어오고, 비극이나 경기 침체 때문에 재정적 압박을 받는 사람들이 그치지 않을 것이다. 그러나 교회는 자비와 정의를 통해 그런 사람들이 가난에 머물지 않도록 도울 수 있다.

당신의 교회가 지역을 떠난다면 주목할 사람이 있을까

1988년, 본과 날린 맥러플린 부부는 플로리다 잭슨빌의 황폐한 지역으로 이사해 그 곳 사람들의 필요를 채워 줄 목적으로 교회를 시작했다. 본은 성장기에 교회에 다니지 않았기 때문에 전통적인 교회 관습에 얽매이지 않았다. 본과 날린은 얼마 안 가 혁신적인 교회를 세운다는 것이 쉬운 일이 아님을 알게 되었다. 비어 있는 빌딩을 구입해야겠다고 마음먹었을 때 인종 차별의 어려움에 부딪혔지만 본은 용기를 잃지 않았다. 하나님께 영광을 돌리는 것이 그의 삶 전부였다. 오늘날 포터스 하우스 크리스천 펠로십은 성도 3,000명이 넘는 활기찬 교회로 성장했다.

본에게는 꿈이 있었지만, 다른 사람들도 꿈을 실현하도록 돕고 싶었다. 포터스 하우스는 대부분의 기업이 자금 부족 때문에 실패한다는 사실을 알고 가장 결정적인 기간 동안 유망 기업들을 돕기 위해 할 수 있는 모든 일을 다 한다. 오늘날 멀티플렉스라고 불리는 그 교회 서던

---

3. *The Expansion of Christianity in the First Three Centuries, vol.1*, Wipf and Stock Publishers, 1998, 219.

벨 빌딩에는 거의 20개에 이르는 영리 목적 회사가 입주해 있는데, 신출내기 기업가들이 교회의 도움을 받아 시작한 회사들이다. 멀티플렉스에는 카페, 신용조합, 미용실, 그래픽디자인 스튜디오, 구두 수선점, 여행사, 버스 터미널, 그리고 몇몇 다른 기업이 들어가 있으며, 모두 꿈은 있지만 자금이 부족한 성도들이 경영하는 것이다. 그들은 최근 잭슨빌에 처음 생긴 실내 쇼핑몰을 구입해서 수리하고 개축하는 중이다. 새로 들어서는 시설에는 대형 예배당, 사회복지관, 기업들, 소매업체들이 입주하게 될 것이다. 1999년, 플로리다 주립 대학은 경제 발전에 기여한 공로로 본 맥러플린 감독을 올해의 기업가로 선정했다.

> 당신의 교회가 짐을 싸 들고 떠난다면 지역 사람들이 어떻게 느낄까? 그들이 눈물을 흘릴까? 주목하는 사람이 있을까? 과연 신경 쓰는 사람이 있을까?

멀티플렉스는 또 500명의 학생이 모이는 크리스천 학교를 유치하여 활동을 시작했다. 이 캠퍼스에는 좋은 농구 코트가 12개나 있어서 젊은이들이 서부 잭슨빌 전역에서 몰려들어 심야 농구를 즐긴다. 경제력을 부여하고 교육활동을 하는 외에 그들은 교도소와 구치소 사역, 사립 요양원 사역, 청소년 사역, 음악 그룹 사역, 그리고 무료 차량 정비 사역에 참여한다. 또한 잭슨빌 거리 청소 같은 단순 작업도 도시를 돌아보는 250명의 볼런티어 팀이 나서서 한다.

본 맥러플린 감독은 탁월한 설교가이다. 그러나 그는 언제나 사역이 교회 밖에서 이루어진다고 믿는다. 그는 늘 "만일 교회 담장 밖에 영향을 주지 못한다면 전혀 영향력이 없는 것"이라고 말한다. 그리고 자기가 멘토링하는 사람들에게 이런 질문으로 도전한다. "당신의 교회가 짐을 싸 들고 떠난다면 지역 사람들이 어떻게 느낄까? 그들이 눈물을 흘릴까? 주목하는 사람이 있을까? 과연 신경 쓰는 사람이 있을까?"[4]

생각하기

"당신의 교회가 짐을 싸 들고 떠난다면 지역 사람들이 어떻게 느낄까? 그들이 눈물을 흘릴까? 주목하는 사람이 있을까? 과연 신경 쓰는 사람이 있을까?"

토론하기

1. 당신의 교회는 미가서 6장 8절 청사진의 어디에 위치하는가? 각 칸에 회중의 몇 퍼센트가 해당한다고 생각하는가?

겸손히 행하라	인자를 사랑하라	정의를 행하라

교회에 나오는 사람들의 영적 문제 해결
• 개인 구원
• 영성 훈련
• 주님과 만나기
• 예배
• 헌신적인 제자 되기
	교회 밖 사람들의 개인적 증상 해결
	• 친절한 행위
	• 물고기 주기
	  거처
	  식료품
	  옷
	  의료 서비스
		증상을 일으키는 원인 해결
		• 물고기 잡는 법과 연못 소유하는 법을 가르침
		  전도/제자 훈련
		  개인 훈련/멘토링
		  직업 훈련
		  일자리 창출/
		  창업 돕기
		  생활 가능한 임금/
		  내 집 마련 돕기

( ) %	( ) %	( ) %

2. 당신의 교회는 자비를 나타내고 정의를 행할 특별한 기회가 있는가?

---

4. 2001년 5월 16일, 잭슨빌의 포터스 하우스에서 인터뷰한 내용에서.

실천하기

실천을 위해 할 수 있는 일은 무엇인가?

설교 및 강의를 위한 아이디어

본문_ 미가서 6장 8절

주제_ 하나님은 모든 성도가 그분과 함께 겸손히 행하고, 인자를 사랑하고, 정의를 행하기를 원하신다. 그분을 의지하는 일 외에 우리 자신과 우리 교회를 벗어나 지역사회에 자비와 정의를 행하라고 말씀하신다.

설명_ 자비와 정의가 필요한 사람들에게 이름 붙여 주기

적용_ 교회가 당신의 지역에서 자비를 나타내고 정의를 행할 기회를 찾아보라.

8. 비전 세우기

"묵은 포도주를 마시고 새 것을 원하는 자가 없나니
이는 묵은 것이 좋다 함이니라."

누가복음 5:39

잘못된 비전에 익숙해지는 것

최근 내(릭) 딸이 눈을 검사하러 안과에 갔다. 그날 밤 딸아이는 "전보다 훨씬 잘 보여요!"라고 말했다. 딸에게 도움을 준 것은 새로운 처방이 아니었다. 의사는 딸이 무의식적으로 콘택트렌즈를 바꿔 낀다는 사실을 발견했다. 그 동안 오른쪽 눈에 껴야 할 것을 왼쪽에 끼고, 왼쪽 눈에 껴야 할 것을 오른쪽 눈에 낀 것이다. 양쪽 렌즈의 도수가 크게 다르지는 않더라도 어쨌든 달랐다. 나는 "불편하지 않았니?" 하고 물었다. 딸은 "조금요. 하지만 한참 지나면 괜찮았어요"라고 대답했다.

매사가 이런 식이 아닐까? 우리는 뭔가 좀 잘못되어 있다는 사실을 안다. 세상의 실제 모습과 우리가 접근하는 방법에 차이가 조금 있다. 그러나 한참 지나면 우리가 접근하는 방식에 익숙해진다. 그것에 적응하는 법을 배우고, 그것에 익숙해진다. 시간이 흐르면서 우리는 그것이 정상이라고 생각하게 된다. 그 다음엔 당연히 그래야 한다고 생각하기 시작한다. 그러나 하나님은 우리가 그분의 안경을 끼고, 그분의 눈을 통해, 그분처럼 보기를 원하신다. 그렇게 할 때 많은 것이 선명해진다.

사역을 시작하거나 기존 사역의 범위를 확장하기란 쉬운 일이 아니다. 우리가 하나님 나라를 위해 뭔가 중요한 일을 하려고 할 때 언제나 맞이하는 상황이다. 가만히 앉아 아무 일도 하지 않는 편이 훨씬 쉽고 편하고 스트레스를 덜 받는다. 그러나 하나님께서 그러라고 우리를 부르신 것은 아니다.

세상으로 나가는 교회가 되는 것은 쉽지 않다. 교회의 어떤 변화에도 저항하는 반대론자들이 많게 마련이다. 그러나 모든 일은 비전과 비전을 이끄는 리더에게 달려 있다. 당신에게 그런 비전이 있을 수 있고, 당신이 그 비전을 이끄는 리더일 수 있다. 모든 일은 비전과 함께 시작된다.

잠언 16장 9절을 기억하라

나는 "사람이 마음으로 자기의 길을 계획할지라도 그의 걸음을 인도하시는 이는 여호와시니라"라는 잠언 16장 9절 말씀을 좋아한다. 이 구절은 내 삶 속에서 방향을 제시해 주시는 하나님의 역사를 정확하게 표현한다. 하나님은 우리 모두에게 생각하고, 꿈꾸고, 계획하고, 의논할 능력을 선물로 주셨다. 이 모든 일을 내가 다 하려고 할 때가 있었다. 방향을 선택하고, 계획을 세우고, 갈 길을 정하고, 단계를 설정하는 일 모두를 말이다. 그러고는 내 한계를 벗어나는 일, 내가 할 수 없는 일만 하나님께 부탁했다. 나는 위 말씀의 뒷부분, "그의 걸음을 인도하시는 이는 여호와"시라는 부분은 완전히 무시했다. 기도는 하지만 하나님께서 계획해 주시기를 기대하면서 아무 일도 하지 않는 때도 있었다. 그런 때는 말씀의 앞부분, 즉

> 잘못된 방향으로 빠르게 달리는 것은 결코 정답이 아니다.

"사람이 마음으로 자기의 길을 계획"하는 것을 무시했다.

당신의 길을 계획하면서 언제, 어디서, 어떻게, 왜 하나님께서 현재 주어진 상황에서 그분을 위해 영향력 있는 삶을 살기 원하시는지 분별할 수 있도록 사용 가능한 모든 수단을 동원하라. 그런 다음 진지하게, 부지런히, 열정적으로 당신의 걸음을 인도해 달라고 기도하라. 길을

선택하고, 아버지께서 가르쳐 주시는 방향에 주의를 기울이면서 그 길을 따라가라.

모든 리더는 비전이 있어야 한다

나는 기질상 길을 가다가 멈춰 서서 방향을 묻기를 좋아하지 않는다. 그러나 나이가 들면서 성격도 좀 느긋해지고, 잘못된 방향으로 빨리 달리는 것은 결코 정답이 아님을 알게 되었다. 리더는 끊임없이 "우리가 어디를 향해 가며, 왜 그리로 가는가?"라는 질문을 던져야 한다.

비전 없이 리더가 될 수 있다는 것은 근거 없는 말이다. 당신이 리더라면 당신은 곧 비전을 가진 사람이다. 당신은 사람들을 불러 지금 있는 곳으로부터 미래를 향해 움직여 가게 하는 사람이다. 만일 당신 교회가 어디를 향해 가고 있으며, 왜 그런지 모른다면 당신은 더 이상 리더가 아니다. 끝장이다! 성공하는 리더가 되려면 매일 매순간 소속된 조직의 비전을 생각해야만 한다.

비전이 무엇인가

당신은 아마 앨리스가 여기저기 돌아다니며 이상한 나라에서 탈출하려고 애쓰는 『이상한 나라의 앨리스』 이야기에 익숙할 것이다. 그녀는 길가에 있는 포크에게 왔다가 체셔 고양이를 만나 이렇게 묻는다.

"실례지만 여기서 어느 길로 가야 하니?"

고양이가 대답한다.

"그건 네 목적지가 어디인가에 달려 있어!"

"나는 목적지가 어디든 상관 없어."

"목적지가 없다면 어느 길로 가도 상관 없어."

나는 고양이의 대답이 마음에 든다. 당신이 하는 일이 무엇인지, 목적지가 어디인지, 무얼 기대하는지 누가 묻는다면 대답할 수 있는가? 더 중요한 것은, 그것을 5분 내에 대답할 수 있는가?

비전은 미래에 대한 바람직한 그림이다. 비전은 사람들에게 그들이 바치는 삶과 시간의 대가가 무엇인지 알려 준다. 비전은 북극성처럼 안내하고 지시해 주는 기준점이다. 그러나 그것이 반드시 목적지라는 뜻은 아니다. 『버펄로의 비행』(Flight of the Buffalo)의 저자들은 이렇게 말했다. "비전은 여행을 안내하는 출발점이다. 비전은 초점을 맞춰 준다. 비전은 영감을 준다. 비전은 아침잠을 깨워 주는 자명종이고, 저녁 시간에 마시는 카페인이다. 비전은 마음을 움직인다. 또한 모든 행동에 대한 평가 기준이 된다. 비전에 초점을 맞추는 훈련은 전략적인 사고를 가능하게 한다."[1] 비전은 가능성과 미래상에 대한 마음속의 그림이다.

하나님은 비전을 세우시는 분이다. 어느 날 밤, 하나님께서 아브라함을 이끌고 밖으로 나가 말씀하셨다. "하늘을 우러러 뭇별을 셀 수 있나 보라 또 그에게 이르시되 네 자손이 이와 같으리라"(창 15:5). 비전을 이야기하라! 미래에 대한 이 감동적인 그림이 아브라함의 전 생애를 이

---

1. James A. Belasco and Ralph C. Stayer, *Flight of the Buffalo*, Warner Books, 1993, 90.

끌어 갔다.

하나님은 요셉이 17세 때 그에게 삶의 비전을 주셨다. 비록 그의 꿈이 실현되기까지 22년이 걸렸지만, 보디발의 아내에 대한 대응에서부터 바로 궁전에서의 섬김에 이르기까지 그 비전은 그가 인생길을 가면서 내딛는 한 걸음 한 걸음을 인도하는 안내자가 되었다.

예수님은 비전을 세우시는 분이다. 그분은 기회가 있을 때마다 자신이 세상에 오신 목적이 무엇인지를 가르치셨다. "인자가 온 것은 잃어버린 자를 찾아 구원하려 함이니라"(눅 19:10)고 하셨고, "인자가 온 것은…섬기려 하고 자기 목숨을 많은 사람의 대속물로 주려 함이니라"(마 20:28)고 말씀하셨다.

나는 비전을 분명하고, 감동적이고, 끌어당기는 힘을 지닌 것으로서 바람직한 미래에 대한 이미지라고 가르치곤 했다. 그리고 실제로 리더 역할을 감당했다. 그 뒤 나는 비전이 지도보다는 나침반에 더 가깝다고 생각하게 되었다. 비전은 방향을 지시하고, 안내하고, 바람직한 미래를 향해 나아가게 한다.

> 비전은 지도보다는 나침반에 더 가깝다.

당신이 비전을 추구하는 과정에서 그것은 더 선명하게 제 모습을 드러낸다. 내가 지역사회에 다가갈 수 있는 길을 보여 달라고 기도하고 계획하면서, 그것은 진정한 관계 형성을 통해 이루어질 수 있다는 사실이 분명해졌다. 내 계획에 계속해서 집중하는 동안 관계를 형성하는 최선의 방법은 섬김임을 깨닫게 되었다. 가능성이 현실화되면서 더 많은 아이디어가 속속 내 머릿속에 떠오르고 비전을 더 잘 포착할 수 있게 된다. 그리고 그것을 말로 표현하기가 점점 더 쉬워진다.

리더로서 우리가 할 일은 비전을 전달하고, 그것을 다른 사람들에게 이해시킬 방법을 찾는 것이다. 사람들은 대개 실제로 존재하지 않는 일을 보는 것을 어려워 한다. 그래서 우리는 우리가 이미 본 것을 다른 사람들이 볼 수 있게 할 방법을 찾아야 한다. 나는 주간 스태프 모임에서 비전을 나눈다. 볼런티어 및 스태프들과 함께 식사하는 자리에서, 그리고 우리가 관심을 갖는 일에 실제로 참여하면서 비전을 나눈다.

비전이 볼런티어들과 자원을 동원할 수 있기 위해서는 감동을 주어야 한다. 다음은 신시내티에 있는 빈야드 커뮤니티 교회의 비전 선언문이다.

오합지졸이 하나님 앞에 무릎을 꿇고 변화되어, 하나님을 사랑하고 다른 사람들을 사랑하는 모습을 상상해 보라. 그들은 이런 일이 자신을 위한 일이 아니라 예수님의 목적을 성취하는 일이라는 생각에 매료된다. 그들은 그분에 대한 이야기와 지역을 위한 그분의 마음에 관심을 집중한다.

그들은 씨를 뿌리고 불을 지피는 이들이다. 소망을 전달하며 은혜를 선물하는 자들이다. 위험을 무릅쓰고 꿈꾸는 젊은이며 노인들이다. 그들은 누구든 예수 이야기를 하는 사람과 팔짱을 낀다. 가난한 이들에게 힘을 불어넣고, 약한 사람을 강하게 붙들어 주며, 버림 받은 이를 감싸 주고, 잃어버린 영혼을 찾아간다. 그들은 함께 섬기고, 함께 즐기고, 함께 예배드리고, 함께 생활한다. 그들은 하나님이 보낸 일꾼이며, 그들이 있기에 그들의 도시는 변화된다. 그들은 바로 우리이다. 우리는 큰 사랑으로 하는 작은 일들이 세상을 변화시킨다고 믿는다.[2]

---

2. www.cincyvineyard.com.

이 비전이 당신을 감동시키는가? "나도 참여하고 싶어요. 어떻게 하면 되죠?"라는 말이 절로 나오는가? 비전을 세우는 사람들은 이야기꾼들이다. 비전을 세우는 사람들은 감동적인 언어로 그림을 그린다.

매리너스 교회의 등대선교회 담당 목사 로리 비쇼어는 이렇게 말했다.

"우리는 가진 게 아무것도 없는 사람들이 많이 가진 사람들과 함께 예배하고 섬기며, 그들 한 사람 한 사람이 자신의 가치와 중요성은 예수 안에서만 발견할 수 있다는 것을 깨닫는 날을 꿈꾼다." 이것이 우리 비전 선언문의 마지막 문장이다. 우리에게 사역의 마지막은 곧 가족이다.

모텔 가족(집이 없어 모텔에서 기거하는 가족—옮긴이)과 함께 자주 어울려 일하는 사업가 한 사람이 자기 집에서 생일잔치를 했다. 생일잔치에 초대된 사람 가운데에는 젊은 사장들 모임(YPO) 회원들과 모텔 가족이 섞여 있었다. 모텔 가족의 어린이들은 YPO의 어린이들과 함께 뛰어다니며 놀았다. 모텔 가족 어린이들은 전에도 그 집에 여러 차례 가 본 적이 있어서 불편해하지 않았다. 무엇이 하나님을 미소 짓게 만들까, 무엇이 그분을 기쁘시게 할까 생각할 때마다 나는 이런 모습을 꿈꾼다. 하나님의 집에서 부자와 가난한 자가 어울려 모두 한 가족이 되는 것이다.3

성도들이 마음에서 우러나 따를 수 있도록 당신의 비전을 감동적인 언어로 설명하라.

비전에 따르는 문제들

동시에 리더들에게 공통적인 비전의 문제가 있다는 점을 명심하라. 미주리 주 조플린에 있는 오자크 크리스천 대학의 교무처장 마크 스코트는 비전의 문제들 중 일부를 다음과 같이 설명했다.

근시안_ 근시안 형의 리더는 매일 일어나는 일상적인 일, 당장 눈앞에 닥친 일들에 초점을 두므로 현재 상황을 뛰어넘어 앞을 내다보기가 어렵다.

원시안_ 원시안 형의 리더는 지나치게 미래에 집중하기 때문에 그들이 처해 있는 현실을 놓치기 쉽다. 생각하는 데에 지나치게 많은 시간을 소모하므로, 비전 성취를 위한 일을 이루지 못한다.

터널시(視)_ 이런 유형의 리더는 그들의 상황, 문제, 일정에 지나치게 집중한 나머지 주변에서 일어나는 일들을 놓친다. 요새처럼 견고한 방어 자세를 갖는 경우가 잦다.

각막이 흐린 눈_ 이런 눈을 가진 리더는 문화나 추세를 볼 때 가장 새로운 것, 가장 큰 것에 집중한다. 별 생각 없이, 그리고 특정 상황에 대한 적합성을 고려하지 않고 최신 유행만 따라간다.

약시_ 약시 형의 리더는 훌륭한 비전을 가지고 있지만 헌신과 노력 부족으로 고작 평범한 결과밖에 이끌어 내지 못한다.[4]

---

3. 2003년 5월 28일, 달라스에서 전한 메시지.
4. 1998년, 마크 스코트가 롱몬트 카운티 라이프브리지 커뮤니티 교회에서 강연한 세미나 내용을 허가받아 사용함.

비전을 현실화하기

꿈을 꾸는 것과 꿈을 실현하는 것은 별개 문제다. 따라서 꿈꾸는 사람과 비전을 가진 사람은 전혀 다르다. 꿈꾸는 사람은 잠깐 동안 아이디어를 가지고 훌륭한 계획을 세우기도 하지만 꿈을 실현하지 못하는 경향이 있다. 반면, 성공하는 리더는 매일 일정 시간을 비전을 현실화하는 문제에 집중하며 보낸다.

이를 위해 성공하는 리더는 다음과 같은 질문을 자주 던지고 생각한다. "우리는 어떤 사람인가?" "우리가 하는 일은 어디까지 영향을 미치는가?" "현재 우리가 가진 역량은 어느 정도인가?" "우리의 자원은 무엇인가?" "우리가 섬기는 사람은 누구인가?" 이런 질문들은 비전의 의미를 뚜렷하게 하며 명백하게 드러내 준다.

교회 밖으로 나와 세상에 초점을 맞추는 교회가 되려면 그 방향으로 가게 할 당신의 도구와 전략을 점검하라. 그리고 스스로 이렇게 질문하라. "지역사회와 지역사회의 필요를 어떻게 더 잘 이해할 수 있을까? 우리 성도들이 가진 장점과 약점은 무엇인가? 더 필요한 자원은 무엇인가? 극복해야 할 장애물은 무엇인가? 당장 참여할 수 있는 섬김의 기회는 어떤 것이 있는가?"

비전의 수명을 길게 하기

우리는 아무도 영원히 리더로 살 수 없다. 성공하는 리더는 자신이 사라지고 나면 누가 그 비전을 이어갈 것인지 늘 생각한다. 그리고 그들은 섬김, 특히 리더십을 염두에 두고 다른 사람을 무장시키는 데 시간을 투자한다. 존 맥스웰(John Maxwell)은 "사람을 무장시켜 떠나보내는 것보다 나쁜 것은 한 가지뿐이다. 그것은 무장시키지 않고 그냥 붙들고 있는 것이다"5 라고 했다.

많은 사역에서 한 사람이 북 치고 장구 치고 하기 십상이다. 그렇게 하면서 어떤 사람들은 자랑스럽게 꼬리표를 붙이고 다니기도 한다. 우리는 상당한 공적을 쌓고, 항상 바쁘게 활동하며, 꼭 필요한 사람이 될 수는 있다. 그러나 비전을 먼 앞날까지 이어갈 누군가를 세우지 않으면 쓰라린 실패를 맛볼 수밖에 없다.

리더십 개발은 나중에 해도 되는 일이 아니라 끊임없이 추진해 가야 할 책임에 속한다. 제너럴 일렉트릭의 전 CEO 잭 웰치(Jack Welch)는 퇴임 10년을 앞두고 이런 말을 했다. "이제부터는 내 후계자를 선택하는 것이 내가 결정해야 할 가장 중요한 일이다. 나는 매일 이 일을 생각하면서 많은 시간을 보낸다."

도움 요청하기와 섬기기

매리언 파틸로는 달라스에 있는 메트로 링크라는 선교단체 대표이다. 메트로 링크는 남부 달라스의 27개 시, 40여 교회의 볼런티어들을 위한 수로(水路) 역할을 한다. 매리언에 따르면 메트로 링크를 처음 시작했을 때 남부 달라스 지역에는 교회가 955개나 있었는데도 범죄자, 알코올 중독자, 마약 중독자, 매춘부 등이 거리에 넘쳐났다. 어째

---

5. 2002년 2월, 샌디에이고에서 실시한 Mega Church Conference에서.

서 그랬을까? 분명 교회가 부족했기 때문은 아니다. 교회 대부분이 지역을 섬기지 않았다는 사실에 문제의 초점이 있었다. 매리언은 "대부분의 교회가 '섬기기' 보다는 '도움을 요청' 하느라 정신이 없다"고 말했다. 이들의 첫 번째 관점은 안을 들여다보는 것이다. 즉 '도움은 나를 더 나은 사람으로 만든다' 고 생각하는 것이다. 두 번째 관점은 밖을 내다보는 시각이다. '나를 도와 주면 이 세상은 더 살기 좋은 곳이 된다.' 는 생각이다.

그러나 성경의 가르침에 비추어 보면 제자 훈련, 양육, 이미 교회에 출석하는 사람들 보살피는 것과 교회 밖 세상의 잃어버린 영혼을 구하기 위해 필요한 일을 하는 것이 서로 배타적이라는 증거가 없다. 세상으로 나가는 교회는 이 두 가지가 다 필요하다고 믿는다. 그리고 교회 밖 세상을 섬기는 일에 참여할 때 교회 내부 사람들이 최선의 섬김을 받을 수 있다고 믿는다.

자동차는 타이어와 도로 사이의 장력(張力)이 유지될 때 앞으로 나아간다. 운전을 잘하는 사람들은 이 장력을 유지하는 방법을 안다. 언제 주유하고, 언제 브레이크를 밟고, 어떻게 주행하고, 주어진 상황에 어떻게 대처할지를 안다. 마찬가지로 교회 리더들이 세상에 초점을 맞추는 방향으로 교회를 이끌어 가려면 '도움 요청하기' 와 '섬기기' 사이의 역동적인 긴장 유지법을 익혀야 한다.

더 큰 그림

세상으로 나가는 교회가 된다는 비전을 품는 것은 하나의 사역을 만들거나 무엇을 어떻게 할 것인지를 결정하기 위해 비상 대책반을 만드는 일 이상이다. 세상으로 나가는 교회가 된다는 것은 교인들이 새로운 시각을 갖도록 돕는 것을 의미한다. 그것은 그들의 세계, 일터, 이웃을 하나님의 사랑을 드러내는 장(場)으로 볼 수 있게 하는 것이다. 그들의 눈을 열어 자기 주위에 있는 섬김의 기회를 보게 하는 것이다.

외부에 초점을 맞춘다는 것은 전술이나 전략이 아니다. 그것은 변화이다. 그것은 사람들을 사건의 핵심, 즉 사랑과 섬김을 향해 가도록 하는 것이다.

자세히 들여다보기

섬김이 전술인가? 아니면 당신의 본질인가

한때 라이프브리지 크리스천 교회는 꽤 전통적인 조직을 가진 교회였다. 어린이, 청소년, 청년, 노인들을 위한 사역 부서가 있었다. 이 때 교회의 핵심 가치(선교, 영성 개발, 예배, 참여)가 각각의 사역 부서에서 균형을 이루지 못하는 경우가 잦았다. 그리고 각 부서가 리더의 열정과 은사에 따라 들쭉날쭉했다.

우리는 교회의 가치가 교회 사역 전반에 고르게 반영되기를 바랐으므로 네 가지 핵심 가치—세상으로 나가기(전도를 포함하여 지역 섬김과 선교), 영성 개발, 예배, 참여—를 중심으로 조직 개편을 단행했다. 이를 통해 온 교회를 대상으로 내용과 아이디어를 제공하는 데 도움을 얻었고, 각각의 가치가 모든 사역 현장에서 더 뚜렷하게 부각되었다. 결과적으로 각 사역 부서에 우리의 가치를 반영할 수 있도록 계획, 행사, 활동을 개발한다. 예를 들어 학생 사역은 그 사역을 이끄는 지도자들의 분명한 열정과 은사를 반영하면서도 각각의 프로그램 영역에서 교회의 사명과 비전을 반영한다.

우리 교회의 경우 세상에 초점을 맞추는 일은 한 부서만의 책임이 아니다. 지역에 영향을 주기 위해 마련한 특정 예산 라인도 없다. 우리는 지역사회 섬김을 교회 전체의 사명에서 중요한 부분으로 여긴다. 따라서 각 사역 부서는 지역사회 섬김을 자체 프로그램과 계획에 포함시킬 방법을 강구하도록 요구한다. 여성 사역의 경우를 예로 들면, 독신 엄마를 위한 어머니의 집에 참여할 방법을 찾는다. 여기에는 리모델링, 생활 용품 및 선물 전하기, 멘토링 관계 형성하기가 포함된다. 그뿐 아니라 여성 사역은 보울더 카운티의 만성 정신 질환자에게 가방을 제공하기도 한다. 여성들에게 이런 일은 성경공부를 하고 예배드리는 일과 똑같이 중요하다.

이런 접근법은 '지역사회 섬김'과 '세상을 향해 나가기'라는 전 교회적 문화 창출에 절대적인 역할을 한다. 라이프브리지의 모든 사역과 그들이 사용하는 자원을 살펴보면 우리가 소중하게 생각하는 일, 즉 세상을 향해 나가기, 영성 개발, 예배, 참여에 대한 우리의 마음을 읽을 수 있을 것이다.

특권과 도전

리더십은 위압적인 도전이며 동시에 놀라운 특권이다. 하나님께서 주시는 비전을 포착하여 다른 사람들에게 전달하고, 그들을 의미 있는 삶과 영적 보상을 약속하는 여정으로 초대하고, 비록 그것이 어두울지라도 현재 처한 상황을 발견하는 것은 우리를 더 밝은 미래로 안내해 주는 기회가 된다. 그리고 우리 길을 계획하고 우리 걸음을 인도해 주시도록 하나님께 구하는 기회가 되는데, 이것은 놀라운 선물이 아닐 수 없다.

조엘 바커(Joel Barker)는 리더를 "혼자라면 가지 않을 곳을 따라갈 수 있는 사람"6 이라고 정의한다. 오늘날 사람들은 대개 리더, 즉 혼자라면 가지 않을 곳으로 안내해 줄 사람을 갈망한다. 우리가 리더로 설 때 성공이 보장되는 것도 아니고 편안한 길이 약속되어 있는 것도 아니다. 매번 바른 길을 선택할 수 있는 것도 아니다. 그럼에도 불구하고 우리는 리더로 부름을 받는다. 테오도르 루스벨트(Theodore Roosevelt)는 이렇게 말했다.

중요한 것은 비평가가 아니다. 강한 사람도 넘어질 수 있다거나, 이렇게 했더라면 더 잘 할 수 있었을 거라고 지적하는 사람도 아니다. 칭찬은 실제로 경기장에 참여하는 사람의 몫이다. 얼굴은 먼지와 땀과 피로 얼룩져 있다. 실수나 단점이 없는 일은 없다는 것을 알기에 실수를 하면서도 몇 번이고 곧 다시 일어선다. 그러나 그는 위대한 열정, 위대한 헌신을 알며, 가치 있는 대의를 위해 몸을 바친다. 잘하면 결국 큰 승리를 통해 큰 성취감을 얻고, 실패해서 잘못되더라도 최소한 용감하게 싸우다가 지는 것임을 안다. 그래서 그는 승리도 패배도 모르는 차갑고 겁 많은 사람들과 결코 자리를 같이하지 않는다.7

---

6. Employee 대학이 제공한 훈련용 비디오 "Leadershift"에서.
7. 1910년 4월 23일, 파리 소르본 대학에서 행한 연설 "Citizenship in a Republic"에서.

중국 격언에 이런 말이 있다. "같은 방향으로 곧장 가면, 가고자 하는 곳에 다다른다." 가는 길이 마음에 안 드는데 왜 그 길을 고집해야 한단 말인가? 10년, 20년, 아니 50년 앞을 내다보고 그 때 우리 지역은 어떤 모습일지를 생각하자. 우리 교회는 어떤 모습일지를 생각하자.

우리 믿음의 공동체가 지역의 방향과 상태에 영향을 줄 수 있을지 생각해 보자. 어쩌면 오늘이 가던 길을 멈춰 서서 방향을 물을 적절한 때인지도 모른다. 당신이 가는 길을 확신할 때, 당신을 따르는 사람이 줄을 이을 것이다.

생각하기

"사람이 마음으로 자기의 길을 계획할지라도 그의 걸음을 인도하시는 이는 여호와시니라"(잠 16:9).

토론하기

1. 당신의 사역 비전은 무엇인가? 당신의 계획은 어떻게 전개되어 가고 있는가?

2. 그 계획들을 실현하기 위해서는 무엇이 필요한가? 계획 수립 과정에 하나님께서 어떻게 역사하셨는가?

3. 오늘날 사람들은 대부분 리더, 즉 혼자라면 가지 않을 곳으로 안내해 줄 사람을 갈망한다. 당신이 그 역할을 맡지 않겠는가?

실천하기

하나의 길을 선택한 다음, 하나님께서 지시하시는 방향에 주의를 기울이며 그 길을 고수하라.

설교 및 강의를 위한 아이디어

본문_ 이사야 32장 8절

주제_ 위대한 비전은 자주 존귀한 사람들에 의해 전달된다.

1. 변화를 주는 사람이 되고 싶다면 존귀한 사람이 되라.
  - 존귀한 자를 직접 설명하지 않고 거꾸로 어리석은 사람(5-7절)이

누구인지 설명한다.

2. 변화를 주는 사람이 되고 싶다면 존귀한 계획을 세워라.

- 위대한 꿈을 꾸라.

3. 변화를 주는 사람이 되고 싶다면 존귀한 행동을 하라.

- 당신의 은사와 능력을 발견하고, 동시에 회중의 은사와 능력을 발견하라.

설명_ 진정한 존귀는 직책이 아닌 섬김에서 온다. 마더 테레사와 다이애나 공주를 비교해 보라.

적용_ 지역사회의 필요를 평가하고, 그러한 필요를 채워 줌으로써 하나님을 섬기는 일에 동참하도록 다른 사람들을 초청하라.

9. 지역사회의 필요 평가하기

"철학자들은 세상을 해석하는 데 그친다.
그러나 정작 중요한 것은 세상을 바꾸는 일이다."

칼 막스

눈을 떠라

"뭐라고요? 사마리아를 통과해야 한다는 말씀인가요? 사마리아를 통과할 필요가 없어요. 사마리아를 돌아서 갈릴리에 가는 방법이 있거든요. 주님, 때로는 여유를 가지고 돌아서 가는 게 더 빠를 수도 있어요." 예수님은 그냥 웃기만 하셨다. 그들은 유대와 갈릴리 사이에 끼어 있는 사마리아 땅을 지나가야 했다. 사마리아 사람들은 아시리아가 예루살렘을 정복했을 때 이방인들과 결혼함으로써 유대의 신앙 유산을 타협했다. 유대인과 사마리아인의 반목과 갈등의 골은 400년이 넘도록 깊어만 갔다. 사마리아인들은 '타협자' 즉 혼혈족이었다. 그들은 이방인과 결혼했을 뿐 아니라 종교적 순수성을 잃은 것으로 인식되었다. 유대인들이 예루살렘을 거룩한 도시로 여기는 반면, 사마리아인들은 조상들의 전통을 따라 그리심 산을 그들의 영적 근원지로 보았다. 여러 이유 때문에 유대인은 사마리아인과 상종하지 않았다(요 4:9). 그러나 예수님은 그들과 상종하셨다!

예수님과 제자들이 수가라 하는 동네에 이르렀다. 때는 바야흐로 정오가 되어 점심 먹을 시간이었다. 예수님이 성 밖 우물가에서 쉬는 동안, 제자들은 당혹스러움을 감추지 못하며 먹을 것을 사러 동네로 들어갔다. 그다지 편안한 상황이 아니었다. 그들은 전에 이 근처에 와 본 적이 없었다. 임무를 마치고 돌아온 그들은 예수님이 우물 곁에 앉아 쉬면서 한 여자와 말씀하시는 것을 보았다. 여자는 동네로 돌아갔다. 그러고는 많은 사마리아인을 데리고 예수님께로 나아왔다. 예수님은 그들이 오는 것을 보시고 제자들에게 말씀하셨다. "너희 눈을 들어 밭을 보라 희어져 추수하게 되었도다"(요 4:35).

틀림없이 그들은 눈을 뜨고 있었을 것이다. 그러나 예수님은 그들이 보는 것을 깨닫기 원하셨다. 그것은 비전이 아니었다. 중요한 것은 깨달음이었다. 사마리아인들은 적이 아니라 앞으로 예수님의 제자가 될 사람들이었다. 때때로 우리는 우리 자신, 우리의 부적합성, 두려움 등에 사로잡힐 때 사역할 기회를 잃어버리곤 한다. 이상한 이웃들은 동정심보다 두려움을 불러일으키지만, 사역자라면 우리 자신이 아니라 그들에게 초점을 맞추어야 한다는 것을 깨달아야 한다.

우리가 할 수 있는 일은 무엇인가

당신의 교회는 어떻게 지역사회의 필요와 꿈을 이루는 일에 참여할 수 있을까? 어디서 섬기면 될까? 당신의 교회가 감당할 수 있는, 당신 앞에 놓여 있는 기회는 무엇일까? 예루살렘 성의 상황에 대한 형제의 보고를 듣고 나서 느헤미야의 삶의 진로가 바뀌었다. 사람들이 "큰 환난을 당하고 능욕을 받으며 예루살렘 성은 허물어지고 성문들은 불탔다 하는지라"(느 1:1-3). 예루살렘(느 1-7장)과 이스라엘 자손들(느 8-13장)을 변화시켜야겠다는 느헤미야의 마음의 부담은 정확한 정보에서 나왔다. 그는 정확하고 감동적인 정보를 토대로 삶의 진로를 바꾸었다. 세상에 초점을 두는 교회를 지향하면서 사역해 나가는 데 필요한 정보를 얻는 방법을 제안한다.

첫째, 당신이 섬길 사람들에게 필요와 꿈이 무엇인지 물어 보라

그들에게 필요한 것을 당신이 짐작하지 말고 그들이 직접 말하게 하라. 매리너스 교회의 볼런티어들은 사회적 혜택이 불충분한 산타아나의 라틴계 지역 주민을 만나는 일부터 시작했다. 그들은 통역을 통해 물었다. "우리가 여러분을 위해 무엇을 도와 드리면 좋을까요?" 몇 시간에 걸친 이야기 끝에 그들은 다음과 같이 세 가지 필요를 제시했다.

1. 그들은 자녀들이 끝까지 학교에 다닐 수 있도록 도와 달라고 했다. 그 지역의 중도 퇴학률은 전국 최고 수준이었으며, 교육을 받지 못하면 가난의 악순환이 지속될 것이기 때문이었다. 부모들은 교육 수준이 낮고 영어가 서툴러서 아이들을 돕는 데 한계가 있다고 호소했다.
2. 그들은 자녀 양육 방법을 개선하도록 도와 달라고 했다.
3. 더 나은 직업을 얻을 수 있도록 영어 교육을 시켜 달라고 했다.

열매를 맺으려면 열정이 전략으로 연결되어야 한다. 이 점을 아는 매리너스 교회 성도들은 산타아나에 미니 스트리트 학습 센터를 개설하고, 위의 세 가지 사항을 바탕으로 커리큘럼을 짰다.

2003년 봄, 피닉스에 있는 데저트 스프링스 바이블 교회의 목사는 지역의 한 초등학교 교장 선생님을 초청해서 주일 예배 시간에 강연을 부탁했다. 교장 선생님은 자원이 부족한 학교의 필요와 꿈에 대해 이야기한 다음, 회중에게 도움을 요청했다. 200명의 성도가 초등학교 3개 학년 학생들을 '양자'로 삼아 교실에서 하는 학습 지도는 물론이고 학교 비품도 제공하기로 약속했다. 이 교회는 지역사회의 필요를 파악하고, 하나님께서 그 해결 방법을 알려 주시기를 구했다.

> 열매를 맺으려면 열정이 전략으로 연결되어야 한다.

둘째, 지역사회의 필요와 꿈을 조사하거나 기존의 조사 결과를 활용하라

교회가 직접 나서서 조사할 필요가 없는 경우도 많다. 상당 부분 이미 조사가 이루어져 있기 때문이다. 인터넷을 활용해서 특정한 지역의 소득 수준, 교육 수준, 인구, 고용 관련 통계 등을 찾아볼 수 있다. 이것은 지역사회의 필요를 이해하는 훌륭한 출발점이 된다. 지역 상공회의소 역시 가치 있는 정보를 얻을 수 있는 좋은 정보원이다. 2000년에 보울더 카운티 시민 포럼이 막대한 시간과 경비를 들이며 수고를 기울인 끝에 우리 카운티가 가진 자산과 필요를 밝혀 내고 그 결과를 "보울더 카운티의 삶의 질: 지역 경제지표 보고서"로 만들어 발표했다. 우리는 이것이 우리 지역의 필요와 꿈을 이해하는 데 매우 가치 있는 정보임을 알게 되었다.

아칸서스 주 리틀록에서는 그런 자료를 구할 수 없었기 때문에 펠로십 바이블 교회는 외부의 연구 기관에 "풀라스키 카운티의 '삶의 질'에 영향을 주는 가장 심각한 사회적 요구와 문제점을 객관적으로 조사하고, 신앙 공동체가 얼마나 잘 무장되어 그들의 필요에 대응하고 있는지에 대해" 조사해 달라고 의뢰했다. 그 조사는 인종, 교육, 빈곤 가

> 지역에 대한 조사는 교회의 생명과 사랑을 지역사회의 필요와 아픔으로 연결하는 여행용 지도같은 역할을 한다.

정의 청소년, 주택, 폭력, 의료 문제를 밝혀 냈다. 이런 조사는 교회의 삶과 사랑을 지역사회의 필요와 아픔으로 연결하는 여행용 도로 지도 같은 역할을 한다.

당신의 지역사회에는 자원 봉사를 하기에 앞서 필요한 탐방과 심사를 담당하는 기관이 있는가? 라이프브리지 크리스천 교회는 새 교회

건물을 짓기 위해 묘안을 짜내는 과정에서 세인트 브레인 지역협의회 (2장에서 소개했음)를 발견하고 그들의 회의에 참석하기 시작했다. 우리는 이 기관을 통해서 어떤 기관들이 있고, 그들이 하는 일은 무엇이며, 그들을 지원하기 위해 라이프브리지가 할 수 있는 일이 무엇인지를 알게 되었다. 대부분의 지역에는 비영리 기관들이 아이디어와 프로젝트를 교류할 수 있게 하는 조직적인 방법이 마련되어 있다.

교회 밖으로 나온 교회를 향한 비전이 하나의 개념에서 구체적인 섬김의 기회로 발전함에 따라 라이프브리지는 지역에 섬김을 위한 자문팀을 구성했다. 이 팀의 목적은 지역의 비영리 단체들과 연합하여 지역을 섬긴다는 목적을 가지고 그들과 의미 있는 관계를 맺는 데 있다. 그러한 관계의 한 예로 "볼런티어 커넥션"(Volunteer Connection)을 들 수 있는데, 이것은 지역사회를 섬기는 데 필요한 정보와 기회를 나누는 훌륭한 통로 역할을 한다.

볼런티어 커넥션은 지역 단체와 비영리 단체들이 볼런티어를 찾게 하는 정보 센터 기능을 한다. 라이프브리지는 볼런티어 커넥션과의 관계가 발전하면서 불신자들이 일하는 곳에 그리스도인 볼런티어들을 몇 명 배치하여 섬기게 했다. 교회는 매주 라이프브리지 소식지에 볼런티어 커넥션의 볼런티어 모집 내용을 광고한다. 교인들은 이 소식지를 보면서 지역사회에 어떤 섬길 기회가 있는지 알게 된다.

자세히 들여다보기

볼런티어 커넥션

유나이티드 웨이의 한 부서로 1969년에 설립된 볼런티어 커넥션은 전국에서 처음 생긴 볼런티어 관련 정보 및 볼런티어 알선 기관이다. 이 기관의 사명은 "자원 봉사 활동을 촉진하고, 자원 봉사할 기회를 마련하며, 관련 기관들이 볼런티어들을 효과적으로 배치해서 지역사회의 필요를 더 잘 충족시키는 것"이다. 이들은 해마다 볼런티어를 필요로 하는 450개 이상의 단체 및 정부 차원의 프로그램에 수많은 가족, 개인, 청소년, 기업, 법인, 서비스 그룹을 배치한다. 이들은 또 볼런티어 관리에 대한 공동 연수, 컨퍼런스, 컨설팅 서비스를 제공하고, 배치와 관련하여 무료로 상담해 주며, 자원 봉사 일자리에 관한 데이터베이스를 관리함으로써 볼런티어들의 관심과 기술을 평가할 수 있게 한다.

이 기관은 신앙에 기초한 조직이나 일반 봉사 단체들이 적절한 서비스 프로젝트를 개발할 수 있도록 조직의 이해와 가치를 고려하여 도움을 준다. 또한 때때로 같은 생각을 가진 조직들과 함께 공동 연구를 진행하도록 돕기도 한다. 이런 연구는 장기 또는 단기 작업으로서 폭넓은 수준의 기술과 관심을 뒷받침한다.

셋째, 기존 관계의 힘을 인식하라

사역할 기회를 찾기 위해서는 교인들의 눈을 빌릴 필요가 있다. 교회와 상관 없는 뛰어난 리더가 이미 사역을 이끌고 있는 경우도 많다. 자기를 중심으로 팀을 이루어 열정을 가지고 일하는, 천금의 가치가 있는 리더들이 있다. 하나님께서 선한 마음을 가진 사람들을 통해 일하시는 현장들을 찾아보고, 당신이 그곳에 참여할 수 있는지 알아보라.

당신의 교회에도 틀림없이 나름대로 '전문가'(자기가 하는 일을 통해 지역사회의 필요를 비교적 잘 알고 있는 사람)들이 있을 것이다. 그들 자신은 잘 모르고 있을지 몰라도 경찰관, 사회사업가, 비영리 단체의 임원, 학교 교사, 학교 행정가들은 모두 지역사회의 필요를 찾아 내는 전문가이다. 이런 사람들과 실무진 또는 비상 대책반을 구성하여 활용하면 다양한 사역 기회를 훨씬 수월하게 발굴할 수 있을 것이다.

라이프브리지 성도들은 여러 날 머리를 짜낸 끝에 지역사회에 봉사할 수 있는 5,000가지 이상의 아이디어를 찾아 냈다. 당신 교회에서 지역을 잘 아는 사람이 누구인가? 회중을 둘러보라. 이미 다양한 그룹에 몸담고 있으면서 참여를 기다리는 많은 사람을 발견하게 될 것이다. 그들로부터 정보를 얻고 시스템을 배우라.

자세히 들여다보기

라이프브리지 크리스천 교회의 지역 봉사 팀

이 팀은 교회의 선교 프로그램을 위한 방향을 안내하고 지도한다. 여기에는 학교 교사 몇 명과 경영자, 병원 사무소장, 그리고 때에 따라 사역 스태프가 참여한다. 이들의 공통점은 무엇일까? 모두 사회복지에 관심이 있으며, 시스템을 알고 있거나 시스템을 배우려는 열정을 가진 사람들이다. 이들은 헤아릴 수 없이 많은 지역의 필요를 분류하고, 기관들의 필요를 평가하며, 라이프브리지가 어떻게 그들의 필요를 충족시키는 일에 참여할 수 있을지 결정한다. 본질적으로 지역사회의 누구에게, 무엇을, 언제, 어디서, 어떻게 영향을 줄지 결정한다. 교회가 어떻게 그들의 필요를 충족시킬 것인지 결정하기 위해 여러 사역부(남성, 어린이, 학생 사역 등)와 공동 작업을 한다. 이 팀은 또 누가 각각의 일을 맡아 통솔할 것인지를 결정한다. 작업의 실제 흐름을 살펴보자.

지역의 한 그룹이 라이프브리지에 임시 주택을 보수해 달라고 부탁해 온다. 교회의 지역 봉사 팀이 한 사람을 임명하여 가능성과 기대치를 평가하게 한다. 일단 사업의 성격이 파악되고, 이 일이 교회가 할 수 있는 일일뿐더러 해야 하는 일이라고 판단되면 한 개 이상의 사역부와 만나 어떻게 그 일을 추진해 갈지 결정한다. 이번 경우에는 남성 사역부가 프로젝트를 맡아서 어떻게 볼런티어를 모집하고 보수 작업을 제공할지 결정한다. 지역 그룹과 남성 사역부 코디네이터 사이의 관계가 형성될 때까지 지역 봉사팀의 중심 인물이 교회와 지역 그룹의 중재 역할을 맡는다.

다른 사역부가 남성 사역부와 파트너가 되어 일을 추진할 수도 있지만, 그럴 경우라 할지라도 한 사역부가 프로젝트를 책임지고 이끌어 간다. 여기서 알 수 있듯이 지역 봉사 팀은 단순히 사회복지에 관심이 있는 사람들을 뽑고 그들이 참여할 수 있는 방법만 모색하는 것이 아니다. 지역 봉사는 전체 사역부의 관심 사항이며, 그 가운데서 지역 봉사 팀은 교통 정리 역할을 하는 것이다.

넷째, 보고 들으라

직접 관찰하는 단순한 작업은 필요와 섬김의 기회를 평가하는 중요한 수단이 된다. 우리가 도시의 필요와 꿈을 어떻게 알 수 있을까? 잠언 20장 12절을 보라. "듣는 귀와 보는 눈은 다 여호와께서 지으신 것이니라."

자세히 들여다보기

드림 센터

　1994년, 갓 스물한 살인 젊은 목사 매튜 바넷은 주변 지역을 돌아다니며 달리 채워지지 않는 필요를 찾아냈다. 그리고 그것을 기초로 하여 로스앤젤레스에 드림 센터를 세웠다. 그는 버림받은 수많은 사람이 지역사회의 변두리에 사는 것을 목격했다. 현재 드림 센터(잠들지 않는 교회)는 시내 50블록 2,100가구를 양자로 삼아 볼런티어 스태프 200명과 함께 섬기고 있다. 전에 병원으로 쓰던 센터 건물 내의 갱생 시설과 제자 훈련 프로그램 시설에 400명을 수용하는가 하면, 매주 25,000명에게 먹을 것을 제공한다. 그 밖에도 드림 센터는 건강 관리 클리닉, 이동 진료소, 그리고 필요를 찾고 그것을 충족시키는 데 효과적인 다른 많은 사역을 함께 운영한다. 버스 40대가 로스앤젤레스 도심에 있는 이 교회로 사람들을 실어 나른다. 직접 관찰하고 시작한 사역의 열매는 매주 많은 사람이 신앙을 받아들이고 변화된 삶을 사는 것이다. 전국적으로 수십 교회가 주위 사람들의 삶에 영향을 주기 위한 수단으로 '한 블록 입양하기' 전략을 채택하고 있다.

　일간지들은 거의 하루도 빼놓지 않고 사회복지 예산 삭감이나 교회에 새로운 기회를 제공하는 다른 사건들을 기사로 다룬다. 우리는 조간 신문을 읽으면서 2년 연속 빈곤 지수가 높아지고 전년 대비 170만 명이 빈곤선 아래로 떨어졌다는 기사를 발견할 때, 지난해보다 교회가 일할 기회가 170만 개 더 늘었다고 인식해야 한다. 모든 경제지수의 하락은 교회에 새로운 섬김의 기회를 제공하는 것이다.

자세히 들여다보기

9·11 사태

2001년 11월, 아내와 나(릭)는 뉴욕에서 뉴욕의 교회 개척 기구인 오처드 그룹이 주재하는 난민 구제를 위한 모금 운동에 참여했다. 이 그룹은 구제 사업을 지원하기 위해 100만 달러 이상을 모금했다.

라이프브리지 크리스천 교회는 이 기금에 대한 기부 규모가 두 번째로 컸고, 기부금 전달을 도와 달라고 초청받았다. 맨 처음 전달한 돈은 사랑하는 사람을 잃은 사람들 몫이었다. 아내와 나는 세계무역센터 내부 또는 주변에 있는 소기업을 대상으로 하는 두 번째 전달에 참여하는 특권을 가졌다. 비극이 있은 지 여러 주일이 지났는데도 많은 사람이 테러 현장의 중심에서 생존을 위해 몸부림친다는 사실이 믿어지지 않았다.

우리가 나누어 주는 금액(일반적으로 기업당 2,500달러, 종업원당 500달러)은 필요한 금액에 비하면 물통 속의 몇 방울 물에 지나지 않는 액수였지만, 그 돈은 절대적으로 필요한 시점에 직접적인 도움을 주었다. 뉴욕의 한 신문 기자는 "이곳에 브로슈어를 뿌리는 사람은 많지만 현금을 나누어 주는 사람은 없었다"고 말했다.

이 기자는 오처드 그룹을 향해 왜 구조 대상으로 소기업을 선택했느냐고 물었다. 그러자 오처드 그룹의 한 관계자는 이렇게 대답했다. "수많은 사람이 이 소기업들에 의존하여 생계를 유지해 왔습니다. 대부분 6주 내지 9주씩 폐업하면서 보험 혜택도 못 받았어요. 이들은 대부분

세계무역센터에 드나드는 사람들을 소득원으로 삼는 기업들입니다." 정부의 보조를 받는 절차가 있기는 해도 오래 기다려야 하고, 받는다 하더라도 많은 경우 1,000달러가 넘지 않는다.

그것은 감동적인 경험이었다. 황폐하게 변해 버린 세계무역센터를 보는 것 이상으로 우리는 테러 공격을 목격하고, 빌딩이 넘어지는 것을 목격하고, 친구와 직장 동료들을 잃어버린 사람들의 꾸밈없는 감정을 보았다. 많은 사람이 마음에 떠오르는 그때 상황을 지우지 못하고 있었다. 아내와 나는 이 가게 저 가게 돌아다니며 가게 주인이나 관리인들에게 물어 보았다. 대부분 겨우 문을 다시 열었지만 장사는 그리 시원치 않았다. 우리는 그들을 돕기 위해 전국의 그리스도인들이 모금에 참여했다고 말해 주었다. 어떤 이는 자기는 그리스도인이 아닌데도 받을 자격이 있느냐고 물었다. 우리는 "그리스도인이라야 하는 것은 아니"라고 대답했다. 더러 조건이 무엇이냐고 묻는 이도 있었다. "아무 조건 없어요"라고 말해 주었더니 울먹이기까지 했다. 어떤 사람은 놀라움을 금치 못했다. 심지어 우리를 천사라고 부르는 사람도 있었다. 우리는 공통된 반응 한 가지를 볼 수 있었다. 그들이 무엇을 보았으며, 그것이 그들의 삶에 어떤 변화를 주었는지 이야기하고 싶어한다는 점이었다.

우리는 축복하기 위해 뉴욕에 갔다가 도리어 축복을 받고 온 느낌이었다. 지금도 크리스마스 때만 되면 2001년에 뉴욕에서 만난 한 소기업 소유주에게서 카드가 날아온다. 그리스도인들의 관용으로 전한 작은 사랑의 메시지가 누군가의 마음에 그리스도를 심어 주었다고 믿는다.

어떤 교회는 "작은 여행"이라는 프로그램을 통해 팀별로 도시의 필요와 섬김의 기회를 직접 조사하게 한다. 멤피스 인근의 소망장로교회 목사 엘리 모리스는 하나님께서 관심을 두라고 부르시는, 혜택이 불충분한 사람들(과부, 고아, 나그네, 가난한 사람, 노인, 어린이, 감옥에 갇힌 사람, 병자, 장애인 등)을 위해 "도시로 뛰어들기" 세미나를 개최한다.

레이몬드 바케 박사는 이런 사람들의 필요를 여섯 가지 범주로 분류했다.

- 신체적 필요
- 영적/도덕적 필요
- 사회적/관계적 필요
- 정서적 필요
- 교육적 필요
- 훈련/멘토링의 필요

그는 필요를 가진 사람들, 그리고 그들의 필요 유형에 따라 섬김의 기회를 도표로 표시하는 방법을 제시했다. 실례로 다음 페이지의 미완성 도표를 참고하라.[1]

지역사회를 섬길 기회를 찾는 한 가지 방법은 각각의 교회 소그룹에 이 도표를 나누어 준 다음 도시를 차로 돌아보고, 신문을 읽고, 이웃 사람들과 대화를 해보는 등의 활동을 통해 필요를 찾아내게 하는 것이다. 도표를 완성하면 각 소그룹은 이미 40여 가지의 사역 기회를 찾은 셈이다. 이제 "우리가 무엇을 할 수 있는가?"라는 질문에 답변할 시점이다.

---

1. 2002년 6월 10일, 시애틀에서 강연한 "Spiritual Resources for Transformational Leadership"이라는 주제의 내용을 허가받아 게재함.

	가난한 사람	어린이	노인	과부/독신 부모	고아	갖힌 사람	병자/신체 부자유자	나그네 이민자
신체적	건강 관리	독감 예방 주사, 가방	식사 배달	잔디 깎기, 집 수리	교복	자녀를 위한 생일 카드	휠체어	음식, 의복, 주거지
영적	교회에서 환영 받는다는 느낌	기본적 영성 교육	육아원 에서 섬기기	독신 부모와 과부를 위한 소그룹	교회, 청소년 모임에 참석하도록 교통편 제공	희망, 회복, 용서	기도	믿는 사람과 연결
사회적	지역 내 다른 사람과 연결	안전하고 건강한 환경 마련	동반자 관계, 말 상대	동반자 관계, 말 상대	형/누나 관계	방문, 자녀 돌보기	치료	지역생활에 적응
정서적								
교육적								
직업적								

무엇을 해야 하는가

"우리가 무엇을 할 수 있는가?"에서 "우리가 무엇을 해야 하는가?"로 초점을 좁혀 나가는 과정에서 교회의 능력과 역량을 평가하게 된다. 모든 일을 다 할 수도, 또 다 하려고 해서도 안 된다. 전 교인의 열정을 다 담아 낼 수 있을 만큼의 섬김도 필요하지만 계획을 성취할 수 있으려면 집중이 필요하다. 섬김의 기회에 대한 규모와 형태가 지역에 따라 달라야 한다는 점에 유의해야 한다. 교인들이 어디에 열정을 가지고 있는지 물어 보라. 현재의 사역 전반에 흐르는 공통 관심사는 무엇인가? 그것은 청소년, 가난한 자, 또는 독신 엄마일 수 있다. 교회가 잘할 수 있는 일에 집중하라. 그리고 초점을 어디에 두든 섬김을 받는 사람과 마찬가지로 섬기는 사람의 삶의 변화라는 두 가지 유익을 목표로 삼으라.

> 모든 일을 다 할 수도 없고 다 하려고 해서도 안 된다.

무엇을 할 것인가

무엇을 해야 하는가에 대한 답을 얻었다면 교회의 사역(교회가 하는 일), 교회의 비전(성취하고자 하는 일), 교회가 섬기고 보살피는 사람들에 대한 간단한 선언서를 작성하라. 사명 선언서는 훌륭한 의도를 보관하는 보관함이 아니다. 당신이 책임질 일을 세상에 공포하는 것이다. 완벽한 내용을 담으려다 시작을 늦추는 일은 없도록 하라. 실천을 거듭하다 보면 사명과 비전이 더 명확해진다.

> 사명 선언서는 훌륭한 의도를 보관하는 보관함이 아니다.

'당신이 해야 할 일'은 성경 말씀이 뒷받침되는 필수적인 부분이며, 세상에 초점을 맞추는 사명 선언서의 내용을 결정한다. 예를 들면, 몇 년 전 매리너스 교회 교인들은 등대선교회 프로젝트를 시작하기에 앞서, 지역사회의 필요에 대한 하나님의 뜻과 관련이 있는 성경구절을 연구하느라 꼬박 1년을 소모했다. 1년에 걸친 이 작업을 통해 그들이 수

행하는 모든 일을 인도해 갈 가치를 발견했다. 그들이 중심으로 삼은 성경구절은 예레미야 22장 16절 "그는 가난한 자와 궁핍한 자를 변호하고 형통하였나니 이것이 나를 앎이 아니냐"이다. 이 말씀이 "우리 지역의 가난한 사람과 궁핍한 이들을 섬김으로써 변화를 일으키시는 하나님의 능력을 경험한다"는 등대선교회의 사명과 함께, 다음과 같은 감동적인 비전을 탄생시켰다.

우리는 동정심, 관용, 인간애를 권력이나 부나 명성보다 더 소중히 여기는 지역사회를 지향한다. 우리는 아무것도 갖지 못한 이가 많이 가진 이와 함께 예배하고 섬기며, 각자가 자신의 가치와 의미는 오직 그리스도 안에서만 발견될 수 있다고 생각하는 날을 꿈꾼다.[2]

아마 당신은 성취를 위해 필요한 역량보다 섬김의 요구가 더 많다는 사실을 발견할 것이다. 당신이 선택의 폭을 좁힐 수 있는 몇 가지 아이디어가 있다. 첫째, 지도상에 킬로미터나 운전 시간을 기준으로 하여 교회를 중심으로 원 하나를 그린다. 둘째, 모든 섬김의 기회에 적용할 수 있는 '참여 기준'을 설정한다. 이 두 사항은 교회에서 가장 중요한 일에 속한다. 이 과정에서 다음과 같은 질문(그 외 당신의 특별한 상황에 맞는 특정 질문들)을 던지라.

1. 이 기회가 우리가 섬기려는 사람들, 또는 현재 섬김에 참여하고 있는 다른 사람들과의 관계 속으로 들어가게 할 것인가?
2. 이 사역 또는 기관이 신앙에 기초를 두는 조직인 우리와 기꺼이 함께 일하려 하는가?

3. 이 사역 또는 기관이 전체적인 시각을 바탕으로(신체적 필요를 충족시키는 것뿐 아니라 영적·사회적 필요까지 포함하여) 하는 섬김을 허용할 것인가?

4. 우리 안에 이 사역을 추진할 준비가 되어 있고, 기꺼이 하려고 하고, 또 할 수 있는 사람들이 있는가?

5. 이 섬김의 기회가 변화된 삶으로 이끌 것인가?

결국 모든 사명과 비전은 실제 시간에, 실제 사람에 의해 이루어지는, 실제적인 일로 집약되어야 한다. 누가 언제쯤 무엇을 할 것인가? 작업 계획을 세우고, 책임 문제를 의논해야 한다. 당신이 하는 일을 어떻게 측정할 것인가? 다음 도표가 작업 계획을 세우는 데 도움이 될 것이다.

사역 목표	기대 결과	측정자	행동 절차	팀 리더	완성자

얼마나 잘 보는가

어떤 시각으로 지역사회를 바라보는가? 우리는 잘못된 일만,

---
2. 매리너스 교회 등대선교회 청사진, 9.

물이 얼마나 흐려졌는지만 볼 가능성이 있다. 일이 추진되는 방향이나 일을 끌고 가는 사람이 마음에 안 들 수도 있다. 누가복음 7장에 정죄하는 장면이 나온다. 예수께서 바리새인 시몬의 집에서 식사하실 때 평판이 썩 좋지 않은 한 여인이 예수님의 발을 씻기 시작한다. 그 때 시몬은 생각한다. "이 사람이 만일 선지자라면 자기를 만지는 이 여자가 누구며 어떠한 자 곧 죄인인 줄을 알았으리라." 44절에서 예수님은 시몬에게 이렇게 말씀하신다. "이 여자를 보느냐?" 이것은 시력 테스트가 아니다. 시몬은 안경이 필요 없는 사람이었다. 예수님이 질문하신 의도는 이런 것이었다. "네가 이 여자를 보느냐? 아니면 이 여자의 죄, 인생을 얼마나 잘못 살았는지만 보느냐? 이 여자가 얼마나 물을 흐려 놓았는지만 보이느냐? 시몬아, 이 여자를 정말 보느냐? 너는 내가 이 여자를 보는 것처럼 보느냐? 너는 아버지께서 이 여자를 보시는 것처럼 보느냐? 이 여자가 은혜에 대해 말해 줄 믿을 만한 사람을 만날 때 어떤" 변화가 일어날지 보이느냐? 너와 다른 세상 사람이 아니라는 사실이 보이느냐? 너는 이 여자를 어떻게 보느냐?"

만일 우리의 책임이 하나님 나라에서 열매를 맺는 일이라면, 그리고 지상 명령과 가장 큰 계명을 성취하는 것이라면 우리는 우리 지역사회를 다르게 보지 않으면 안 될 것이다. 우리는 사람들의 마음에 뚫려 있는 구멍을 치료할 수 있는 메시지를 들려줄 권리를 얻어 내야 한다. 섬김은 이러한 관계로 통하는 다리가 된다. 이런 관계를 통해 우리는 은혜의 복음을 전할 기회를 얻는다. 우리 성도들이 그리스도의 시각을 가지고 주변 사람들을 볼 때 어떤 일이 벌어질지 상상할 수 있는가?

생각하기

지역사회의 필요를 혼자 짐작하기보다 지역사회가 스스로 직접 말하게 하라.

"듣는 귀와 보는 눈은 다 여호와께서 지으신 것이니라"(잠 20:12).

토론하기

1. 이 장에서 제시한 평가 방법을 검토하고, 당신의 교회에 가장 적합하다고 생각하는 것을 하나 선정하라.

2. 소그룹들이 교회가 실천할 수 있는 섬김의 기회를 신문, 뉴스, 잡지 등을 통해 수집하게 하라.

3. 소그룹들이 혜택이 불충분한 사람들의 필요를 찾아 앞에 나오는 도표(230쪽)에 기록하게 하라.

4. 도시 공무원들에게 지역사회를 위한 그들의 필요와 꿈을 물어 보라.

5. 신문을 읽으라. 지역사회의 좋지 않은 뉴스는 당신 교회가 그리스도의 사랑을 보여 줄 새로운 기회를 제공해 줄 것이다.

6. 그룹을 지어 차를 몰고 돌아다니며 지역사회의 필요와 꿈을 알아 보라.

7. 지역사회에서 행하시는 하나님의 은혜로운 역사를 찾아보고 함께 참여하라.

8. 1-2가지 섬김의 기회를 선택하여 즉시 시작하라!

9. 성공의 열매를 쌓아 가라.

설교 및 강의를 위한 아이디어

본문_ 느헤미야 1-13장

주제_ 느헤미야는 형제의 보고를 통해 예루살렘 성이 처해 있는 상황을 듣고 나서 삶의 진로를 바꾸었다. 사람들이 "큰 환난을 당하고 능욕을 받으며 예루살렘 성은 허물어지고 성문들은 불탔다 하는지라"(느 1:1-3). 예루살렘(느 1-7장)과 이스라엘 자손들(느 8-13장)을 변화시켜야겠다는 느헤미야의 마음의 부담은 정확한 정보에서 나왔다. 그는 정확하고 마음을 움직이는 정보를 바탕으로 삶의 진로를 바꾸었다.

설명_ 지역신문에서 4-5가지 현안을 끌어 낸 다음, 교회가 당장 나서서 도울 수 있는 일들을 선정하라.

적용_ "생각하기"에서 제안한 것 중 1가지를 선택하여 실천하라.

10. 유용하게 돕는 조직

"아무리 잘 짠 전략이라 하더라도 가끔씩 그 결과를 점검해 봐야 한다."

윈스턴 처칠

눈을 떠라

2003년 겨울, 케임브리지 대학이 독서 직관력에 대해 '연구'한다는 이야기가 인터넷에 떠돌기 시작했다. 다음 글을 읽으며 연구 결과 밝혀진 내용을 확인해 보라.

케임브리지 대학이 실시한 연구에 따르면, 한 단어를 구하성는 글자가 어떤 순서로 배되열든 상관 없고, 단어의 첫 글자와 마지막 글자만 바로 되어 있으면 다른 것은 별 문제가 안 된다. 나머지 글들은 완전히 뒤바뀌어도 읽는 데 별 지장을 받지 않다는 것이다. 이것은 사람이 글을 읽을 때 글자 하나하나를 읽는 게 아니라 단어 전체를 한 덩리어로 인식하기 때문이다.

놀랍지 않은가?

실제로 이 '연구'가 이루어졌든 안 이루어졌든 위 글을 별 지장 없이 빨리 읽을 수 있었다면 무슨 말인지 이해할 것이다. 즉 우리는 단어를 구성하는 글자 하나하나보다는 글자들이 이루는 패턴에 집중한다는 말이다. 사역을 하면서 우리는 일을 시작하기 전에 모든 것이 완벽하게 갖추어져 있어야 한다고 생각할 때가 더러 있다. 첫발을 내딛기 전에 전체적인 그림과 완전한 이해가 필요하다고 생각하는 것이다. 그러나 실제로 필요한 것은 어떻게 시작할지에 대한 충분한 이해뿐이다. 여행하면서 길을 닦아 간다는 것은 세상에 초점을 맞추는 삶의 일부를 이룬다. 여행을 시작하기 전에 필요한 것은 가야 할 길 전부가 아니라 한 걸음 더 떼어 놓는 데 필요한 길이다.

> 여행하면서 길을 닦아 간다는 것은 세상에 초점을 맞추는 삶의 일부를 이룬다.

지역사회의 필요에 대한 평가를 끝내고 나서, 일을 가능하게 할 실제적인 조직 체계를 우리의 비전에 맞출 수 있을 것인가? 10장에서는 비전에 집중하는 것과 관련해서 우리에게 도전을 주는 문제들 즉 스태프 구성, 자금 마련, 파트너십 계약, 그리고 결과 평가 같은 주요 과제들을 다룬다.

스태프 구성

교회 밖으로 나온 교회를 위한 스태프 구성에는 두 가지 중요한 접근 방법이 있으며, 이들은 각각 내재적인 강점과 약점이 있다.

접근 방법 1

첫 번째 모델은 '지역 사역' 또는 '지역 참여' 활동을 위해 특별히 스태프를 배치하지 않는 것이다. 교회 밖으로 나온 교회로서 이 모델을 따르는 교회는 모든 스태프와 모든 사역 분야가 세상에 초점을 맞춘다는 의식을 가지고 그들의 사역에 임하기를 기대한다. 모든 스태프 구성원의 계획이 어떻게 지역을 사랑하고 섬길 것인지에 대한 방안을 포함한다. 각 스태프 구성원은 자신이 관여하는 프로젝트를 추진하기 위해 볼런티어를 모집한다. 이 방법의 장점은 모든 교인이 교회 담장을 넘어 세상으로 나가게 한다는 데 있다. 세상으로 나가는 삶을 정체성으로 삼는 교회에 유용한 스태프 구성 방법이다.

접근 방법 2

세상에 초점을 맞추는 삶을 돕는 또 하나의 방법은 지역 참여 또는 볼런티어 배치에 책임 스태프를 두는 것이다. 이 위치에 전담 스태프를

239

두는 문제는 대체로 교회의 재정 능력에 달려 있다. 세상에 초점을 맞추는 사역이 진전되고 볼런티어들이 배치되면서 전담 사역자를 필요로 하는 자리가 더 많이 필요하고 만들어질 것이다.

이런 위치에 필요한 사람이 갖추어야 할 자격 요건은 무엇일까? 첫째, 마음이 넓고 지역 변화에 열정이 있어야 한다. 이 열정은 물려줄 수도 돈으로 살 수도 없는 것이다. 둘째, 유능한 볼런티어를 동원하고 효과적으로 채용해 본 경험이 있는 사람이 필요하다.

유급 볼런티어

교회 직원을 채용하는 매우 혁신적인 아이디어 가운데 보수를 주고 볼런티어를 채용하는 것이 있다. 이른바 '유급 볼런티어'라는 말이 얼핏 모순된 말처럼 들릴 수도 있지만 이것은 많은 의미를 내포한다. 예를 들어 '역량 있는' 리더를 뽑아 1년 동안 매주 10시간 동안 일하게 하고 그 대가로 1만 달러를 지급한다고 하자. 이 사람이 하는 일이 볼런티어 10명을 모집하여 훈련하고 배치한 다음 각자에게 10-12명의 소그룹을 이끌게 하는 것이라면, 결과적으로 1년에 1만 달러를 써서 회중 110-130명마다 '목자' 한 명을 둔다는 계산이 나온다.

이 모델을 채택한 교회들은 역량 있는 리더를 채용함으로써 1주 동안 가장 효과적이고, 가장 열정적인 10시간을 사들이는 결과를 얻었다고 말한다. 보통 이런 역량 있는 인사들은 돈을 벌기 위해 일하는 사람들이 아니지만 보수를 받기 때문에 신뢰도가 높아지고, 일에 대한 성취도도 더 커진다. 나아가 1년에 5만 달러를 지급하고 5명을 고용할 경우 고용에서 오는 위험이 줄어드는 효과를 노릴 수 있다. 사람만 잘 선정하면 실패할 위험은 별로 없다.

하프타이머들에게 주의를 기울이라

리더십 네트워크 창설자 밥 버포드(Bob Buford)는 『하프타임』(Harf-time, 낮은울타리)이라는 베스트셀러를 썼다. 이 책에서 말하는 하프타이머들은 자신이 세웠던 많은 목표를 성취한 성공적인 사람들로, 지금은 무엇을 하며 여생을 보낼까 고민하는 이들이다. 무언가 의미 있는 일을 하고 싶지만 어떻게 참여해야 할지 자신이 없거나, 막상 하려고 해도 어쩐지 어색하게 느껴진다. 그들은 그리스도의 지체들 가운데서 가장 개발되지 못하고 활용되지 않고 있다. 아직 추수에 참여하라는 요청을 받지 못했거나 요청을 받는다 해도 자기 능력에 미치지 못하는 책임이 주어지기 때문에, 보통 보트나 골프장에서 시간을 보내며 하는 일 없이 겉돌고 있다.

당신이 무엇을 하든

모세가 태어난 지 수개월 뒤, 모세의 어머니는 아기를 상자에 담아 나일 강변 갈대 사이에 두었다. 얼마 안 가 바로의 딸이 아기를 발견하여 상자를 물에서 건졌다. 그리고 히브리 여인 중에서 아기에게 젖 먹일 사람을 찾았다. 모세의 어머니가 바로의 딸에게 부름 받아 왔을 때, 바로의 딸은 "이 아기를 데려다가 나를 위하여 젖을 먹이라 내가 그 삯을 주리라"(출 2:9)고 했다. 하나님의 은혜가 아닌가? 모세의 어머니는 마땅히 할 일을 하면서 삯을 받게 되었다.

스태프를 채용할 때는 일과 열정이 하나가 되어 있는지 확인하고, 마땅히 할 일을 하면서 삯을 받는다는 사실을 알게 하라. 단지 직업으로 인식하기에는 너무나도 크고 중요한 일이기 때문이다.

전 교회 동원하기

볼런티어란 어떤 형태의 사역에 참여하는 사람을 가리킨다. 보통 '보수를 받지 않는' 교회 스태프이다. 자원 봉사는 앞으로 그리스도인이 될 가능성이 있는 사람들과 몸을 부딪치고 얼굴을 마주하는 친밀한 관계를 형성할 수 있는 방편이 된다. 당신이 볼런티어들을 통솔하는 위치에 있다면 그것이 얼마나 도전을 주는 일인지 잘 알 것이다. 달라스 카우보이 팀 코치 톰 랜드리가 한 말을 알기 쉽게 다른 말로 표현하면 당신이 할 일은 "특정한 사람들에게 그들이 하기 싫은 일을 하게 하는 것이며, 그 결과 그들의 일생에서 가장 원하던 것을 성취하게 하는 일이다." 일할 마음이 내키지 않고 두려움에 차서 망설이던 사람들을 채용한 다음 그들이 다른 사람들을 위해 헌신하는 삶을 배우며 활기차게 살아가는 것을 보는 것이 당신이 할 일이다.

로스앤젤레스 모자이크 교회의 어윈 맥마너스 목사는 독특한 접근법으로 성도들을 사역자로 만들어 간다. 모자이크 공동체의 일원이 되는 것은 어렵지 않다. "이 신앙 공동체의 일원이 되고 싶다"고 선서만 하면 된다. 그러나 어윈은 공동체의 모든 구성원에게 모자이크의 자비량 스태프가 되도록 도전한다. 모자이크의 스태프가 되려면 다음과 같은 네 가지 결단이 필요하다.

1. 거룩하게 산다(아무도 완전할 수 없지만 실수할 경우 정결함을 얻을 수 있다는 것을 알고).

2. 교회 밖 사역에 적극 참여한다.
3. 아낌없이 베푸는 자가 된다(이것은 십일조로 구체화된다).
4. 증인의 삶을 산다.

모자이크 교회의 교인 1,300명 중 400명 이상이 교회 스태프의 일원으로 임명받고 헌신하기로 약속했다.[1] 당신의 교회도 이같이 할 수 있는가?

문턱 낮추기

교인 전체를 사역에 동원하고자 하는 교회는 볼런티어에 대한 최소한의 자격 요건을 정해 놓아야 한다. 이상적인 자격 요건이 아니라 최소한의 자격 요건을! 사역에 대해 최소한의 제한만 두는 접근법을 알고자 한다면 사도행전 15장을 참고하기 바란다. 예루살렘 회의가 있기 전까지는 이방인 중에서 하나님께로 돌아오는 자들이 예수님을 믿는 일 외에 할례를 받고(남성의 경우) 의식과 음식에 관한 율법을 지킬 경우 유대인이 될 수 있는지에 대해 확실한 규정이 없었다. 예루살렘 회의는 예수님을 닮는 삶을 위해 지켜야 할 모든 사항을 일일이 규정하지 않았다. 그것은 그다지 중요한 것이 아니었다. 그들에게 중요한 일은 복음 전파의 사명을 완수하는 것이었다. 그들은 예수님을 믿는 일 외에 유대인의 의례를 지키게 하는 것은 유대인이 아닌 모든 민족에게 장애가 된다고 생각했다. 그러므로 예수님께 나아오는 것을 가로막는 모든 장애물을 제거하고자 했다. 야고보 사도는 많은 토의 끝에 "내 의견에는 이방인 중에서 하나님께로 돌아오는 자들을 괴롭게 하지 말고"(행 15:19)라고 말한다.

---

1. 2002년 맥마너스 목사가 에릭 스완슨과 나눈 대화 내용으로, 2003년에 이메일로 확인함.

자세히 들여다보기

새들백 교회

캘리포니아 주 레이크 포리스트에 있는 새들백 교회는 '목적이 이끄는 삶'을 중심으로 소그룹을 편성하기 시작하면서 '양질의' 소그룹 리더가 절실히 필요함을 느꼈다. 새들백 교회의 리더들은 무경험자의 가르침에 대한 성경의 경고를 잘 알기 때문에, 토론을 이끌고 성경을 깊이 연구하고 말씀을 삶에 적용하게 하는 소그룹 리더들이 잘 무장되어야 한다고 가르친다. 새들백 교회에는 이런 리더십을 갖춘 사람들이 300명에 이르지만 성도 15,000명을 포함하여 정기적으로 교회에 출석하는 사람들을 감당하기에는 여전히 많이 부족하다. 그러나 이 교회에는 자기 집을 개방하고 음료수를 제공하고 비디오나 DVD를 보여 줌으로써 교회 리더들이 교육할 수 있는 장을 제공하는 성도들이 3,000명에 이른다. 문턱을 낮춤으로써 수천 명의 교인이 다른 사람들을 섬기도록 하는 데 성공한 것이다.

> 교회가 일단 사역의 범위를 넓혀 놓으면 의미 있게 섬길 기회는 얼마든지 있다.

자원 봉사를 하기 위해 교회가 갖춰야 할 자격 요건은 무엇일까? 숨 쉬는 사람이라면 누구나 지역 주민들과 얼굴을 마주하고 서로 협력하기 위해 필요한 최소한의 자격 요건을 갖추고 있는가?

교회가 모든 사람을 동원할 수 있으려면 모든 교인의 재능, 경험, 은사, 열정, 관계 등을 충분히 포괄할 수 있도록 사역의 의미가 폭넓게 정의되어야 한다. 우리는 사역을 하나님께서 맡겨 주신 자원을 가지고 다른 사람의 필요를 충족시키는 것으로 정의한다. 성경공부를 인도할 수 없는 사람이라도 하나님께서 맡겨 주신 다른 은사를 가지고 다른 사람들을 섬길 수 있다. 그 사역은 독신 엄마들을 위해 차에 기름을 넣거나 기본적인 차 수리를 해 주는 것일 수 있다. 장애 어린이에게 말 타기를 가르치는 것일 수도 있다. 교회가 일단 사역의 범위를 넓혀 놓으면 의미 있게 섬길 기회는 얼마든지 있다.

모든 성도가 섬김의 기회에 접근하게 하는 일과 관련하여 신시내티에 있는 빈야드 커뮤니티 교회의 담임 목사 데이브 워크맨은 "모든 교인이 지역과 유대를 가질 수 있게 하고자 섬김에 대한 기준을 낮춘다"고 했다.2 빈야드 교인들의 경우 모든 사람이 섬기는 자가 될 수 있다고 생각하기 때문에, 성도들이 참여의 발을 들여놓기 쉽고 '화려하지 않지만 은혜가 풍성한' 행사가 많이 준비되어 있다. 청량음료나 연기 탐지기용 배터리를 나누어 주는

> 사역의 맛을 제공하기 위해서는 가벼운 마음으로 들러 발을 적실 수 있는 기회들을 많이, 자주 만들어야 한다.

일, 지역 주유소 화장실 청소 등이 그것이다. 사역하는 맛을 제공하기 위해서는 가벼운 마음으로 들러 발을 적실 수 있는 기회를 많이, 자주 만들어야 한다.

우리는 또 교인들이 자발적으로 사역 기회를 찾을 수 있도록 격려하고 힘을 불어넣어 주어야 한다. 주디 피트는 보울더 지역의 성공적인 부동산업자로서 예리하면서도 너그러운 마음을 가진 사람이다. 몇 년 전, 그녀는 도심의 복잡한 교차로에서 신문을 파는 노숙자와 친분을 쌓

---

2. 2003년 5월 6일, 에릭 스완슨과 나눈 이야기에서.

기 시작했다. 그녀의 사역은 '모퉁이에서'라는 이름으로 알려지게 되었다. 보호받지 못하고 길가에서 지내는 이들에게 먹을 것과 마실 것을 배달해 주었고, 주일 아침이면 청소년부 아이들이 대신 신문을 팔아 주게 하여 주일예배와 주일학교에 참여할 수 있도록 했다. 현재 그 노숙자들 중 몇 사람은 주디를 통해 일하시는 하나님의 창의적인 일들 덕분에 자활의 길을 준비하고 있다.

볼런티어들에게 동기부여하기

> 보수란 어떤 형태든 사람에게 동기를 부여하는 것을 의미한다.

볼런티어를 선발하고 동원하는 데 능한 교회들은 그들을 봉사 현장으로 다시 돌아오게 하고, 즐거움으로 일하게 하는 요령을 안다. 데이브 워크맨은 "우리는 봉사자들에게 '대가'를 지불할 방법을 찾아야 한다"고 말했다. 여기서 말하는 대가란 돈이 아니라 볼런티어들이 의미 있게 생각하는 다른 방법들을 가리킨다. 특정한 사람이 생각하는 보수가 다른 사람에게는 의미 없는 것일 수 있다. 보수란 어떤 형태든 사람에게 동기를 부여하는 것을 가리킨다. 어떤 사람들은 도전과 책임이 주어질 때 동기를 부여받고, 어떤 사람들은 제휴 관계 즉 함께 일하는 사람이나 섬김의 대상에 의해 자극을 받는다. 영향력(변화를 줄 기회), 자기 계발(개인의 성장), 즐거움(이것이야말로 신나는 일이다) 등에 의해 동기를 부여받는 사람들도 있다.

잠재적 볼런티어들에게 필요한 것은 명확한 섬김의 내용이다. 자신이 감당해야 할 몫(얼마나 많이, 얼마나 오랫동안), 함께 일할 사람, 참여를 통해 기대되는 결과 등을 아는 것이다. 사람들의 마음을 얻으려면 그들이 헌신의 대가로 인식하는 것이 무엇인지를 알아야 한다. 교회가 성장하고 조직화될수록 직무를 분석하는 일이 꼭 필요하다. 볼런티어들이 현장에서 일하며 터득하는 정확한 일의 내용을 기술하게 함으로써 유용한 직무 설명서를 만들라.

볼런티어 선발하기

교회에는 거의 모든 일에 의욕을 보이는 일부 볼런티어들이 있게 마련이다. 반면 어떤 일이든, 그것이 줄 수 있는 유익이 무엇이든 결코 참여하려 하지 않는 소수의 사람들이 있다. 당신이 선발 대상으로 삼아야 하는 사람은 이 두 부류의 중간에 속하는 이들이다.

사람은 저마다 서로 다른 요인에 의해 동기를 부여받으므로 효과적인 선발을 위해서는 동원할 수 있는 모든 수단을 총동원해야 한다. 뉴욕에 있는 구속장로교회의 팀 켈러는 성도들을 사역자로 변화시키는 절차는 "전 교인 사역의 신학을 분명하게 정규적으로 가르치는 데서 시작된다. 강단에서, 교육을 통해서, 말을 통해서 모든 평신도가 사역자이며 사역이란 그리스도의 왕 되심을 선포한다는 목적을 가지고 필요를 찾아 충족시키는 것임을 전달하는 것이다"라고 말했다.[3]

교회 밖으로 나온 교회 지도자들이 함께 머리를 짜낸 결과, 볼런티어 선발을 위해 필요한 실제적인 요령을 다음과 같이 제시했다.

---

3. Timothy J. Keller, *Ministries of Mercy: The Call of the Jericho Road*, P&R Publishing, 1997, 156. (『가서 너도 이와 같이 하라』, UCN)

- 볼런티어들을 인정해 주고 감사를 표할 수 있는 특별한 행사, 즉 세상에 초점을 맞추는 사역을 통해 하나님께서 하고 계신 일들을 보여 줄 수 있는 행사를 마련한다.
- '하나님의 이야기'를 한다. 즉 하나님께서 평범한 사람들을 어떻게 사용하여 다른 사람들의 삶에 변화를 주시는지에 대한 이야기를 들려준다.
- 성도들의 간증을 유도한다.
- 사역의 혜택을 받은 사람들에게 간증을 듣는다.
- 리더를 선발하고, 그 리더가 팀을 구성하게 한다.
- 일정 기간 동안 특정한 사역을 해내도록 특정인에게 도전을 준다.
- 2년이 지나면 모든 볼런티어 리더를 다른 곳으로 이동한다. 항상 한 사람의 리더를 훈련한다.
- 다양한 필요와 함께 자원 봉사 기회를 발굴한다.

자세히 들여다보기

등대선교회

1980년대에 매리너스 교회 교인들은 두 가지 질문을 던졌다. "우리가 할 수 있는 일은 무엇인가?" "우리가 해야 하는 일은 무엇인가?" 이것이 매리너스 교회 등대선교회의 시작이었다. 2002년 등대선교회는 오렌지 카운티의 가난한 사람들을 돕기 위해 거의 4,000명에 이르는 볼런티어들의 마음과 기업적 재능을 동원했다.

이 볼런티어들은 입양아 개인 지도, 모델 가족 멘토링, 캠프장에 아이들 안내하기, 노인 방문, 학습 센터에서 영어·가르치기, 차량 사역

(2002년에 차 8대를 제공하고 등대선교회 사역비 15만 달러를 투입했다), 매리너스 중고품 할인점 운영, 크리스마스 선물 전달, 리더십 캠프에서 십대들의 팀 구성 돕기, 이민자 서류 작성 돕기, 임시 거주지 사역, 오렌지 카운티 사회복지 사업 참여 등으로 110만 시간(전임 스태프 50명 이상이 일할 수 있는 시간)을 사역했다.

이 사역에 참여한 사람들은 자원 봉사를 지역 주민들과 관계를 맺기 위한 수단이라고 간단히 정의한다. 이들은 해마다 '등대 주말 행사'를 갖는데, 이 때 지역과 교인의 변화된 삶에 대한 이야기를 나눈다. 이들은 사역을 전문가들에게 미루는 어떤 것이 아니라 규범에 따르는 신앙의 표현으로 인식하고, 교인 수천 명을 지역으로 내보내는 방법들을 생각해 냈다.

매리너스의 모든 교인은 정기적으로 섬김을 권유받고 있으며, 교회는 누구나 할 수 있는 다양하고 '안전한 첫 단계' 기회를 자주 제공한다. 안전한 첫 단계는 선별이나 교육을 필요로 하지 않는다. 볼런티어들은 캠프에서 햄버거를 굽고 운동회에서 돕거나 노인들과 춤을 춘다. 안전한 첫 단계는 지속적으로 봉사하도록 약속하기를 요구하지 않는다. 자원 봉사 활동을 계속하고 싶은 사람들은 개인 학습 지도, 멘토링, 자활 기술 코치, 임신한 십대 돕기 같은 활동에 지속적으로 참여할 수 있다.

볼런티어 잡아 두기

신선미가 사라진 뒤에도 세상을 향한 초점을 유지하려면 어떻게 해야 할까? 한 가지 중요한 방법은 사역의 결과를 지속적으로 알리는 것이다. 라이프브리지 크리스천 교회는 섬김의 시간을 시작하고 나서 처음 몇 년 동안은 각 프로젝트의 코디네이터에게 일회용 카메라를 나누어 주었다. 그들이 찍은 사진과 비디오를 한 달 뒤 교회 예배 시간에 보여 주었다. 여기에는 두 가지 효과가 있었다. 첫째, 섬김에 참여한 사람을 격려하고 사역 내용을 다시 떠올리며 다시 섬기도록 동기부여 하는 것이다. 둘째, 사역에 참여하지 않은 다른 사람들이 중요한 것을 놓치고 있음을 인식하게 한다. 라이프브리지에서 섬김의 시간 참여율은 해마다 늘고 있다. 그리고 사진 촬영 팀이 1년 내내 지역사회를 섬기는 다양한 모습을 카메라에 담는다.

리더 개발

리더십이 없이는 아무 일도 안 된다. 사명에 전념하는 교회라면 예외 없이 리더가 부족함을 느낀다. 하지만 리더는 저절로 굴러들어 오지 않는다. 개발해야 한다. 당신이 볼런티어 리더들을 배치할 책임자라면, 그들의 자질을 개발하기 위해서 당신이 할 일은 무엇일까? 당신이 볼런티어라면 자신을 개발하는 데 합리적인 기대치는 무엇인가?

『무장시키는 교회』(The Equipping Church)의 저자 수 말로리(Sue Mallory)는 "교회란 세상에서 좋이 되는 가장 큰 가능성을 지닌 사람들의 모임이라는 뜻이지만 사람들을 실망시키고, 위축시키고, 심지어 파괴하는 가장 악명 높은 수단이기도 하다. 오직 소수의 자발적인 볼런티어만이 특별한 훈련과 명확한 방향 제시 없이도 성공할 수 있다. 교회는 이 두 가지 중 어느 것도 제시해 주지 못하는 경우가 많다"고 꼬집었다.[4]

멘토, 교사, 평가자, 응원자를 찾으라

우리는 자주 볼런티어가 나타나기만 하면 일이 끝났다고 생각한다. 그러나 이것은 시작에 불과하다. 피터 드러커(Peter Drucker)는 많은 볼런티어를 배출하는 대형 교회 목사와 대화를 나눈 다음, 그 목사가 한 이야기를 소개했다. "우리 교회는 예배에 출석하는 젊은 사람들에게 다음 네 가지를 제공하는 데 주력합니다. 첫째는 인도자 역할을 맡는 멘토이고, 둘째는 재능 개발을 돕는 교사이며, 셋째는 진행 과정을 평가할 평가자이고, 넷째는 그들에게 힘을 북돋아 줄 격려자입니다."[5] 우리는 이 목사의 지혜로운 아이디어에 다음 사항을 덧붙인다.

위임 기술을 습득하라

위임하는 목적은 첫째, 무엇보다 위임받는 사람이 자기에게 주어진 일을 성공적으로 성취하게 하는 데 있다. 실패는 새롭고 더 큰 책임을 맡도록 동기를 부여하는 데 도움이 되지 않는다. 둘째, 그 사람의 능력, 자신감, 충성심을 개발하기 위함이다. 위임하는 사람은 다음과 같이 해야 한다.

- 할 일이 무엇인지 결정해야 한다.
- 그 일을 처리하는 데 가장 적절한 사람을 선정하고, 그가 그 일을 해낼 수 있음을 믿는다고 말해 주라. 신뢰는 최고로 동기를 부여해 주는 수단이다.
- 기대 결과와 종료 시한을 명시하고 합의하라. '어떻게'가 아니

---

4. Sue Mallory, *The Equipping Church*, Zondervan, 2001, 37.
5. Peter F.Drucker, *Managing the Non-Profit Organization*, HarperCollins Publishers, 1990, 148. (『비영리단체의 경영』, 한국경제신문사)

라 '무엇을'에, '방법론'이 아니라 '결과'에 집중하라.
- 가이드라인을 분명히 하고 예상되는 함정을 설명하라. 당신의 실수와 다른 사람들의 실수를 통해 배울 수 있게 하라.
- 권위의 단계, 책임감, 평가 방법을 밝히라.
- 그가 활용할 수 있는 재정, 인사, 기술, 조직적 자원을 명시하라.
- 결론을 내리라.

볼런티어마다 경험, 능력, 성숙도가 다르므로 이러한 요인에 따라 세 단계의 점진적인 위임 절차를 밟아 가는 것이 바람직하다.

지도 일의 종료 시한을 알려주고, 성공적으로 일을 처리할 수 있도록 특정 직무 설명서 또는 의무 사항을 목록으로 정리한 것을 전달해 주라. 아직 젊고 검증이 안 된(성숙도와 기술 수준이 낮은) 사람들은 대부분 이런 배려와 지도에 고마워할 것이다. 결국 그들은 성공하기를 바라지, 아무도 돌아보지 않는 곳에 빠져 허우적거리고 싶어하지 않는다.

코치 스스로 계획과 절차를 수립하게 하고 그 작업이 끝날 때까지 코치하고 조언하라. 성숙도나 기술 수준이 낮은 사람들, 또는 한 가지는 높은 수준인데 다른 것은 낮은 경우 언제나 코치가 필요하다.

위임 일은 위임받은 사람이 한다. 그 사람의 성숙도와 기술 수준이 다 높다면 일을 제때에 제대로 해낼 수 있다고 믿으라. 시간이 흐르면서 그의 성실성을 인정할 수 있게 된다.

스티븐 코비는 『성공하는 사람들의 7가지 습관』에서 이렇게 말했다.

미숙한 사람들을 대할 때, 기대는 적게 하고 가이드라인을 많이 주라. 가용 자원은 더 많이 제시하고 책임과 관련한 인터뷰를 자주 하라. 즉각 결론을 내리라. 보다 성숙한 사람들의 경우라면 결과에 대하여 좀 더 도전적인 기대치를 요구하고, 가이드라인을 적게 주고, 책임에 대한 인터뷰 횟수를 줄이고, 측정 가능한 기준보다는 인식 가능한 기준을 더 많이 적용하라.6

'높은 수준의 기술/높은 성숙도'를 지닌 사람들을 지도하려고 하면 그들은 좌절감을 느낄 것이다. '낮은 수준의 기술/낮은 성숙도'를 지닌 사람들에게 위임하면 당신과 그들 자신은 실패를 겪게 될 것이다.

그들에게 필요한 도구를 주라

나(에릭)는 2003년 "페스티벌: 맨체스터"에 참석하기 위해 영국 맨체스터에 들렀다. 이 페스티벌은 1주 동안 계속되는 것으로, 루이스 팔라우 전도협회가 주최했다. 행사는 두 부분, 즉 "거리에서"와 "공원에서"로 나뉘었다. "거리에서"에는 서유럽에서 온 사람들 5,000명이 참여하여 매일 4-5시간씩 건물 페인트칠, 낙서 지우기, 축구장 만들기, 공원 복구 작업, 수선화 심기 등의 일을 했다. 나는 청소년들이 갈퀴질, 삽질, 가래질, 페인트칠, 운반 등을 그렇게 열심히 하는 모습을 본 적이 없다. 믿기 어려울 정도였다. 그들은 270개 그룹으로 편성되어 90가지 서로 다른 프로젝트를 담당했다. 그들은 일주일 동안 도시 쓰레기 60톤을 치웠다. 행사는 "공원에서"로 막을 내렸는데, 이틀 밤에 걸친 행사에 약 5,000명이 참석했고 수백 명이 예수님을 믿기로 작정했다. 다시 한 번 선행이 복음을 전파하는 길을 닦은 셈이다.

---

6. Stephen R. Covey, *The Seven Habits of Highly Effective People*, Fireside, 1989, 179. (『성공하는 사람들의 7가지 습관』, 김영사)

청소년들은 지역 경찰관들과 짝이 되어 일했고, 질 좋은 연장(가장 좋은 갈퀴, 삽, 빗자루, 장갑, 쓰레기 봉지 등)을 가지고 효과적으로 작업할 수 있었다. 훌륭한 도구가 그들의 기술에 상승 작용을 일으켰을 뿐 아니라 자신감을 불어넣었다. 최선의 도구가 최선의 작업을 가능하게 했다.

그들을 교사로 만들라

피터 드러커는 "인간을 개발하는 가장 중요한 방법은 그를 교사로 사용하는 것이다. 좋은 스승만큼 잘 배우는 사람은 없다. 또 누군가를 교사로 선발하는 것은 사람을 인정하는 가장 효과적인 방법이다"라고 말했다.7 CCC의 군 사역을 담당하는 제이 로렌젠은 잘 가르치는 기술이야말로 디모데전서 3장 2-3절, 디모데후서 2장 2절, 24절, 디도서 1장 6-9절에서 말하는 리더의 자질 목록 중 유일한 기술이라고 했다.8 가르침이 잘 이루어지면 원리를 내면화해서 자기 것으로 만들 수 있게 된다. 가르침은 감정과 경험을 유기적으로 연관짓게 한다. 가르침은 메시지의 가치를 가르치는 사람의 가치와 일치하게 한다. 다른 사람들이 자기 이야기를 하게 하고, 삶에 변화를 일으키는 경험을 나누게 하며, 세상에 초점을 맞추는 사역의 원리를 전달하게 하는 방법의 일환으로 일을 맡기라. 다른 사람들을 앞으로 내세우고, 그들이 새로운 차원에서 기여하게 하라. 건강한 조직체에서는 모든 사람이 학습하고, 기여하며, 이끄는 책임을 진다.

피드백을 이끌어 내라

마를린 윌슨은 『교회의 볼런티어 동원 방법』이라는 책에서 교회는 대개 볼런티어들에게 다음 사항들에 대해 표현할 기회를 주지 않는다고 말했다.

- 자신이 잘하는 것은 무엇인가
- 지루하게 느끼는 것은 무엇인가
- 좋아하지 않는 것은 무엇인가
- 배우고 싶은 것은 무엇인가
- 어떤 일을 할 때 성장하는가
- 언제 휴식이 필요한가[9]

볼런티어들의 만족도를 조사하거나 섬기는 사람들에게 제때에 피드백을 받는 데 필요한 도구나 절차를 갖춰 두라. 우리가 사역의 중간 단계에서 잘못을 수정하고 섬기는 사람들을 섬길 수 있는 유일한 길은 정직한 피드백이다.

자금 조성

돈은 새로운 사역을 시작하려고 할 때 필요한 중요한 문제다. 하지만 돈이 결정적 요인이기는 해도 유일한 요인은 아니다. 돈이 많아도 그것이 성품이나 성실성 또는 책임감을 대신하지는 못한다. 사람들은 결국 의향이 아니라 결과를 보고 돈을 댄다.

교회가 프로그램을 만들고 스태프를 구성하는 데 돈 쓰는 것을 보면 하나님께, 교회에, 그리고 사명 완수를 위해 어떤 것을 의미 있게 생각

> 우리의 비전은 우리가 마련하려고 하는 돈의 크기를 벗어나지 못한다.

---

7. Peter Drucker, *Managing the Non-Profit Organization*, 151. (『비영리단체의 경영』, 한국경제신문사)
8. 2003년 10월 22일, CCC 리더십 포럼에서 "교사로서의 리더"라는 주제로 전한 메시지에서.
9. Marlene Wilson, *How to Mobilize Church Volunteers*, Augsburg Publishing House, 1983, 55-56.

하는지 알 수 있다. 우리의 비전은 우리가 마련하려고 하는 자금의 크기를 벗어나지 못한다는 말이 있다.

자금 조성의 유형

세상에 초점을 맞추는 사역을 뒷받침하기 위해 세 가지 기본적인 자금 조성 유형을 생각해 볼 수 있다.

1. 세상에 초점을 맞추는 사역을 위해 전액 또는 거의 전액을 교회가 지원할 수 있다. 이 유형의 경우 교회의 연간 예산에 세상에 초점을 맞추는 사역과 관련한 예산 항목을 편성한다. 애틀랜타에 있는 페리미터 교회는 이 유형의 대표적인 예로, 해마다 수십만 달러를 세상에 초점을 맞추는 사역에 할당한다.

2. 세상에 초점을 맞추는 사역이 교회 내에 있고 교회의 지원을 받지만 독립된 비영리 단체로 취급할 수도 있다. 매리너스 교회의 담임 목사 켄턴 비쇼어는 그 교회 성도들의 경우 교회에 헌금하는 액수보다 더 많은 돈을 남을 돕는 데 사용한다고 말한다. 등대선교회를 독립된 조직으로 취급하고, 주말에 드리는 특별 예배 때 그 사역을 소개함으로써 교회 헌금과는 별도로 등대선교회의 전체 예산 규모를 늘려 나간다.

3. 자체 운영과 자금 전략을 소유하는 독립적 501(c)(3) 비영리 조직을 통해 자금을 조성할 수 있다. 어떤 교회는 독립적인 비영리 조직을 갖고 있기도 한데, 이런 조직은 아파트를 세주는 형태로 저가 주택을 제공하거나 집 없는 이들에게 임시 주거지를 제공하거나 푸드 뱅크 같은 사업을 하는 비종교 단체를 지원하는 정부 보조금을 받을 수 있다. 정부 보조금을 사용한다는 것은 교회의 복음 전파 기능을 축소하는 것을 뜻할 수도 있지만, 이 경우 복음을 말로 전하는 것보다 몸으로 보여

주는 데 더 의미를 둔다.

자세히 들여다보기

레이크 애비뉴 기금

캘리포니아 주 패서디나에 있는 레이크 애비뉴 교회의 앤디 베일스는 자신이 섬기는 사람들의 필요를 더 잘 충족시키기 위해 레이크 애비뉴 기금, 즉 501(c)(3) (42쪽 참조) 해당 기금을 시작했다. 독립된 조직을 만든 까닭을 물어 보자, 그는 이렇게 대답했다.

'제한된 예산'으로 담보 대출금을 상환하고 수백만 달러가 드는 지역사회 사역을 수행할 수가 없어서 외부 자금을 조성하기 시작했지요. 지역의 교통 편의와 개발을 대폭 확장하기로 했는데, 그러기 위해서는 별다른 방법이 없다고 판단했습니다. 이 기금의 경영 책임을 맡았을 때는 9·11 사태 직후였는데도 한 해 동안 30만 달러의 기금을 66만 달러로 늘릴 수 있었습니다. 우리는 사역을 확대했고, 그 결과 공립 학교의 초청을 받는 등 폭넓은 이해 집단의 인정을 받았지요. 하나님 나라의 사역을 감당하고 복음을 전하면서도 으레 교회에 제공되지 않던 지역 기업의 보조금까지 받게 되었습니다.[10]

---

10. 2003년 9월 30일, 앤디 베일스가 에릭 스완슨에게 보낸 이메일에서.

파트너 되기

파트너가 된다는 것은 노력과 모험의 결과를 공유하는 것을 의미한다. 교회가 다른 교회, 조직, 기관들과 파트너가 된다는 것은 다음 두 사항 중 한 가지를 인정하는 것을 뜻한다. 하나는 일의 규모로 미루어 어느 한 교회의 힘으로 감당하기 어렵다는 것을 인정하는 것이고, 또 하나는 하나님께서 이미 다른 자선 사업가들을 통해 교회가 관심 갖는 일을 하시는 것을 인정하는 경우이다. 이 책 곳곳에서 새로운 일을 시작하기 위해 스태프를 구성하고 자금을 마련하는 등 자원을 소모하기보다는 기존 그룹들과 파트너 관계를 맺는 편이 훨씬 수월할 때가 많다는 점을 이야기했다. 이미 사명을 잘 성취해 가고 있는 그룹이 있다면 동일한 섬김이나 사역을 중복할 필요가 없다. 당신의 교회 성도들이 그 사역에 참여하고 있을 가능성도 있지 않은가?

교회 소식지에 성도들을 위한 성경공부 계획표뿐 아니라 '지역 파트너 사역' 활동 프로그램을 싣는다면 얼마나 좋겠는가. 우리는 이미 활동하고 있는 기관이나 메커니즘을 통해서 그리스도의 사랑을 효과적으로 나타낼 수 있을 것이다.

교회 또는 경우에 따라 세상 조직들과 파트너가 되어 일하는 것은 결코 우리 신앙이나 차별성을 희석시키는 것이 아니다. 우리는 신앙 선언서가 명시하는 내용이나 교리보다 우리의 사랑과 지역사회를 위한 헌신을 중심으로 파트너 관계를 이룬다. 5장에서 릭 루소가 했던 말을 기억할 것이다. "문제의 원인이나 그 해결 방법에 대한 의견이 지역사회를 섬기는 다른 그룹들과 언제나 일치할 수는 없다. 그러나 문제가 있다는 사실에는 의견이 일치한다." 이런 최소한의 공통성이 다양한 그룹을 파트너 관계로 이끄는 시작점이다.

2003년 3월, 우리 카운티의 복음주의 교회 대부분이 '보울더 카운티의 영혼 회복'이라는 1일 컨퍼런스에 참여했다. 이 컨퍼런스는 볼런티어 커넥션이 주최했고 라이프브리지 크리스천 교회에서 열렸다. 강사진은 보울더 카운티에서 성장하고 있는 종교 단체의 리더들로 기독교, 유태교, 이슬람교, 바하이교, 티벳 불교를 대표하는 사람들이었다. 각 강사가 자기 종교가 사회 문제에 어떻게 대처하는지를 이야기하는 대단히 흥미진진한 모임이었다. 우리는 이 모임을 계획하면서 사역에 참여하기 위해 각자의 신앙을 타협하지 않기로 약속했다. 연단에 올라서서 동일한 신앙을 가지고 같은 하나님을 예배한다고 선서하지 않아도 된다는 것이었다. 그런 일은 없었다. 지역에 대한 공통된 사랑과 헌신적인 노력 때문에 우리는 팔짱을 끼고 마음을 같이했다. 낮 시간 동안 지역사회의 필요를 채우기 위해 함께 일어나 일했고, 밤에는 신앙에 대해 활발한 토론을 벌였지만 이 둘 사이에 모순을 느끼지 않았다.

> 우리는 신앙 선언서가 명시하는 내용이나 교리보다 우리의 공통적인 사랑과 지역사회를 위한 헌신을 중심으로 파트너 관계를 이룬다.

교회 간 파트너 관계

다른 교회와 파트너가 되는 것은 우리의 노력을 극대화하기 위한 효과적인 방법이다. 보울더에 있는 제일장로교회는 일명 "어린양의 오찬"(Lamb's Lunch)이라는 집 없는 사람들을 위한 프로그램을 주최하는데, 여기서 각 가정이 지역의 노숙자들과 함께 점심을 나누고 이야기하며 오후 시간을 보낸다. 한 교회가 시설을 제공하며 다른 교회들은 참여만 한다.

도시-교외 파트너 관계

도시 근교에 있는 교회들 가운데 도시 교회나 사역체와 파트너 관계를 맺는 교회가 있다. 지역사회의 필요를 눈으로 보면서도 그것을 충족시킬 능력이나 역량이 부족하다는 것이 미국의 도시 교회가 해결해야 할 커다란 도전이다. 도시 교회 대부분이 한계 상황에 있으며 많은 도시 교회 목사가 두 직업, 즉 두 가지 이상의 일을 하면서 소명을 감당한다. 상대적인 이야기지만 좀더 여유가 있는 도시 근교 교회들의 경우는 자원이 풍부해도 생활 수단이 결핍되고 소외된 사람들의 필요에 접근하지 못한다. 이런 틈을 도시와 교외의 파트너 관계로 좁힐 수 있다.

윌로크릭 커뮤니티 교회는 대외선교회 담당 목사 앨빈 빕스의 지휘 아래 시카고 지역에서 '계약 파트너십'을 40건 성사시켰다. 이런 계약 파트너십은 한 교회나 선교 조직이 윌로크릭이 관심을 갖는 사역에 참여하고 있을 때 이루어진다. 윌로크릭은 통제가 아니라 일을 돕기 위해 참여한다. 앨빈은 "관계가 중요하다. 우리는 자금을 지원하기 전에 먼저 관계를 갖는다"고 말했다. 각 파트너십은 5년 동안 유지되며, 사역 목적을 성취하는 데 바탕을 둔다.

각 파트너십은 관계를 중심으로 추진되는데 윌로크릭은 노동력, 전문 지식, 전략 기획, 그리고 재정적인 도움을 제공한다. 윌로크릭은 매년 이 40개 협력 사역을 위해 100만 달러가 넘는 보조금을 제공한다. 5년의 계약 기간 중 3년간 재정 지원을 하고, 5년이 지나면 이 계약 파트너들은 '사역 동료'가 된다. 그리고 새로운 선교 기관들이 계약 파트너로 참여하게 된다. 이런 방법으로 원래 계약 파트너와 관계를 지속하는 동시에 새로운 파트너를 영입하여 볼런티어 그룹을 확대해 나간다.

자세히 들여다보기

그린우드 커뮤니티 교회

　콜로라도 주 그린우드에 있는 그린우드 커뮤니티 교회는 덴버 도심에 있는 하나님의 사랑 공동체 교회와 8년 동안 파트너 관계를 유지하면서 많은 열매를 거두었다. 그린우드 교회의 세상에 초점을 맞추는 사역 담당자인 피트 멘코니는 성공적인 도시-교외 파트너 관계를 위해 다음과 같은 요건들을 제시했다.

1. 양쪽 선교 기관은 철저히 관계에 충실해야 한다. 이것은 함께 시간을 보내며 서로를 알아 가는 것을 의미한다.

2. 도시-교외 파트너 관계는 평등을 기본으로 해야 한다. '가진 자'와 '못 가진 자'의 관계가 기본이 되어서는 안 된다. 양쪽 교회가 서로에게 줄 것이 있어야 한다. 예를 들면, 하나님의 사랑 공동체 목사 한 사람이 그린우드의 많은 남성을 멘토링하고 제자로 세웠다. 또 그린우드의 지도자들은 그 교회 청소년 교육 실습생을 멘토링하고 있다. 이것은 전방위적인 윈윈(win-win) 관계이다.

3. 건강한 도시-교외 협력 관계를 이루는 데는 시간이 필요하다. 이것은 관계이지 프로젝트가 아니다. 속마음을 털어놓을 수 있어야 한다.

4. 초기에는 양쪽 교인들의 만남을 위해 중립적인 장소를 찾는 것이 도움이 되며 필요하다. 그린우드는 양쪽 교인이 함께 일할 수 있는 중립 장소에서 5년에 걸쳐 신코 데 마요(5월 5일, 멕시코의 전승 기념일로 축하 행사를 연다—옮긴이) 파티를 열었다. 우리도 추수

감사절 봉사 활동, 크리스마스 가게 운영, 남성들을 위한 휴양회, 청소년 멘토링, 멕시코 선교 여행, 골프 대회를 했다.

5. 문화 차이에 대한 민감성과 훈련도 필요하다. 사회가 점점 더 다원화되어 가는데도(점점 동질화되는 측면도 있다) 많은 사람이 다른 사람들의 삶과 세계관에 대해 전혀 감을 잡지 못한다.

6. 언제나 돈이 아니라 관계를 바탕으로 이끌라.11

선교 조직과의 파트너 관계

허브 리스 목사가 프라미스 키퍼스(Promise Keepers) 운동 네 번째 모임에 갔다가 함께 참석한 남성들을 차에 가득 태우고 집으로 돌아오는 길이었다. 그들은 그 교회에서 계획하고 있는 남성 사역 시작을 앞두고 네 번째 만나 이야기를 나누었다. 허브는 그들에게 말했다. "토요일 아침 8시에 갈퀴, 드릴, 페인트 붓, 잔디 깎는 기계를 가지고 교회로 나오세요." 느헤미야처럼, 그는 주님이 마음에 떠오르게 하신 것을 다 말하지 않았다. 약속 당일 사람들이 나오자 허브는 팀을 구성한 뒤, 자기 교회 교인 중 과부와 독신 엄마 가정으로 그들을 보냈다. 그들은 자신들이 섬김을 통해 과부의 마음을 기뻐 노래하게 했다며 흥분해서 돌아왔다(욥 29:13).

이렇게 시작된 "새 계명 남성 사역"(New Commandment Men's Ministry)은 다음과 같은 3중 사명으로 발전했다. 첫째, 모든 과부와 독신 엄마들이 예수님이 자기 집으로 들어오셨다고 느낄 수 있게 한다. 둘째, 다른 교인들에게 영향을 주어 어려움에 처한 사람을 돕는 데 동참하게 한다. 셋째, 섬김을 통해 모든 이웃에게 영향을 주고 이웃 사람들을 예수님께로 인도한다.

이렇게 해서 만들어진 전략은 단순하다. 4-6명으로 조를 짜고, 각 조가 과부나 독신 엄마 1명을 맡는다. 각 조 조장은 매달 해당 여성에게 전화를 걸어서 필요한 것이 있는지 묻고 그 내용을 자기 조원들에게 공지한다. 약속을 한 토요일이면 아침 7-8시까지 아침 식사를 하면서 기도하고, 성경을 읽고, 최종적으로 세부 사항을 점검한다. 8-10시에는 맡은 집에 들러 일을 하고 기도로 마무리한다. 그들은 자기 가정에 소홀하거나 부담을 주는 일 없이 1달에 3시간 동안 의미 있는 일에 참여하는 것이다.

때때로 단순한 집수리 차원을 벗어날 때도 있다. 그들은 교회 성도 중 한 독신 엄마를 위해 일하다가 그녀의 생활비가 수입보다 200달러가 더 많다는 사실을 알게 되었다. 또 지하층이 마무리가 안 된 채 방치되어 있음을 알고 돈을 걷어 지하층을 완성해 주었다. 그녀는 현재 월 400달러를 임대료로 받으며 지하층을 세주고 있다. 그들이 변화를 일으키고 있는 모습이다.

어느 토요일 아침, 그들은 맥도널드에서 만나 간단히 경건회와 기도를 마치고 각자 할 일을 배정받았다. 그때 한 종업원이 다가와 매달 무슨 일을 하는 거냐고 물었다. 내용을 설명해 주자 그녀는 자기도 네 아이를 가진 독신 엄마라며 자기 같은 사람도 도와줄 수 있는지 조심스럽게 물었다. 그 뒤 그녀는 예수님께 나아왔고, 지금은 열심히 신앙생활을 하고 있다.

자비로 시작한 사역이 세상을 향한 놀라운 전도 수단이 되었다. 콜로

---

11. 2003년 10월 8일, 피트 맥코니가 에릭 스완슨에게 보낸 이메일을 허락받아 사용.

라도 주 블룸필드에 자리하고 있는 "새 계명 남성 사역"은 다른 교회들을 대상으로 하여 교회 안팎의 모든 과부, 독신 엄마, 편모 자녀, 어려움에 빠진 사람들을 향한 실제적인 남성 사역을 가르친다. 이것은 훌륭한 교회·파트너 관계를 보여 주는 일종의 선교 사역이다.

세상과의 파트너 관계

앞에서 말했듯이 교회는 이미 존재하는 사역을 중복하여 소중한 하나님 나라 자원을 낭비해서는 안 된다. 다른 기관들이 인프라를 구축하고 스태프를 구성하도록 하라. 교회는 그 기존 조직이 가장 필요로 하는 것, 곧 자원하여 섬기는 사람들을 보내 주면 되는 것이다.

더러 세상 조직들과의 파트너 관계에 대해 조언을 구하는 교회가 있다. 도덕적으로 수용할 만하고(선한 일을 하는 사람들), 영적 중립성을 지키는 사람들(다른 영적 생활을 하지 않는 사람들)이면 된다. 다른 신앙을 전파하는 데 주력하는 기관을 지원하고 볼런티어를 보낼 수는 없지만, 다양한 종파를 환영하는 중립적인 그룹의 일부가 될 수 있다.

자세히 들여다보기

성경의 예

하나님께서 세상 사람들이 자기 백성과 파트너 관계를 갖게 하고 그들을 통해 자신의 목적을 이루시는 예를 성경에서 얼마든지 찾아 볼 수 있다. 파트너에 대한 예수님의 자격 기준은 우리의 기준보다 훨씬 광범위하다. 마가복음 9장 40절에서 예수님은 "우리를 반대하지 않는 자는 우리를 위하는 자니라"고 말씀하셨다. "우리를 반대하는 자는 우리를 위하지 않는 자니라"고 하지 않으셨다. 다시 말해 착한 마음을 가진 모든 사람들을 '우리 편'이라고 생각해도 좋은 것이다. 요셉은 바로의 자원을 가지고 하나님의 목적을 달성했다(창 41:41-43). 느헤미야의 재건과 인구 귀환 프로젝트는 아닥사스다 왕이 자금을 댔다(느 2:4-9). 그리고 에스더는 아하수에로 왕과의 관계를 활용해서 하나님의 목적을 이루었다(에 2:1-18).

기존 자원을 활용하고 증대시킬 수 있는 방법은 얼마든지 있다. 많은 교회가 자체의 식품 창고를 갖는 대신 지역 푸드 뱅크와 파트너 관계를 맺는다. 식품은 중립적인 물품이다. 기독교 콘플레이크가 세상 브랜드와 경합하는 경우는 없다. 가난한 사람들이 식품을 구할 때 파트너 사업체에 보내면 된다. 배고픈 사람이 영적 필요를 느낄 때 푸드 뱅크는 이 사람들을 파트너 교회에 보내기만 하면 된다. 우리 지역의 경우, 학대받는 여성들을 위한 쉼터는 7개 신앙 공동체에 정기적으로 그들의 수용을 의뢰한다.

기존 사역 기관과의 협력 관계는 교회가 갖는 가장 취약한 부분일 수 있다. 대부분의 사회복지 기관은 교회가 쉽게 제공할 수 있는 자원, 즉 자원하여 섬기는 사람들, 재정 지원, 심지어 시설까지 필요로 한다. 섬기고 싶어하는 사람들을 향한 문은 언제나 열려 있다. 교회에 다니지 않는 사람들과의 친밀한 관계를 통해서 영적 문제를 이야기할 수 있는 관계가 조성되는 일이 많다. 그 사람들은 자주 자비를 베풀면서도 왜 그렇게 하는지 모른다. 그들이 주님을 알지 못하는데 창조주의 형상을 드러내고 있다고 말할 수 있을까? 당신은 그들에게 복음을 설명할 행운을 맞이할 수 있다. 우리의 온 자아(영적 자아를 포함하여)를 지역사회를 위해 바칠 때 전도 할 기회가 생긴다.

어떤 형태의 파트너 관계를 갖든, 파트너가 되는 조직이 교회 볼런티어들과 갖는 관계에 대한 앨빈 빕스의 말에서 도움을 얻을 수 있을 것이다. 즉 "우리가 그들을 낚을 수 있다면, 그 다음에는 낚싯줄을 끌어당겨야 한다."12 교회가 관계를 맺어 주지만 파트너 사역을 할 때 볼런티어들에게 좋은 경험을 주고 그들을 붙드는 것이 중요하다는 말이다.

측정

많은 교회가 측정이나 책임에 대한 시스템이 갖추고 있지 않아 좌절감을 느낀다. 애틀랜타에 있는 팀 리소시스(Team Resources)의 패트 맥밀런은 "측정하지 않는 사역은 쉴 수도 없고, 예배할 수도 없다"13 는 말로 그 좌절감을 표현했다. 진행 과정을 있는 그대로 측정하려면 공통 언어와 공통 측정이 필요하다.

공통 언어

아주 단순한 말 한 마디가 얼마나 많은 오해를 불러일으킬 수 있는지 알면 놀랄 것이다. 오해를 피하기 위해서는 일정한 주요 정의에 대한 합의가 필요하다. 교회에서 가장 애매모호한 단어는 '달했다' 이다. "작년에 우리 프로그램에 참석한 사람 수는 10만 명에 달했다." 이것은 연차 보고서에서 흔히 볼 수 있는 표현이다. 이 말이 의미하는 것은 정확히 무엇일까? 사역 파트너들이 약속해서 정의할 필요가 있는 몇 가지 용어를 열거한다.

- 이르다, 도달하다(reach)
- 누구의 삶에 영향을 미치다(touch the lives of)
- 지역사회 봉사, 선교(outreach)
- 복음에 노출되다(exposures to the gospel)
- 복음 제시(gospel presentation)
- 결신(decision)
- 섬김을 받는 사람들(people served)
- 흡수되다, 동화되다(assimilated)
- 관련되다(involved)
- 신자가 아닌(unchurched)
- 믿음을 버린 사람(de-churched)
- 볼런티어(volunteer)
- 우승자, 뛰어난 사람(champion)
- 유급 볼런티어(paid volunteer)
- 스태프(staff)
- 파트타임 스태프(part-time staff)
- 사역, 목회(ministry)
- 파트너 되기, 파트너 사역(partnering, partner ministry)

합의된 정의가 없는 의사소통이나 데이터는 의미가 없다. 이윤을 추구하는 조직과 비영리 단체는 문화와 언어가 다르기 때문에, 우리는 우리가 하는 일과 성취하려는 것을 모호하지 않게 세상에 '전달' 할 수 있어야 한다.

---

12. 2003년 10월 7일, 뉴욕에서 에릭 스완슨과 나눈 이야기에서.
13. 1999년 10월, FamilyLife 실무진과의 만남에서.

공통 측정

우리는 어떤 것을, 어떻게, 언제 측정할지 사역 파트너와 정확하게 결정하고 그것을 철저히 지켜야 한다. 한 가지는 금년에, 나머지는 내년에 하는 식으로 측정하지 말라. 그렇게 하면 결코 만족스럽고 의미 있는 데이터를 얻을 수 없다. 남침례회는 수년 전 '전도'에 대한 평가 방법에 대해 합의를 이끌어 냈다. 그들은 침례와 관련해서도 '회심'이나 '결신'이 아닌 다른 용어를 찾을 것이다.

좋은 데이터는 우리가 향상하는지, 퇴보하는지, 아니면 제자리걸음을 하는지를 말해 준다. 좋은 데이터는 지속적인 자금 할당, 스태프 충원에 대한 계획 및 결정, 중단해야 하는 일을 판단하는 데 필요한 정보를 제공한다.

그렇다면 무엇을 측정해야 할까? **첫째는 투입량**이다. 궁극적으로 당신이 사명을 위해서 어떤 자원을 얼마나 투입했는지 측정하는 것이다. 예를 들어 볼런티어를 몇 명 선발하여 훈련하고 배치했는지, 그들이 몇 시간을 섬기는 데 할애했는지, 얼마를 예산하고 모금하고 썼는지이다.

우선 투입량에 대한 목표 설정이 필요하다. 예를 들어 교회의 볼런티어 수를 30퍼센트에서 60퍼센트로 늘린다거나 지역 파트너 수를 3명에서 6명으로 늘리는 것 등을 말한다. 투입량을 측정한다는 것은 결과를 얻어 내기 위해 투입한 자원이 얼마인지 알아보는 것을 말하며, 이것은 비전이 얼마나 열매를 거두고 있는지 확인할 수 있을 때만 의미가 있다.

윌로크릭의 경우, 대외 사역의 비전은 "온전히 헌신된 예수 그리스도의 제자 모두가 긍휼히 여기는 삶의 모델이 되는 것"이다. '온전히 헌신된 제자 모두'가 비전의 범주이기 때문에 교회 지도자들은 그들이 어디까지 가야 하는지를 정확히 안다. 2002년에 윌로크릭은 긍휼을 가지고 거리로 나가는, 즉 세상에 초점을 맞추는 사역에 11,230명을 투입했다. 그들은 각자 연중 4.2회, 한 번 나갈 때마다 5시간 이상씩 봉사했다. 그들은 계약 파트너 및 사역 동료들과 함께 일했다. 소그룹을 이루거나 가족을 단위로 해서 2,000개도 넘는 가방에 학교 준비물과 성경을 넣어 줌으로써 학교를 섬기는 일을 실천했다. 앨빈 빕스는 섬기는 사람 수, 섬기는 시간, 섬기는 횟수를 늘리고 가벼운 영향에서 '관계에 바탕을 둔 헌신된 섬김'으로 섬김의 깊이를 더하는 데 목표를 둔다. 언제나 당신의 사명에 대해서 성과를 측정하라.

투입량 측정이 필요하지만, 그것만으로는 완전하지 않다. 우리는 또 우리의 노력이나 사용한 자원에 대한 성과와 결과를 측정해야 한다. 투입량은 효율성을 반영하지만, 성과는 우리의 유능성을 반영한다. 우리처럼 비영리 분야에서 일하는 사람들은 언제나 결과를 측정하는 일이 어렵다는 것을 느끼게 된다. 사업체의 경우는 언제나 손익계산서상에 가시적인 결과가 표시되지만 우리는 손익을 어떻게 표시해야 할까? 피터 드러커는 이 문제에 분명한 해답을 제시했다. 그는 모든 비영리 조직의 결산 결과는 항상 '변화된 사람' 이라는 한 가지 사실뿐이라고 지적했다.[14] 병원은 병든 사람을 고치기 위해 존재하고, 학교는 무지한 사람을 교육하기 위해 존재하며, 교회는 잃어버린 영혼을 구하고 그들을 거룩한 백성으로 세우기 위해 존재한다는 것이다.

그렇다면 교회가 변화된 삶을 측정하는 방법은 무엇일까? 교회의 노

---

14. Drucker, *Managing the Non-Profit Organization*, xiv. (『비영리 단체의 경영』, 한국경제신문사)

력에 대한 측정 가능한 '기대 성과'는 무엇일까? 한 가지 예를 제시해 본다. 만일 당신 교회의 교인들이 방과 후 개인 지도에 참여한다면 당신의 기대 성과는 '독서 능력이 평균 수준 이하인 학생들을 가르쳐서 평균 수준 이상으로 끌어올리는 것'이 될 수 있다. 한 학년이 시작되기 전에 평균 수준 이하인 학생 수(현실)를 측정하고, 학년이 끝날 때 평균 수준 이하인 학생 수를 측정하는 것이다. 윌로크릭의 경우는 두 가지 성과를 다 추적한다. 볼런티어의 영적 성장 정도와 지역사회의 변화가 그것이다. 우리의 사명은 하나님 나라를 확장하는 데 있다. 따라서 우리는 얼마나 많은 사람이 복음을 듣고 어떤 반응을 보였는지 측정해야 한다. 교회의 가장 큰 의미는 선행과 복음에 있음을 명심하라.

휴먼 밀러의 전 회장 맥스 드프리(Max De Pree)는 계량화하는 작업이 어렵지만 측정이 꼭 필요함을 힘주어 강조했다. 자신이 쓴 책『권력 없는 리더십은 가능한가』(Leading Without Power, IVP)에서 그는 "쉽게 측정할 수 있는 것만 측정 대상으로 삼지 말라. 우리는 의미 있는 것을 측정할 줄 알아야 한다"고 말했다. 그리고 이어서 "측정이란 언제나 계량화할 수 있는 것만을 뜻하는 것은 아니다. 나는 비록 가족 사랑을 몇 백만 년의 노력이라는 수치로 계량화할 수는 없지만, 분명히 그것을 측정할 수 있다"고 했다.

생각하기
우리가 측정을 하지 않는다면, 그것은 그저 일하는 것으로 만족하는 것이다.

토론하기
1. 이 장은 스태프 구성, 모금, 파트너 관계 맺기, 측정의 영역에서 세상에 초점을 두는 교회들이 맞게 되는 도전을 다루었다. 이 도전들 가운데 당신의 교회에 해당하는 것 두 가지를 들어 보라.
   2. 그 도전들을 극복하기 위해 도움을 얻을 만한 곳은 어디인가?
   3. 당신의 교회가 다른 조직들과 파트너 관계를 통해 얻을 수 있는 유익은 어떤 것들인가?
   4. 다른 조직들과 파트너 관계를 맺을 때 생길 수 있는 함정은 무엇인가?
   5. 어떻게 볼런티어들을 가르치는 사람으로 변화시킬 수 있을까?

실천하기
267쪽에 수록된 용어들을 정의하고 어떤 것을, 어떤 방법으로, 언제 측정할지 결정하라.

설교 및 강의를 위한 아이디어

본문_ 느헤미야 2장 1-18절

주제_ 느헤미야와 아닥사스다 왕의 파트너십은 신앙인들과 세상 사람들의 파트너십에 좋은 모델이 된다.

설명_ 당신이 속한 지역의 파트너 유망주들(비행 청소년 지도자, 푸드뱅크, 사랑의 집짓기 등)

적용_ 지역 선교단체와 인적 자원 조직들이 맺을 수 있는 20-30가지 가능한 사례를 정리하여 목록을 만들라.

11. 최선을 향해

"여리고로 가는 길에서 제사장과 레위인이 품은 의문은 이것이었다.
'이 사람을 도와 줄 경우 내게 무슨 일이 일어날까?'
그러나 선한 사마리아인은 이 질문을 거꾸로 했다.
'이 사람을 도와 주지 않을 경우 그는 어떻게 될까?'"

마틴 루터 킹

관점

대만에 우물 밑바닥에 사는 개구리에 관한 우화가 있다. 개구리는 목이 마르면 우물물을 조금 마셨다. 그리고 배가 고파지면 우물 속으로 날아드는 벌레들을 잡아먹었다. 피곤하면 우물 바닥에 있는 작은 바위 위에 벌러덩 누워 하늘을 올려다보았다. 이 조그만 개구리에게 하늘은 푸른색을 띤 작은 원이었다. 그것이 그가 아는 유일한 세상이고, 그것을 볼 때마다 그는 매우 행복하고 만족스러웠다.

어느 날 새 한 마리가 우물 가장자리에 날아와 앉았다. 조그만 개구리는 위를 올려다보며 말했다. "이리 내려와서 같이 놀지 않을래? 여긴 정말 좋은 곳이야. 이것 봐! 시원한 마실 물도 있고, 벌레를 얼마든지 잡아먹을 수 있어. 내려와 봐!" 하지만 새는 내려가지 않고 끝없이 넓은 하늘 이야기로 대답을 대신했다. 개구리는 그 말을 믿지 않았다. 하늘은 조그맣고 둥글다고 고집했다. 한 번도 우물 밖으로 나가 넓은 하늘을 본 적이 없기 때문이었다. 새는 우물 밖으로 나오면 하늘을 다 볼 수 있다고 개구리를 설득했지만, 개구리는 여전히 바위 위에 앉은 채 자기 생각이 옳다고 믿었다. 하는 수 없이 새는 날아가 버렸고, 개구리는 혼자 남아 한 조각 작은 하늘만 생각했다.

이 이야기는 행복하게 끝난다. 마침내 노란 참새 한 마리가 우물 속으로 내려가서 개구리를 등에 업은 다음, 축축한 우물을 벗어났다. 그리고 밝은 햇빛 속으로 들어갔다. 개구리는 난생 처음 꽃, 나무, 동물들, 산, 강을 보았다. 새는 아름다운 연못에 사는 연꽃 위에 개구리를 내려놓았다. 개구리는 거기서 행복하게 살았다. 다시는 우물로 돌아가지 않았다.

우물 속에 사는 개구리에게 하늘은 푸른색을 띤 작은 원에 불과하다. 그러나 새에게는 드넓고 경이로운 곳이다. 어떤 의미에서는 둘 다 옳을지도 모른다. 이 우화는 관점의 차이에 대한 것이다. 개구리만 가득한 이 세상에서 우리는 가끔씩 새들의 이야기를 귀담아들을 필요가 있다.

일단 교회가 네 벽으로 둘러싸인 공간(우물)을 벗어나 세상으로 나가서 큰 사역의 세계를 경험하기 시작하면 모든 것이 새로워질 것이다. 우물은 좁고, 편협하며, 안전해 보이지만 지루하게 느껴질 것이다. 세상으로 나가는 사역은 위험해 보이지만 신나는 경험임을 곧 알게 될 것이다. 교회는 안전이나 위험, 권태나 모험에서 선택을 내려야 할 것이다.

때를 알기

다윗이 나중에 그를 왕으로 추대하게 될 지파들을 끌어모았을 때 '용감한 전사', '노련한 군인', '준비된 병사'로 불리는 사람이 많았다. 그중에서도 가장 눈에 띄는 것은 잇사갈 지파 출신들이었다. 성경에 그들의 용맹성에 대한 기록은 없지만, 역대상 12장 32절 "잇사갈 자손 중에서 시세를 알고 이스라엘이 마땅히 행할 것을 아는"이라는 기록을 보면 그들이 삶에 어떻게 대처했는지를 엿볼 수 있다. 그들은 현실에 대한 이해와 인지 능력 면에서 다른 지파들보다 뛰어났으며, 그로 인해 현명하게 대처할 수 있었다. 그들은 마땅히 행할 일이

> 교회가 전체 세대를 추수하는 데 실패하고 있다!

무엇인지를 알았다. 마땅히 행할 일을 안다는 것은 때를 아는 것과 관련이 있다.

누가복음 12장 56절을 보면, 예수님이 제자들에게 천지의 기상을 분별하는 능력에 대해 말씀하시면서 물으신다. "어찌 이 시대는 분간하지

못하느냐?" 예수님은 분명히 우리가 '이 시대'를 분간할 수 있기를 바라신다. 현재의 추세는 무엇인가? 무엇을 생각해야 하는가?

전도와 관련해서 무슨 일이 일어나고 있는가? 루이빌 켄터키에 있는 남침례신학교에 사명, 전도, 교회 성장에 대한 빌리 그래함 학교를 세운 톰 레이너 박사는 『교량 세대』(The Bridger Generation)라는 책을 썼다. 책에서 그는 '교량 세대'를 1977-1994년에 태어난 7,000만 명의 미국인으로 정의한다. 교량 세대는 태어난 해와 성장 시기로 구분하는 4세대 중 하나에 속한다. 20세기를 특징짓는 다른 세대로는 1910-1946년에 태어난 '건설 세대', 1946-1964년에 태어난 '붐 세대', 1965-1976년에 태어난 '버스터 세대'가 있다.

그는 자신이 한 연구와 다른 사람들의 연구 결과를 분석하는 과정에서 놀라운 사실을 발견했다. 그는 교량 세대가 갖는 문화적·영적 영향력을 세분한 다음, 이 세대의 영적 영향력에 대한 관찰 결과를 이렇게 정리했다. "최근 211명의 교량 세대를 비공식적으로 조사한 결과, 그 중 4퍼센트만이 그리스도를 유일한 구원자로 믿는 거듭난 그리스도인이라고 대답했다."[1] 그의 조사 결과를 다음과 같이 요약했다.

세대별로 어림잡아 집계한 예수를 영접한 사람들의 비율

건설 세대―65퍼센트

붐 세대―35퍼센트

버스터 세대―15퍼센트

교량 세대―4퍼센트

청소년 사역 담당자들의 말에 의하면 예수를 구주로 믿는 사람들 가운데 80퍼센트가 18세 전에(대부분 14세 전에) 믿게 되었다고 한다. 이런 통계를 놓고 당신은 어떤 결론을 내리는가? 이 통계가 사실이라면 우리는 교회가 전체 세대를 추수하는 데 실패하고 있다는 결론을 내릴 수밖에 없다! 물론 통계에 오류가 있을 수도 있다. 통계학자 자신들도 "만일 내가 한 발은 얼음통에 담그고 다른 발은 캠프파이어 불 속에 담그고 있다면, 나는 통계학적으로 안전하다"고 자주 이야기한다.

이 추세를 30년 앞으로 연장해 본다면 교회로서는 대단히 심각한 결과를 맞을 수밖에 없다. 우리는 35세 이상 그리스도인들의 에너지와 자원에 의지해 연명하고 있다. 그 다음 세대는 이들보다 훨씬 적을 것이라는 사실을 전혀 의식하지 못한 채! 얼마 전 한 토론에서 이 통계에 충격을 받은 한 목사가 이렇게 말했다. "교회를 커다란 청소년 그룹으로 전환하고 나머지 사람들은 그들이 친구 데려오는 일을 지원하는 일만 해야 할까 봐요."

"미래는 지금까지와 다를 것이다"라는 요기 베라(Yogi Berra)의 말은 옳다. 미래의 모습은 과거와 다를 것이다. 똑같은 일을 그대로 계속하면서 다른 결과를 기대할 수는 없을 것이다.

또 우리는 도시화의 영향을 이해해야 한다. 20세기로 접어들 때, 미국인 90퍼센트가 농장에서 살았다. 그런데 오늘날 농장 인구는 2퍼센트밖에 안 된다. 더 이상 사명을 '열방으로'만 집중해서는 안 된다. 많은 경우 '열방'이 도시로 몰려들기 때문이다. 하람비 크리스천 가족 센터의 루디 카라스코는 로스앤젤레스에 사는 멕시코인들과 라틴계 사람들에 대해 전혀 무지한 채, 버스나 교회 차를 타고 티후아나를 경유

---

1. Thom Rainer, *The Bridger Generation*, Broadman and Holman Publishers, 1997, 165.

해서 멕시코로 가는 선한 사람들에 대해 이야기한다.

레이몬드 바케 박사는 뉴욕 시에서 같은 우편번호를 쓰는 구역에 133개 민족이 사는 경우를 이야기한다. 그는 자신이 가르치는 신학생들과의 연구 과정을 묘사했다. 그들은 이웃을 위해 할 수 있는 일이 무엇인지 찾아보기 위해 주요 도시 슈퍼마켓에 들러 관찰한 다음 마치 성경을 보고 해석하듯이 그 점포를 '분석' 했다. 그들은 사람들을 만나 그 점포에서 판매하는 상품 종류가 무엇인지, 그 상품들은 어디서 오는지, 점포가 제시하는 정보판의 언어는 어떤 것들인지 물었다. 바케 박사는 학생들이 여기서 얻은 정보를 토대로 하여 인근 지역의 구성도를 그리게 했다. 학생들은 가까운 교회에 찾아가서 똑같은 작업을 했다. 교회 안내판은 대부분 영어로만 되어 있었으며 대개 비슷했다.

> 우리는 우리 환경과 세대 속에서 하나님이 일하시는 곳을 어떻게 찾아 낼 것인지 알고 있을 수 있다. 그러나 다음 세대…다른 인종 그룹 속에서 이루어지는 하나님의 일을 알 수 있을까?

주일학교 오전 9:30

예배 오전 11:00

분명히 우리 이웃은 변했다. 그러나 교회는 변함이 없다. 바케 박사는 질문을 던졌다. "슈퍼마켓 주인(성령이 없는)이 자신이 만나는 사람들을 우리보다 더 잘 이해하고 있는데 성령이 함께하는 우리 같은 사람들은 어떻게 해야 할까?"2

우리는 때를 알고 마땅히 행할 일을 알아야 한다. 하나님이 일하시는 곳이 어디인지 알고 그곳에 참여해야 한다. 우리는 우리가 속한 환경과 세대 속에서 하나님이 일하시는 곳을 찾아낼 줄은 알고 있다. 그러나 다음 세대 그리고 다른 인종들 속에서 일어나는 하나님의 일을 알 수 있을까?

계획적인 포기

앞으로 나아가려면 무엇을 버릴지 결정해야 한다. 『성공하는 기업들의 8가지 습관』과 『좋은 기업을 넘어 위대한 기업으로』(Good to Great, 김영사)의 공저자인 짐 콜린스는 책을 읽고 싶은 자신의 열망과 그것을 이루기 위해 그가 취한 과정을 소개했다. 그는 책 읽는 방을 만들고, 독서하기에 가장 좋은 의자와 훌륭한 독서용 스탠드와 읽은 싶은 책들을 모조리 샀다. 그러나 직장에서 돌아오면 소파에 털썩 주저앉아 텔레비전 스위치를 켜고 뉴스를 보거나 미식축구를 봤다. 그렇게 금세 TV에 빠졌고, 책은 여전히 책 읽는 방 의자 위에 그대로 쌓여 있었다. 급기야 그는 TV를 치웠다. 그 뒤로 독서 성과가 껑충 뛰어올랐다. 변화를 주는 것은 삶에 무엇을 더 보태는 것이 아니라 버리는 데 있음을 그는 깨닫게 되었다.3 세상에 초점을 맞추는 사역을 확장하기 위해 당신이 버려야 할 것은 무엇인가? 모든 일을 계속 할 수는 없다.

> 세상에 초점을 맞추는 사역을 확장하기 위해 당신이 버려야 할 것은 무엇인가?

교회 전통을 만드는 데 몇 번의 시도가 필요할까? 한 번이면 된다. 단 그것이 성공적이라면! 현재 우리가 사용하고 있는 방법이 앞 세대 또는 그보다 더 앞 세대가 가지고 있던 어려운 질문에 대한 해답이다. 가장 버리기 어려운 것은 현재 잘 먹혀드는 프로그램들이다. 우리는 프

---

2. 2003년 10월 1일, 달라스에서 한 강연에서.
3. Jim Collins, "Pulling the Plug", Inc. magazine(1997. 3), 76–77.

로그램이나 전술이 아니라 목적을 중심으로 조직을 구성해야 한다는 점을 명심하라. 현재 아무리 훌륭하고 효과적인 프로그램이라 할지라도 수명이 있다. 결국 언젠가는 동력을 잃게 된다. 우리는 하나님의 목적에 초점을 맞춤으로써 어떤 프로그램이 활력을 잃을 때 우리 목적이 방해받지 않도록 해야 한다.

히스기야가 유대 왕이 되었을 때, 그는 용감하게 첫 조치를 취했다. "모세가 만들었던 놋뱀을 이스라엘 자손이 이때까지 향하여 분향하므로 그것을 부수고"(왕하 18:4). 수세기 전 하나님은 모세에게 놋뱀을 만들어 장대 위에 매달게 하시고 물린 자마다 그것을 보면 살게 하셨다(민 21:6-9). 그런데 하나님이 일회용으로 만드신 도구가 실제 예배의 목적이 되어 버린 것이다. 과거에 하나님이 사용하셨던 프로그램을 버리고, 포기하고, 깨뜨릴 수 있는가? 버림의 기술을 익힐 수 있는가?

유용하게 될 방법을 찾으라

초대교회는 사람들이 예수님의 가르침과 실천하는 삶을 따르게 하는 시스템과 절차를 만들었다. 디다케(the Didache. 저자 미상. 도덕과 기독교 규범에 대한 2세기의 교리서) 12장 1-4절은 나그네를 대접하는 지침을 제시했다.

주님의 이름으로 오는 모든 사람을 영접하되, 그를 살펴 성품을 파악하고 그의 선과 악을 분별하도록 하라. 그가 여행자라면 할 수 있는 한 도와 주라. 그러나 꼭 필요한 상황이 아니라면 이틀이나 사흘만 머물게 하라. 그에게 기술이 있어서 너희 집에 살게 하고 싶으면 할 일을 주어 밥값을 하게 하라. 그러나 기술이 없는 사람일 경우, 너희의 판단에 따라 대가를 지불하게 하고 그리스도인이 게으름에 빠지는 일이 없도록 하라.

그리스 신학자인 알렉산드리아의 클레멘트(Clement of Alexandria)는 이에 덧붙여 "일할 능력이 있는 사람에게 할 일을 주고, 일할 능력이 없는 사람에게는 자비를 베풀라"4 라고 교훈했다.

초대교회는 그 자비로 감동을 주었을 뿐 아니라 영적·사회적 변혁의 대행자 역할을 감당했다. 그들은 지역사회에 참여하는 것을 하면 좋고 하지 않아도 되는 일이 아니라 소명의 본질로 여겼다. 이 형제자매들에게는 '세상에 초점을 두는 교회' 라는 말이 굳이 필요치 않았다. 교회를 세상에 초점을 두는 공동체로 정의했기 때문이다!

힐링 워터스 인터내셔널은 콜로라도 주 고든에 있는 비영리 단체이다. 해마다 340만 명이 물과 관련한 질병으로 죽어 간다는 사실에 자극을 받은 이 단체는 저개발국 교회들에 수질 정화 시스템을 공급한다. 이 시스템을 공급받는 교회들은 해당 지역 주민에게 보통 물 값의 일부만 받고 깨끗한 식수를 제공한다. 지역 주민들은 물로 인한 질병에서 벗어날 뿐 아니라 전혀 다른 시각으로 교회를 바라보게 된다. 당신의 교회가 지역에 줄 수 있는 것은 무엇인가? 어린이 보살피기? 자활 훈련? 회복을 위한 워크숍? 지역으로 가지고 갈 만한 것이 무엇이 있는가?

---

4. Adolf Harnack, *The Expansion of Christianity in the First Three Centuries*, vol.1, Wipf and Stock Publishers, 1998, 218.

반문화적으로 생각하고 행동하라

거의 모든 그리스도인의 삶에 대한 반응은 불신자들과 다름없다. 경제가 튼튼하고 일이 순조로울 때 행복을 느낀다. 경제가 침체되고 비극이 닥치면 다른 사람들과 마찬가지로 형편없이 주저앉는다. 교회의 가장 큰 기회는 어쩌면 순탄할 때가 아니라 곤경에 처할 때 온다고 보아야 할 것이다. 6장에서 우리는 어떻게 초대교회의 그리스도인들이 도시에 숨어들어 역병으로 인한 희생자들을 보살폈는지 살펴보았다. 주위의 모든 사람이 도망칠 때, 그리스도인들은 머물러 있기로 결심했다.

우리는 즐거울 때 기뻐하고 감사해야 한다. 일이 잘 안 풀리고 비극이 닥칠 때 "이 새로운 사태가 교회에 어떤 기회를 주는가?" 하고 물어야 한다. 이런 생각을 가진 교회들이 세계에 퍼져 있는 모슬렘 학생들에게 다가가고, 파견 군인 가족을 보살피고, 직업 훈련에 참여하고, 헤아릴 수 없이 많은 수단을 동원해서 다른 사람들에게 다가간다.

표준에서 벗어나지만 성공적인 사람들

어린이 구호단체의 스태프인 제리와 모니크 스터닌은 1990년대에 시골 마을의 영양 결핍 상태를 해결할 수 있도록 도와 달라는 베트남 정부의 요청에 발 벗고 나섰다. 베트남 어린이 중 거의 절반이 영양 결핍이었다. 스터닌 일행의 노력이 열매를 맺기까지는 약 6개월이 걸렸다. 외부의 해결책을 실험해 볼 만한 시간적 여유가 없었다. 문제의 해답을 해당 마을 내부에서 찾지 않으면 안 되었다.

스터닌 일행은 터프트 대학 메리언 제이틀린 교수의 연구 결과를 토대로 해서 그들이 맡은 베트남 현지에 '표준에서 벗어나지만 성공적인 사람들' 이론을 적용했다. 우선 그들이 맡은 구역 네 곳에서 자녀가 영양 결핍이 된 부모들과 동일한 자원을 사용하는 사람들 중 자녀의 영양과 발육 상태가 좋은 부모들을 찾아냈다. 발육이 좋은 어린이들의 부모들의 생활양식, 즉 다른 사람들과 다른 '독특한' 어떤 것을 발견할 수 있다면 그것을 마을의 다른 사람들에게도 교육할 수 있을 것이라고 생각했다. 표준에서 벗어나지만 긍정적인 사람들은 각 마을에서 동일한 자원을 사용하면서도 주위의 다른 사람들보다 더 나은 결과를 얻어낸다.

스터닌 일행은 그 '독특한' 부모들이 벼농사를 짓는 논에서 작은 새우와 게를 잡는가 하면, 고구마 순을 잘라 주식인 쌀과 섞어 밥을 짓는 것을 발견했다. 단백질과 비타민이 풍부한 음식이 쌀 속에 있는 탄수화물과 섞여 어린이들의 발육을 지탱해 주었다.

이 발견을 바탕으로 하여 그들은 4개 마을에서 12개 마을에, 급기야 265개 마을 220만 명의 베트남 사람들에게 도움을 주었다. 이 프로그램은 어린이 구호 단체에 의해서 20여 개국에 적용되었고, 그 결과 수많은 사람의 생명을 구했다.5

당신의 지역에도 자원 부족으로 고통을 당하는 곳마다 다른 사람들과 동일한 자원을 사용하면서도 잘 살아가는 개인이나 가족들이 있게 마련이다. 다른 사람들과 다른 어떤 것을 이들에게서 발견하는가? 당신의 지역 내에 자원이 더 풍부한 것도 아닌데 당신의 교회보다 더 나은 성과를 얻는 교회들이 있는가? 그들이 하고 있는 일들 중 당신의 교

---

5. David Dorsey, "Positive Deviant", Fast Company magazine(2000. 12).

회에 적용할 만한 것은 어떤 것인가? 좋은 결과를 얻기 위해서 반드시 독창적이어야 할 필요는 없다. 우리는 다른 사람들의 실패와 성공을 통해 배울 수 있는 모든 것을 배우는 데 힘을 기울여야 한다. 일찍 일어나는 새가 벌레를 잡는다는 속담이 있는 반면, 첫 번째 쥐는 덫에 걸리지만 두 번째 쥐는 치즈를 차지한다는 격언도 있다.

사소한 일의 힘

1987년, 일리노이 주 로셀의 마이크 헤이스는 일리노이 대학 1학년으로 등록금을 마련하느라 애를 태우고 있었다. 마침내 그에게 혁신적인 해결책이 떠올랐다. 그는 시카고 트리뷴의 칼럼니스트 밥 그린(Bob Greene)에게 독자들을 설득해서 자신에게 1페니씩을 보내게 해 달라는 편지를 썼다. 그린은 그 아이디어가 마음에 들었고, 수백만 명에 이르는 독자들에게 양해를 구해 마이크에게 1페니씩을 보내게 했다. 수천 명이 반응을 보였다. 한 달이 못 되어 '마이크를 위한 페니' 기금은 230만 페니에 달했다! 페니를 보내고 싶지 않은 일부 독자들은 쿼터, 다임, 니켈을 보내기도 했다. 어떤 사람은 수표를 보내 주기도 했다. 결국 마이크는 4년치 대학 등록금에 해당하는 2만 8,000달러를 모금했다(당시 기준). 마이크는 많은 돈을 요구하지 않았다. 많은 사람에게 적은 돈을 요구한 것이다. 그것이 그가 성공한 비결이었다. 놀랍지 않은가? 교회의 가장 큰 영향력은 소수의 사람들에게 큰 것을 구하는 데서 생기는 것이 아니라, 많은 사람에게 적은 것을 구하는 데서 온다. 그리스도인 모두가 일정 형태의 봉사 또는 섬김에 참여할 때 세상이 얼마나 달라질 수 있을지 상상해 보라.

달라스의 한 여성이 오스틴 거리의 임시 거처에서 밤을 보내는(집 없이 떠도는) 부부의 삶에 변화를 주기로 결심했다. 남편은 1.5미터 길이의 지팡이를 다듬어 조각하는 솜씨가 있었다. 그는 일명 모세의 지팡이라고 부르는 지팡이 하나하나에 예술가 못지않은 솜씨로 십계명을 새겼다. 그 여성은 곧바로 사업 가능성을 발견하고, 부부를 임시 거처에서 자기 소유의 집으로 이사시킬 방법을 찾았다. 곧바로 거래가 이루어졌다. 그녀는 그의 '예술품 에이전트'가 되어 그가 만드는 지팡이를 다 사들였다. 그에게는 지난날의 소일거리가 생활 수단이 된 셈이다. 1998년 6월 이후 그 노숙자 부부는 길거리를 떠나 자기 소유의 아파트에서 살게 되었다. 더 이상 정부 보조금을 요청하지 않았다. 재능이 있지만 어려움에 처한 사람에게 힘을 불어넣은 한 사람이 보여 준 사랑의 힘이었다. 그 모세의 지팡이는 오늘날 성직자, 정치가, 비즈니스 전문가, 전국의 예술품 수집가, 미국 대통령이 소유하고 있는 물품이 되었다.[6]

> 교회의 가장 큰 영향력은 소수의 사람들로부터 큰 것을 구하는 데서 생기는 것이 아니라, 많은 사람으로부터 적은 것을 많이 구하는 데서 온다.

자세히 들여다보기

혼자 모든 일을 다 할 수는 없지만, 누구나 뭔가를 할 수 있다

데니스는 매일 트레일러를 타고 직장으로 나갔다. 한 젊은이가 농사 지을 땅을 일구기 위해 마당에 세워 둔 경운기와 씨름하는 모습이 눈에

---

6. Susan Nowlin, "An Unexpected Ministry, An unexpected Friendship", PCPC Witness, a publication of Park Cities Presbyterian Church(2000. 8.), 10.

들어오곤 했다. 그는 23세가 되도록 한 번도 돈을 받고 일해 본 적이 없었다. 그가 9세 때 의사가 주사를 잘못 놓는 바람에 하반신이 마비되었다. 그는 다시 걸을 수 없게 되었다. 장애 검사 결과 생명에는 지장이 없다는 판정을 받았다. 그는 다리 보호 기구를 마련할 여유가 없었다. 그래서 용접하는 사람에게 부탁하여 만든 강철 조각을 다리에 붙이고 목발에 의지해 걸으며 균형을 유지했다.

어느 날 데니스는 차를 멈추고 그 젊은이에게 말을 걸었다. 그의 이름은 리였다. 장애가 있지만 유난히 낙천적이고, 의사나 사회에 대한 증오심 같은 것은 찾아볼 수 없었다. 몸은 불구여도 정신은 건강했다. 데니스가 리에게 말을 붙이면서 우정이 싹트기 시작했다. 어느 날 데니스가 쓰던 컴퓨터 한 대를 리에게 주면서 말했다. "문서를 작성할 줄 알면 우리 회사에 일자리를 얻을 수 있을 걸세."

리는 타이핑을 배웠다. 취직 면접 시간에 늦지 않기 위해 버스 정류장까지 꽤 먼 길을 걷는 연습도 했다. 그는 고객 서비스 및 구매 부서에서 일할 수 있게 되었다. 몇 달 뒤 리는 운전을 배우기 시작했다.

6개월 뒤, 리는 마침내 운전 면허 시험에 합격했다. 리와 데니스는 트럭을 사러 나섰다. 그들은 크리스마스 직전에 깜찍한 빨간색 트럭을 손에 넣게 되었다. 기쁨을 이기지 못한 리는 다른 도시를 구경하고 싶은 마음에 멤피스로 달렸다. 그는 여태 자기가 사는 주를 빠져 나가 본 적이 한 번도 없었다.

리는 지금도 정규 직원으로 일하면서 대학에 다니고 있는데, 몇 차례 우등생 명단에도 올랐다. 한 사람이 다른 사람을 도와 줄 때 두 사람 모두 삶이 변화된다. 우리는 혼자서 모든 일을 다 할 수는 없지만, 우리는 누구나 뭔가를 할 수 있다.

생각을 행동으로 바꾸는 것은 무엇인가

1960년대 일이다. 사회심리학자 하워드 리밴덜(Howard Levanthal)은 예일 대학교 4학년생 한 그룹을 설득해서 파상풍 주사를 맞게 할 수 있을까 실험해 보고 싶었다. 그는 통제 그룹을 둘 만들었다. 한 그룹에게는 파상풍의 끔찍한 결과(파상풍에 걸린 어린이 사진이나 기관 절개, 코에 끼우는 튜브 등이 찍힌 파상풍 환자들의 사진)를 담은 7쪽짜리 소책자를 나누어 주었다. 나머지 한 그룹에게는 내용이 제한되고 사진도 전혀 실리지 않은 책자를 주었다. 두 책자 모두 대학 건강 센터에서 무료 주사를 놓아 준다는 광고가 실려 있었다. 어느 정도 예상할 수 있는 것이었지만 결과는 놀라웠다. 좀더 충격적인 정보를 받은 학생들이 대수롭지 않은 정보를 받은 학생들에 비해 예방접종을 받겠다고 나서는 경향이 두드러졌다. 그러나 3개월이 지나자 실제로 건강 센터에 가서 예방접종을 받은 학생은 겨우 3퍼센트에 지나지 않았다. 리밴덜은 한 가지 중요한 변화를 주고 한 번 더 실험을 했다.

이번에는 건강 센터에 동그라미를 친 캠퍼스 지도를 첨부하고 접종이 가능한 시간을 명시했다. 이 작은 변화가 반응도를 현저하게 높여 주었다. 한 달이 지나자 28퍼센트가 접종을 했다. 각 통제 그룹에서 반응을 보인 학생수는 똑같았다. 변수

> 따뜻한 마음을 가진 많은 성도가 섬기고 봉사하기를 원하지만, 그들의 생각을 행동으로 바꿔 줄 방법이 필요하다

는 절박성이나 사안의 비중이 아니라 위치와 시간이었다. 볼런티어를 모집할 때 가장 필요한 것은 그들이 어떤 방법으로, 언제 참여해야 하는지에 대한 정보이다. 따뜻한 마음을 가진 많은 성도가 섬기고 봉사하기를 원하지만, 그들의 생각을 행동으로 바꿔 줄 방법이 필요하다. 그

들은 얼마나 많은 사람이 필요한지, 언제 필요한지, 얼마나 오래 필요한지 알아야 한다. 성경적인 격려도 좋지만 그것만으로는 사람들을 섬김에 참여시키기에 충분하지 않다. 격려와 아울러 많은 기회가 수반되어야 한다. 섬김은 일하고자 하는 의지가 기회와 만날 때 가능해진다.

큰 마음과 큰 뇌를 가진 사람들이 필요하다

역량 있고 성공적인 사람들은 일반인이 푸른색을 인식하듯 본능적으로 목적 달성을 위한 수단이 갖는 힘을 인식한다. 그들은 아이디어나 기회 또는 해결 방법을 듣는 순간 즉각 머릿속으로 계산기를 두드려 투자 성과를 계산한다. 그리고 그들이 들이는 시간과 노력만큼 가치가 있는 일인지를 본능적으로 알아챈다. 주방에서 소고기 국물 푸는 일을 맡겨서는 그들의 마음을 사로잡을 수 없다. 한 번은 하겠지만 두 번 다시 그 일을 하려 들지 않을 것이다. 그들은 국을 푸면서 '이 시간을 내가 잘할 수 있는 일에 투자한다면 200달러는 벌 수 있을 텐데, 차라리 그렇게 번 200달러를 기부하는 게 더 낫겠다'고 생각할 것이다. 큰 역량을 가진 사람들에게는 큰 도전이 필요하다. 큰 역량을 가진 사람들은 "5가지 새로운 사역을 위해 어떻게 돈을 마련할 것인가?"라고 묻지 않는다. 그들은 "어떻게 돈을 들이지 않고 30가지 새로운 사역을 시작할 것인가?"라고 묻는다.

큰 역량을 가진 사람들의 마음을 사로잡는 가장 좋은 방법은 큰 도전과 아이디어를 제시하는 것이다. 시카고 화재 이후 시카고를 재건한 건축가이자 처음으로 포괄적인 미국 도시 계획을 제시했던 다니엘 번햄은 이렇게 말했다. "작은 계획을 세우지 말라. 그런 계획은 사람의 피가

끓게 하는 마력이 없을 뿐 아니라 그 자체도 실현되기 어렵다. 큰 계획을 세우라. 희망을 가지고 목표를 높은 곳에 두라. 훌륭하고 논리적인 도표가 한번 작성되면 쉬 사라지지 않을 것이다."

수년 전 돈 해리스가 자본 형성에 대한 연구를 시작했다. 그는 미국의 순 가치 대부분을 주택이 점유한다는 것을 알게 되었다. 주택 소유자들은 임대 주택을 사용하는 사람들보다 세금 혜택을 더 많이 받는다. 대부분의 경제 조건 속에서 주택은 투자 가치 상승을 보장하는 많지 않은 자산에 속한다. 그러나 돈 해리스는 많은 사람이 정규직에서 일하고 신용이 좋음에도 계약금을 지불할 수 있을 만큼 돈을 저축할 수 없어서 주택 대출을 받지 못한다는 사실을 알게 되었다. 돈 해리스는 또 한 가지 사실을 발견했다. 집을 파는 사람 대부분이 원래 부르는 값보다 3내지 7퍼센트까지 낮춰서 판다는 사실이었다. 그는 이 두 가지 정보를 가지고 느헤미야 주식회사를 시작했다. 3방향 선순환에 기초를 둔 회사이다. 느헤미야 회사는 다음 조건으로 집을 사는 사람(신용은 좋으나 저축 능력이 없는)에게 부르는 값의 3퍼센트를 준다. 그 조건이란 집을 사는 사람이 집값을 다 지불하면 집을 파는 사람은 3퍼센트를 느헤미야 쪽에 떼어 준다는 것이다. 주택 문제에 깊은 관심을 가지고 그 해결책이 나올 때까지 생각을 멈추지 않은 큰 뇌를 가진 사람이 탁월한 해결책을 찾아냈다. 느헤미야 주식회사는 1997년부터 지금까지 16만 가정이 집을 갖도록 도움을 주었다.

자세히 들여다보기

수천 대의 무료 휠체어

몇 년 전 돈 셴도르퍼는 모로코에 머물면서 자신을 포함한 많은 사람들의 삶에 변화를 줄 수 있는 것을 발견했다. 그는 한 여성 장애인이 몸을 땅바닥에 질질 끌며 더러운 거리를 가로질러가는 것을 보았다. 그녀는 땅바닥을 기거나 목적지까지 데려다 줄 친구 또는 사랑하는 사람을 기다리는, 지구상에 헤아릴 수 없이 많은 사람을 대표한다고 돈은 생각했다. 돈은 사람들이 여러 세기 동안 보아 온 것을 보았을 뿐이지만, 기계공학도로서 남다른 생각을 하게 되었다. 휠체어 바퀴를 표준 규격이 아니라 산악 자전거 바퀴처럼 만들어 개발도상국의 울퉁불퉁한 노면 상태를 견디게 하고 값을 낮추면 어떨까? 돈은 휠체어 모형을 만들어 캘리포니아 주 어바인에 있는 매리너스 교회 마당에 놓았다. 그것을 본 다른 엔지니어들이 아이디어를 내놓아 가볍고 싸고 실용적인 디자인으로 개선했다. 세계 어느 나라든 42달러 미만의 비용으로 생산해서 전달할 수 있는 것이었다. 이 프로젝트는 돈을 사로잡았다. 그는 직장을 그만두고 무료 휠체어 사역을 시작했다. 돈이 경험한 삶의 변화, 그리고 땅바닥을 질질 끌며 다니다가 하루아침에 휠체어를 타고 다닐 수 있게 된 사람들에게 그가 들은 이야기들을 상상이나 할 수 있겠는가?

그는 아프가니스탄, 중국, 앙골라, 인도, 그리고 몇몇 다른 개발도상국에 무료 휠체어 수천 대를 예수님의 이름으로 보내 주었다. 큰 마음과 큰 지적 능력을 지닌 사람들은 세상에 있는 큰 문제들을 생각해야 한다.

하늘나라 프로젝트

2000년 11월, 캘리포니아 주 알리소 비에조에 있는 코스트 힐즈 커뮤니티 교회의 데니 벨레시 목사는 앞으로 오랫동안 반향을 불러 일으킬 일을 했다. 그는 달란트 비유(마 25:14-30)에 관한 설교를 마친 후, '하늘나라 프로젝트'에 참여할 사람 100명을 앞으로 나오게 했다. 그들이 앞으로 나오자 그는 빳빳한 100달러짜리 지폐를 나누어 주고 그 돈을 하늘나라를 위해 투자한 다음 3개월 뒤에 결과를 보고하라고 했다. 2월이 되자 볼런티어들은 각자 그 돈을 어떻게 사용했는지 보고했다. 그것을 어떻게 사용하여 삶을 변화시키고, 배고픈 사람들에게 먹을 것을 주고, 교회를 세우고, 하나님이 중심이 되는 수십 가지 일에서 이익을 남겼는지 보고했다. 어떤 사람은 그것이 일평생 경험한 일 중 가장 의미 있는 일이었다고 고백했다.7 하지만 사실은 그 이상이었다.

2001년 9·11 사태 이후, 과거 같으면 지역으로 가던 많은 자선 헌금이 뉴욕으로 갔다. 그 결과 지역 푸드 뱅크와 다른 기관들의 자원은 위험 수준까지 고갈되었다. 데니는 부자 관리(눅 18:18-30)에 대해서 설교를 했다. 그는 교인 1,000명에게 100달러 가치가 있는 물건을 팔아 추수감사절 예배 때 가져오도록 했다. 그렇게 해서 10만 달러를 모은 다음 그것을 지역의 사회복지 단체에 보내 성인들과 어린이들을 위한 음식, 옷, 피난처 같은 기본적인 필요에 대처하게 했다.8 지역사회에 영향을 줄 방법에 대해 의견을 나누어 보라!

---

7. Denny and Leesa Bellesi, *The Kingdom Assignment*, Zondervan, 2003, 12-13.
8. 위의 책.

하늘나라 프로젝트Ⅲ가 있었다. 2002년 가을, 데니 목사는 "이 지극히 작은 자"(마 25:31-46)라는 설교로 교인 2,000명에게 도전을 주어 향후 3개월 동안 '지극히 작은 자' 라고 생각되는 사람들에게 90시간을 할애하게 했다. 교회는 다시 한 번 엄청난 수의 사람을 지역사회에 투입하여 그들이 전에 해보지 않은 일을 하면서 지역사회를 돕게 했다. 데니와 아내 리사는 오프라 윈프리 쇼에 출연하여 그 이야기를 소개함으로써 지속적으로 지역사회에 영향을 주는 훌륭한 아이디어를 온 미국 교회에 제시했다.

데니 목사에게서 달란트, 보물, 시간 투자에 대한 아이디어를 들은 그 지역의 한 젊은 사업가는 눈이 번쩍 뜨였다. 그는 지역에서 몇 교회를 선별한 다음 그런 일을 시작할 수 있도록 5만 달러를 맡겼다. 그 교회들은 연쇄적으로 파급 효과를 불러일으킬 수 있는 방향으로 프로젝트를 수정했다. 하늘나라 프로젝트Ⅱ가 끝나면, 각 교회는 프로젝트Ⅰ 때 나눠 주었던 금액만큼을 '종자돈' 으로 하여 또 다른 교회가 프로젝트Ⅰ을 시행하게 했다. 그러면 그 교회도 또 다른 교회에 종자돈 제공하는 일을 포함하여 프로젝트Ⅲ를 다 완수하기로 약속한다. 그렇게 해서 프로젝트를 끊이지 않고 이어 간다. 아마 이것은 젊은 사업가가 할 수 있는 최상의 투자였을 것이다.

2003년 6월, 보울더에 있는 갈보리성서교회의 톰 셔크 목사는 하늘나라 프로젝트Ⅰ로 회중에게 도전을 주었다. 그는 예배 때마다 달란트 비유에 대한 설교를 하고 50명씩 앞으로 나오게 하여 하늘나라 프로젝트에 참여하게 했다. 그는 말했다. "여러분 중 일부에게는 전 생애를 통해 가장 중요한 일이 될 수도 있습니다." 사람들은 줄지어 앞으로 나왔고, 톰은 그들 각각에게 100달러짜리 지폐를 나눠 주었다. 돈이 다

떨어지자, 회중 가운데 한 사람이 앞으로 나와 톰의 손에 100달러짜리 지폐 한 뭉치를 쥐어 주었다. 그렇게 해서 참여하기를 원하는 사람 모두 이 프로젝트에 동참하게 되었다. 그런 다음 톰은 비유의 말씀처럼 "가서 하늘나라를 위해 장사하여 이익을 남기라"고 말했다. 유일한 조건은 하늘나라를 확장할 수 있는 데에 돈을 투자하고 3개월 뒤에 투자 결과를 보고하는 것이었다. 한 가족은 100달러를 받아 그것으로 애완동물 목욕시키는 일을 후원하고 1,300달러를 벌어 절망에 빠진 여성들을 위한 쉼터에 보냈다. 또 어떤 가족은 텃밭을 일구어 야채를 팔았다. 11살짜리 한 소년은 받은 돈으로 여름철에 정원 일을 하겠다는 전단지를 만들어 뿌렸다. 그는 일한 대가로 273달러를 벌어 보울더에 사는 수단 출신 소년들에게 기부했다. 갈보리성서교회는 3개월 동안 1만 1,000달러로 5만 달러 이상을 만들었다. 이 돈은 개인과 참가자들이 중요하게 여긴 일(푸드 뱅크, 절망에 빠진 여성들을 위한 쉼터, 선교사 지원, 성경책 구입 등)에 사용되었다. 교인들이 청지기의 기쁨과 모험을 경험하기 시작한 것이다.

2003년 9월, 자기의 보물 팔기를 거절한 부자 관리(눅 18:18-30)에 대한 설교를 듣고 난 갈보리교회 성도들은 또 한 차례 하늘나라 프로젝트로 도전을 받았다. 성도 200명이 적어도 100달러 값을 하는 "보물"을 팔기로 했다. 경우에 따라 그 물건은 하나님과의 더 친밀한 관계를 방해하는 것일 수도 있다. 어떤 경우에는 쓰지 않고 굴러다니는 허드레 물건일 수도 있다. 추수감사절 전후로 여기서 마련된 돈을 가난한 사람들을 돕는 기관 세 곳에 보냈다.

성도들의 반응은 뜨거웠다. 자기가 차던 롤렉스 시계를 판 사람도 있고, 대형 TV를 판 사람도 있었다. 한 가족은 콘도를 판 돈을 맡겼다.

200명이 모은 돈은 모두 합쳐서 8만 7,000달러가 넘었다. 그 가운데 7만 8,000달러 이상이 사회복지 기관 세 곳에 전달되었다. 톰 셔크 목사가 스태프들과 함께 기관 대표들에게 수표를 전달하자, 세 기관 대표 모두 지역 교회를 통해 베풀어 주신 하나님의 은혜와 사랑에 감동을 받고 감사의 눈물을 흘렸다. 갈보리교회는 남은 돈 8,700달러를 종자돈으로 하여 보울더의 다른 두 교회에서 하늘나라 프로젝트 I 을 시작했다.

이와 관련하여 갈보리교회의 인턴 목회자 한 사람은 이런 글을 썼다.

내 경우 하늘나라 프로젝트는 새로운 담대함과 평안으로 그리스도를 선포할 수 있게 한다. 하나님께서는 불신자 친구 수십 명과 그 가족들과 함께 프로젝트에 참여할 수 있는 기회를 주셨다. 프로젝트를 수행하는 과정에서 왜 우리가 이런 일을 하는지 질문을 받기도 하고, 즉각 복음의 메시지를 전달할 수 있는 질문을 던지는 친구나 가족도 자주 만난다. 씨를 많이 심었고, 단단한 땅에 많이 뿌렸다. 그리고 그 씨에 물을 주었다. 무엇보다도 이런 프로젝트가 즉각 긍정적인 복음을 제시할 길을 터 준다는 점에 감사하다. 그것은 그리스도가 동기가 되는 진정한 삶의 경험을 제공한다. 그것도 불신자들에게 부담을 주지 않는 방법을 통해서!

다음은 하늘나라 프로젝트 II를 마친 다른 교회 목사의 글이다.

어제 우리 교회 온 스태프가 함께 가서 수표를 전달했다. 성령의 역사를 경험하는 시간이기도 했다. 우리는 가는 곳마다 해당 기관을 위해 기도했다. 진정한 하나님의 역사가 있었고, 서로 간에 연결 고리가 생겼다. 그들 중 2명이 이번 주일 교회에 나온다. 이런 방법을 통한 교회의 지역 참여가 반드시 필요하다!

큰 역량을 가진 사람들은 큰 역량을 가진 도전을 필요로 한다.

대화를 바꾸라

목사 2명이 한 방에 들면 5분도 안 되어 그중 한 사람이 이렇게 묻는다. "목사님 교회는 어떤가요?" 이것은 출석 교인이 얼마나 되느냐, 교회 크기는 또 얼마나 되느냐는 목사들 간의 대화 습관이다. 그러나 나는 이 대화가 "당신의 교회가 지역사회에 미치는 영향에 대해서 이야기해 주시겠습니까?"라는 내용으로 바뀌어야 한다고 생각한다. 만약 상대가 주일학교 학생 수나 예배에 출석하는 교인 수에 대해 이야기하기 시작하면 이런 식으로 답변하라. "아, 교인들이 목사님 설교를 좋아하는 것 같군요. 그런데 교회 때문에 지역사회에는 어떤 변화가 일어나고 있나요?"

> 교회의 크기가 아니라 영향력이 문제이다.

교회의 크기가 아니라 영향력이 문제다. 만약 북아메리카의 34만여 교회가 그 효율성을 내적 기준(출석하는 교인 수)이 아니라 외적 기준(지역사회에 대한 영향력)으로 평가한다면 어떤 변화가 올까? 온 세계 모든 교회가 그런 식으로 교회의 효율성을 평가한다면 세상이 어떻게 달라질까?

어느 정도 위험을 감수해야 한다

우리가 하는 모든 일에 위험이 따르지 않는다면 얼마나 좋겠는가? 우리가 돈을 쓰는 곳마다 기적적인 일이 생기고 사회적 변화가 일어난다면 얼마나 좋겠는가? 그러나 그렇지가 않다. 사람들의 필요를 충족시키려는 사람들이 모두 대단한 성공을 거둔다면 얼마나 좋겠는가? 하지만 그것도 마찬가지다. 우리는 각자 나름대로 실패와 좌절을 맛보게 마련이다.

시장의 위험을 무릅쓰는 투자가들, 사업 초기 단계에 투자하는 사람들은 으레 투자 건수 8-10개마다 대박을 터뜨려 다른 손실을 보상한다는 희망을 가지고 투자를 한다. 그들의 호탕한 정신은 부러움을 살 만하다. 그런데 우리는 보통 안전을 선호하며 지나치게 소심하다. 에릭의 아내는 두려움을 '손실에 대한 기대치'라고 정의했다. 이 등식에서 '손실'을 빼면 어떻게 될까? 달란트 비유(마 25:14-30)에서 두려움에 사로잡혀 꼼짝 못하고 안전한 길을 택했던 사람은 호되게 질책을 받았다. 주인의 달란트에 이익을 남긴 쪽은 아무것도 하지 않는 것을 두려워한 위험 감수자들이었다. 주님 앞에 설 때 우리는 "주님, 저는 두려워서 그만…"이라고 말해서는 안 된다.

네가 낫고자 하느냐

예수님이 물으셨다. "네가 낫고자 하느냐"(요 5:6)? 완전히 건강한 사람이 38년 동안이나 몸을 움직이지 못한 사람에게 이런 질문을 던지다니 얼마나 엉뚱한가?

그러나 실제로 예수님은 아주 적절한 질문을 하셨다. 나(릭)는 25년 이상 사람을 상대로 하는 사업을 했다. 많은 사람이 이런저런 방법으로 나아지고 싶다고 이야기한다는 점을 지적하지 않을 수 없다. 결혼 생활이 나아지기를 바라고, 마약을 극복하기를 원하며, 마음의 병이 낫기를 원한다. 그들은 낫고자 한다. 그때마다 나는 묻는다. "정말요? 정말 낫고 싶어요?"

예수님의 질문에 대한 중풍병자의 대답이 자꾸만 내게 들려온다. 근본적으로 그 중풍병자는 이렇게 대답했다. "할 수만 있다면 낫고 싶은데, 그럴 수 없어요. 그래서 낫지 못해요. 내 잘못이 아니에요." 만약 낫기를 원한다면 삶이 달라져야 한다. 당신이 건강하려면 당신의 생활 방식은 지금과 달라야 한다. 당신의 친구 관계도 달라져야 한다. 나아지기를 원하면 틀림없이 당신은 습관도 바꾸어야 한다. 정말로 낫기를 바라는가?

우리는 이 질문에 대해 각자 대답해야만 한다. 모든 교회가 이 질문에 대답해야 한다. 우리가 나아지기를 바란다면, 교회가 나아지기를 바란다면 일정한 변화가 필요하다. 치료하시는 분이 이끄시기를 원한다면 우리 삶이 변해야 한다.

아직 최선은 아니다

이 책에서 우리는 교회의 네 벽을 넘어 지역으로 이동하게 하는 하나님의 방법들을 살펴보았다. 그 결과들도 보았다. 사람들이 예수님을 믿고, 삶이 변화된다. 그리스도인들이 성장한다. 그러나 우리 교회는 최고의 시기에 이르지 못했으므로 우리는 최고의 아이디어를 발견해야 한다. 큰 도전과 기회를 낡고 지루한 방법론으로 대처할 수는 없다.

지금까지와 다른 미래를 창출하기 위해서는 비전을 볼 줄 알고, 열정이 있으며, 행동할 용기를 가진 리더들이 필요하다. 이러한 리더들이 눈에 보이지 않는 돌풍 속에서도 키와 돛을 조절하면서 항해를 지속해 가야 한다. 랄프 왈도 에머슨(Ralph Waldo Emerson)은 "가장 훌륭한 항해는 백 번이나 침로(針路)를 맞추며 지그재그로 가는 항해다"라고 말했다. 때때로 진전이 없는 듯이 보일 때도 있지만 그렇지 않다. 배워 가며 성장한다. 점점 더 하나님 나라에 유용한 일꾼이 되어 간다. 결국 당신은 이 배의 선장이 아니라 키잡이다. 지도는 없을지 모르지만 나침반은 있다. 이것은 방향보다 여행이나 모험과 관련이 있다. 프로그램이 아니라 하나님 나라와 관련이 있다. 숫자가 아니라 관계가 중요하다. 끊임없는 행동이 아니라 변화된 삶이 중요하다. 그리고 당신에게 동반자가 있다면, 당신과 함께 가슴이 뛰며 마음을 공유하는 사람이다. 여행에 필요한 양식이 부족할 수 있지만, 진정한 리더는 그들에게 없는 자원을 가지고 존재하지 않는 어떤 것을 창조하는 능력을 지닌다. 만약 그것이 당신이 하고자 하는 일을 설명해 준다면 당신은 올바른 방향으로 가고 있다고 보아야 한다. 우리가 믿음으로 앞으로 나아갈 때 하나님께서 맞아 주신다는 사실을 알고 전진하기 바란다. 그분은 우리가 발걸음을 떼어 놓을 때 해결책을 보여 주신다. 모든 해답을 다 얻을 때까지 행동을 멈추고 기다려서는 안 된다.

당신이 여행에 동참할 수 있어서 기쁘다.

생각하기

머지않아 교회가 세상에 초점을 맞추지 않았을 뿐 아니라 교회 밖으로 나온 교회라는 말을 불필요하게 여겼던 때가 있었다는 사실을 의아하게 생각할 날이 올 것이다.

토론하기

1. 교회 밖으로 나와 세상에 초점을 맞추는 교회가 되기 위해, 당신의 교회가 하고 있는 일 가운데서 버릴 것은 무엇인가?
2. 교인들을 선교와 섬김에 배치할 때 어떻게 하면 마음속 생각을 실천하게 할 수 있을까?
3. 이 장에서 어떤 아이디어가 당신의 교회에 가장 잘 맞는가?

실천하기

대화 방법을 바꾸라. 이제부터 "당신 교회는 규모가 얼마나 됩니까?"라고 묻지 말고, "당신 교회는 지역사회에 어떤 영향을 주고 있습니까?"라고 물으라.

앞으로 한 해 동안 우리가 사역을 결정해야 할 기로에 설 때마다 "예수님이라면 어떻게 하실까?"라고 묻는다면 어떤 변화가 일어날까?

설교 및 강의를 위한 아이디어

본문_ 역대상 12장 32절

주제_ 리더의 가장 중요한 역할은 때를 이해하고 무엇을 할 것인지를 아는 것이다.

설명_ 어느 날 예수님은 사람들에게 이렇게 말씀하셨다. "너희가 천지의 기상은 분간할 줄 알면서 어찌 이 시대는 분간하지 못하느냐"(눅 12:56).
현 추세와, 그것을 이용하기 위해 사람들이 하는 일들.
세상에 초점을 둔 결과 당신의 교회가 미치고 있는 영향에 대한 보고.

적용_ 하늘나라 프로젝트를 받아들인다는 것이 무엇을 뜻하는지 설명해 보라.

부록

가난한 사람, 과부, 고아, 나그네를 향한
하나님의 마음을 나타내는 성경구절

선한 일, 선한 행실에 대한 성경구절

참고도서

가난한 사람, 과부, 고아, 나그네를 향한
하나님의 마음을 나타내는 성경구절

"엿새 동안은 힘써 네 모든 일을 행할 것이나 일곱째 날은 네 하나님 여호와의 안식일인즉 너나 네 아들이나 네 딸이나 네 남종이나 네 여종이나 네 가축이나 네 문안에 머무는 객이라도 아무 일도 하지 말라"(출 20:9-10).

"너는 이방 나그네를 압제하지 말며 그들을 학대하지 말라 너희도 애굽 땅에서 나그네였음이라"(출 22:21).

"너는 과부나 고아를 해롭게 하지 말라 네가 만일 그들을 해롭게 하므로 그들이 내게 부르짖으면 내가 반드시 그 부르짖음을 들으리라"(출 22:22-23).

"너는 가난한 자의 송사라고 정의를 굽게 하지 말며"(출 23:6).

"일곱째 해에는 갈지 말고 묵혀두어서 네 백성의 가난한 자들이 먹게 하라 그 남은 것은 들짐승이 먹으리라 네 포도원과 감람원도 그리할지니라"(출23:11).

"네 포도원의 열매를 다 따지 말며 네 포도원에 떨어진 열매도 줍지 말고 가난한 사람과 거류민을 위하여 버려두라 나는 너희의 하나님 여호와이니라"(레 19:10).

"거류민이 너희의 땅에 거류하여 함께 있거든 너희는 그를 학대하지 말고 너희와 함께 있는 거류민을 너희 중에서 낳은 자 같이 여기며 자기 같이 사랑하라 너희도 애굽 땅에서 거류민이 되었었느니라 나는 너희의 하나님 여호와이니라"(레 19:33-34).

"너희 땅의 곡물을 벨 때에 밭 모퉁이까지 다 베지 말며 떨어진 것을 줍지 말고 그것을 가난한 자와 거류민을 위하여 남겨두라 나는 너희의 하나님 여호와이니라"(레 23:22).

"네 형제가 가난하게 되어 빈손으로 네 곁에 있거든 너는 그를 도와 거류민이나 동거인처럼 너와 함께 생활하게 하되"(레 25:35).

"회중 곧 너희에게나 거류하는 타국인에게나 같은 율례이니 너희의 대대로 영원한 율례라 너희가 어떠한 대로 타국인도 여호와 앞에 그러하리라 너희에게나 너희 중에 거류하는 타국인에게나 같은 법도, 같은 규례이니라"(민 15:15-16).

"너희의 하나님 여호와는 신 가운데 신이시며 주 가운데 주시요 크고 능하시며 두려우신 하나님이시라 사람을 외모로 보지 아니하시며 뇌물을 받지 아니하시고 고아와 과부를 위하여 정의를 행하시며 나그네를 사랑하여 그에게 떡과 옷을 주시나니 너희는 나그네를 사랑하라 전에 너희도 애굽 땅에서 나그네 되었음이니라"(신 10:17-19).

"매 삼 년 끝에 그 해 소산의 십분의 일을 다 내어 네 성읍에 저축하여 너희 중에 분깃이나 기업이 없는 레위인과 네 성중에 거류하는 객과 및 고아와 과부들이 와서 먹고 배부르게 하라 그리하면 네 하나님 여호와께서 네 손으로 하는 범사에 네게 복을 주시리라"(신 14:28-29).

"네 하나님 여호와께서 네게 기업으로 주신 땅에서 네가 반드시 복을 받으리니 너희 중에 가난한 자가 없으리라"(신: 15:5).

"네 하나님 여호와께서 네게 주신 땅 어느 성읍에서든지 가난한 형제가 너와 함께 거주하거든 그 가난한 형제에게 네 마음을 완악하게 하지 말며 네 손을 움켜 쥐지 말고"(신 15:7).

"땅에는 언제든지 가난한 자가 그치지 아니하겠으므로 내가 네게 명령하여 이르노니 너는 반드시 네 땅 안에 네 형제 중 곤란한 자와 궁핍한 자에게 네 손을 펼지니라"(신 15:11).

"절기를 지킬 때에는 너와 네 자녀와 노비와 네 성중에 거주하는 레위인과 객과 고아와 과부가 함께 즐거워하되"(신 16:14).

"네 이웃에게 무엇을 꾸어줄 때에 너는 그의 집에 들어가서 전당물을 취하지 말고 너는 밖에 서 있고 네게 꾸는 자가 전당물을 밖으로 가지고 나와서 네게 줄 것이며 그가 가난한 자이면 너는 그의 전당물을 가지고 자지 말고 해 질 때에 그 전당물을 반드시 그에게 돌려줄 것이라 그리하면 그가 그 옷을 입고 자며 너를 위하여 축복하리니 그 일이 네 하나님 여호와 앞에서 네 공의로움이 되리라 곤궁하고 빈한한 품꾼은 너희 형제든지 네 땅 성문 안에 우거하는 객이든지 그를 학대하지 말며 그 품삯을 당일에 주고 해 진 후까지 미루지 말라 이는 그가 가난하므로 그 품삯을 간절히 바람이라 그가 너를 여호와께 호소하지 않게 하라 그렇지 않으면 그것이 네게 죄가 될 것임이라"(신 24:10-15).

"너는 객이나 고아의 송사를 억울하게 하지 말며 과부의 옷을 전당 잡지 말라 너는 애굽에서 종 되었던 일과 네 하나님 여호와께서 너를 거기서 속량하신 것을 기억하라

이러므로 내가 네게 이 일을 행하라 명령하노라 네가 밭에서 곡식을 벨 때에 그 한 뭇을 밭에 잊어버렸거든 다시 가서 가져오지 말고 나그네와 고아와 과부를 위하여 남겨두라 그리하면 네 하나님 여호와께서 네 손으로 하는 모든 일에 복을 내리시리라 네가 네 감람나무를 떤 후에 그 가지를 다시 살피지 말고 그 남은 것은 객과 고아와 과부를 위하여 남겨두며 네가 네 포도원의 포도를 딴 후에 그 남은 것을 다시 따지 말고 객과 고아와 과부를 위하여 남겨두라"(신 24:17-21).

"셋째 해 곧 십일조를 드리는 해에 네 모든 소산의 십일조 내기를 마친 후에 그것을 레위인과 객과 고아와 과부에게 주어 네 성읍 안에서 먹고 배부르게 하라 그리 할 때에 네 하나님 여호와 앞에 아뢰기를 내가 성물을 내 집에서 내어 레위인과 객과 고아와 과부에게 주기를 주께서 내게 명령하신 명령대로 하였사오니 내가 주의 명령을 범하지도 아니하였고 잊지도 아니하였나이다"(신 26:12-13).

"객이나 고아나 과부의 송사를 억울하게 하는 자는 저주를 받을 것이라 할 것이요 모든 백성은 아멘 할지니라"(신 27:19).

"가난한 자를 진토에서 일으키시며 빈궁한 자를 거름더미에서 올리사 귀족들과 함께 앉게 하시며 영광의 자리를 차지하게 하시는도다 땅의 기둥들은 여호와의 것이라 여호와께서 세계를 그것들 위에 세우셨도다"(삼상 2:8).

"이 두 날을 지켜 잔치를 베풀고 즐기며 서로 예물을 주며 가난한 자를 구제하라 하매"(에 9:22).

"그의 아들들은 가난한 자에게 은혜를 구하겠고 그도 얻은 재물을 자기 손으로 도로 줄 것이며"(욥 20:10).

"권세 있는 자는 토지를 얻고 존귀한 자는 거기에서 사는구나 너는 과부를 빈손으로 돌려보내며 고아의 팔을 꺾는구나 그러므로 올무들이 너를 둘러 있고 두려움이 갑자기 너를 엄습하며"(욥 22:8-10).

"귀가 들은즉 나를 축복하고 눈이 본즉 나를 증언하였나니 이는 부르짖는 빈민과 도와 줄 자 없는 고아를 내가 건졌음이라 망하게 된 자도 나를 위하여 복을 빌었으며 과부의 마음이 나로 말미암아 기뻐 노래하였느니라"(욥 29:11-13).

"고생의 날을 보내는 자를 위하여 내가 울지 아니하였는가 빈궁한 자를 위하여 내 마음에 근심하지 아니하였는가"(욥 30:25).

"내가 언제 가난한 자의 소원을 막았거나 과부의 눈으로 하여금 실망하게 하였던가 나만 혼자 내 떡덩이를 먹고 고아에게 그 조각을 먹이지 아니하였던가 실상은 내가 젊었을 때부터 고아 기르기를 그의 아비처럼 하였으며 내가 어렸을 때부터 과부를 인도하였노라 만일 내가 사람이 의복이 없이 죽어가는 것이나 가난한 자가 덮을 것이 없는 것을 못본 체 했다면 만일 나의 양털로 그의 몸을 따뜻하게 입혀서 그의 허리가 나를 위하여 복을 빌게 하지 아니하였다면 만일 나를 도와 주는 자가 성문에 있음을 보고 내가 주먹을 들어 고아를 향해 휘둘렀다면 내 팔이 어깨 뼈에서 떨어지고 내 팔 뼈가 그 자리에서 부스러지기를 바라노라 나는 하나님의 재앙을 심히 두려워하고 그의 위엄으로 말미암아 그런 일을 할 수 없느니라"(욥 31:16-23).

"내 장막 사람들은 주인의 고기에 배부르지 않은 자가 어디 있느뇨 하지 아니하였는가 실상은 나그네가 거리에서 자지 아니하도록 나는 행인에게 내 문을 열어 주었노라"(욥 31:31-32).

"고관을 외모로 대하지 아니하시며 가난한 자들 앞에서 부자의 낯을 세워주지 아니하시나니 이는 그들이 다 그의 손으로 지으신 바가 됨이라"(욥 34:19).

"너희가 가난한 자의 계획을 부끄럽게 하나 오직 여호와는 그의 피난처가 되시도다"(시 14:6).

"그의 거룩한 처소에 계신 하나님은 고아의 아버지시며 과부의 재판장이시라"(시 68:5).

"주의 회중을 그 가운데에 살게 하셨나이다 하나님이여 주께서 가난한 자를 위하여 주의 은택을 준비하셨나이다"(시 68:10).

"학대 받은 자가 부끄러이 돌아가게 하지 마시고 가난한 자와 궁핍한 자가 주의 이름을 찬송하게 하소서"(시 74:21).

"너희가 불공평한 판단을 하며 악인의 낯 보기를 언제까지 하려느냐 (셀라) 가난한 자와 고아를 위하여 판단하며 곤란한 자와 빈궁한 자에게 공의를 베풀지며 가난한 자와 궁핍한 자를 구원하여 악인들의 손에서 건질지니라 하시는도다"(시 82:2-4).

"그가 인자를 베풀 일을 생각하지 아니하고 가난하고 궁핍한 자와 마음이 상한 자를 핍박하여 죽이려 하였기 때문이니이다"(시 109:16).

"그가 재물을 흩어 빈궁한 자들에게 주었으니 그의 의가 영구히 있고"(시 112: 9).

"가난한 자를 먼지 더미에서 일으키시며 궁핍한 자를 거름 더미에서 들어 세워 지도자들 곧 그의 백성의 지도자들과 함께 세우시며"(시 113:7-8).

"내가 알거니와 여호와는 고난 당하는 자를 변호해 주시며 궁핍한 자에게 정의를 베푸시리이다"(시 140:12).

"억눌린 사람들을 위해 정의로 심판하시며 주린 자들에게 먹을 것을 주시는 이시로다 여호와께서는 갇힌 자들에게 자유를 주시는도다"(시 146:7-8).

"여호와께서 나그네들을 보호하시며 고아와 과부를 붙드시고 악인들의 길은 굽게 하시는도다"(시 146:9).

"손을 게으르게 놀리는 자는 가난하게 되고 손이 부지런한 자는 부하게 되느니라"(잠 10:4).

"부자의 재물은 그의 견고한 성이요 가난한 자의 궁핍은 그의 멸망이니라"(잠 10:15).

"가난한 자는 밭을 경작함으로 양식이 많아지거니와 불의로 말미암아 가산을 탕진하는 자가 있느니라"(잠 13:23).

"가난한 자는 이웃에게도 미움을 받게 되나 부요한 자는 친구가 많으니라 이웃을 업신여기는 자는 죄를 범하는 자요 빈곤한 자를 불쌍히 여기는 자는 복이 있는 자니라"(잠 14:20-21).

"가난한 사람을 학대하는 자는 그를 지으신 이를 멸시하는 자요 궁핍한 사람을 불쌍히 여기는 자는 주를 공경하는 자니라"(잠 14:31).

"가난한 자를 불쌍히 여기는 것은 여호와께 꾸어 드리는 것이니 그의 선행을 그에게 갚아 주시리라"(잠 19:17).

"귀를 막고 가난한 자가 부르짖는 소리를 듣지 아니하면 자기가 부르짖을 때에도 들을 자가 없으리라"(잠 21:13).

"가난한 자와 부한 자가 함께 살거니와 그 모두를 지으신 이는 여호와시니라" (잠 22:2).

"선한 눈을 가진 자는 복을 받으리니 이는 양식을 가난한 자에게 줌이니라"(잠 22:9).

"이익을 얻으려고 가난한 자를 학대하는 자와 부자에게 주는 자는 가난하여질 뿐이니라"(잠 22:16).

"약한 자를 그가 약하다고 탈취하지 말며 곤고한 자를 성문에서 압제하지 말라 대저 여호와께서 신원하여 주시고 또 그를 노략하는 자의 생명을 빼앗으시리라"(잠 22:22-23).

"중한 변리로 자기 재산을 늘이는 것은 가난한 사람을 불쌍히 여기는 자를 위해 그 재산을 저축하는 것이니라"(잠 28:8).

"가난한 자를 구제하는 자는 궁핍하지 아니하려니와 못 본 체하는 자에게는 저주가 크리라"(잠 28:27).

"의인은 가난한 자의 사정을 알아 주나 악인은 알아 줄 지식이 없느니라"(잠 29:7).

"왕이 가난한 자를 성실히 신원하면 그의 왕위가 영원히 견고하리라"(잠 29:14).

"너는 말 못하는 자와 모든 고독한 자의 송사를 위하여 입을 열지니라 너는 입을 열어 공의로 재판하여 곤고한 자와 궁핍한 자를 신원할지니라"(잠 31:8-9).

"그는 곤고한 자에게 손을 펴며 궁핍한 자를 위하여 손을 내밀며"(잠 31:20).

"선행을 배우며 정의를 구하며 학대 받는 자를 도와 주며 고아를 위하여 신원하며 과부를 위하여 변호하라 하셨느니라"(사 1:17).

"불의한 법령을 만들며 불의한 말을 기록하며 가난한 자를 불공평하게 판결하여 가난한 내 백성의 권리를 박탈하며 과부에게 토색하고 고아의 것을 약탈하는 자는 화 있을진저"(사 10:1-2).

"공의로 가난한 자를 심판하며 정직으로 세상의 겸손한 자를 판단할 것이며"(사 11:4).

"주는 빈궁한 자의 요새이시며 환난 당한 가난한 자의 요새이시며 폭풍 중의 피난처시며 폭양을 피하는 그늘이 되셨사오니"(사 25:4).

"악한 자는 그 그릇이 악하여 악한 계획을 세워 거짓말로 가련한 자를 멸하며 가난한 자가 말을 바르게 할지라도 그리함이거니와"(사 32:7).

"내가 기뻐하는 금식은 흉악의 결박을 풀어 주며 멍에의 줄을 끌러 주며 압제 당하는 자를 자유하게 하며 모든 멍에를 꺾는 것이 아니겠느냐 또 주린 자에게 네 양식을 나누어 주며 유리하는 빈민을 집에 들이며 헐벗은 자를 보면 입히며 또 네 골육을 피하여 스스로 숨지 아니하는 것이 아니겠느냐"(사 58:6-7).

"주 여호와의 영이 내게 내리셨으니 이는 여호와께서 내게 기름을 부으사 가난한 자에게 아름다운 소식을 전하게 하려 하심이라 나를 보내사 마음이 상한 자를 고치며 포로된 자에게 자유를, 갇힌 자에게 놓임을 선포하며"(사 61:1).

"또 행위가 심히 악하여 자기 이익을 얻으려고 송사 곧 고아의 송사를 공정하게 하지 아니하며 빈민의 재판을 공정하게 판결하지 아니하니"(렘 5:28).

"너희가 만일 길과 행위를 참으로 바르게 하여 이웃들 사이에 정의를 행하며 이방인과 고아와 과부를 압제하지 아니하며 무죄한 자의 피를 이 곳에서 흘리지 아니하며 다른 신들 뒤를 따라 화를 자초하지 아니하면 내가 너희를 이 곳에 살게 하리니 곧 너희 조상에게 영원무궁토록 준 땅에니라"(렘 7:5-7).

"여호와께서 이와 같이 말씀하시되 너희가 정의와 공의를 행하여 탈취 당한 자를 압박하는 자의 손에서 건지고 이방인과 고아와 과부를 압제하거나 학대하지 말며 이 곳에서 무죄한 피를 흘리지 말라"(렘 22:3).

"네 아버지가…정의와 공의를 행하지 아니하였느냐 그 때에 그가 형통하였었느니라 그는 가난한 자와 궁핍한 자를 변호하고 형통하였나니 이것이 나를 앎이 아니냐 여호와의 말씀이니라"(렘 22:15-16).

"네 아우 소돔의 죄악은 이러하니 그와 그의 딸들에게 교만함과 음식물의 풍족함과 태평함이 있음이며 또 그가 가난하고 궁핍한 자를 도와 주지 아니하며"(겔 16:49).

"이 땅 백성은 포악하고 강탈을 일삼고 가난하고 궁핍한 자를 압제하고 나그네를 부당하게 학대하였으므로"(겔 22:29).

"너희는 이 땅을 나누되 제비 뽑아 너희와 너희 가운데에 머물러 사는 타국인 곧 너희 가운데에서 자녀를 낳은 자의 기업이 되게 할지니 너희는 그 타국인을 본토에서 난 이스라엘 족속 같이 여기고 그들도 이스라엘 지파 중에서 너희와 함께 기업을 얻게 하되"(겔 47:22).

"너희가 힘없는 자를 밟고 그에게서 밀의 부당한 세를 거두었은즉 너희가 비록 다듬은 돌로 집을 건축하였으나 거기 거주하지 못할 것이요 아름다운 포도원을 가꾸었으나 그 포도주를 마시지 못하리라 너희의 허물이 많고 죄악이 무거움을 내가 아노라 너희는 의인을 학대하며 뇌물을 받고 성문에서 가난한 자를 억울하게 하는 자로다"(암 5:11-12).

"만군의 여호와가 이같이 말하여 이르시기를 너희는 진실한 재판을 행하며 서로 인애와 긍휼을 베풀며 과부와 고아와 나그네와 궁핍한 자를 압제하지 말며 서로 해하려고 마음에 도모하지 말라 하였으나"(슥 7:9-10).

"내가 심판하러 너희에게 임할 것이라 점치는 자에게와 간음하는 자에게와 거짓 맹세하는 자에게와 품꾼의 삯에 대하여 억울하게 하며 과부와 고아를 압제하며 나그네를 억울하게 하며 나를 경외하지 아니하는 자들에게 속히 증언하리라 만군의 여호와가 말하였느니라"(말 3:5).

"심령이 가난한 자는 복이 있나니 천국이 그들의 것임이요"(마 5:3).

"그러므로 구제할 때에 외식하는 자가 사람에게서 영광을 받으려고 회당과 거리에서 하는 것 같이 너희 앞에 나팔을 불지 말라 진실로 너희에게 이르노니 그들은 자기 상을 이미 받았느니라 너는 구제할 때에 오른손이 하는 것을 왼손이 모르게 하여"(마 6:2-3).

"예수께서 이르시되 네가 온전하고자 할진대 가서 네 소유를 팔아 가난한 자들에게 주라 그리하면 하늘에서 보화가 네게 있으리라 그리고 와서 나를 따르라 하시니"(마 19:21).

"그 때에 임금이 그 오른편에 있는 자들에게 이르시되 내 아버지께 복 받을 자들이여 나아와 창세로부터 너희를 위하여 예비된 나라를 상속받으라 내가 주릴 때에 너희가 먹을 것을 주었고 목마를 때에 마시게 하였고 나그네 되었을 때에 영접하였고 헐벗었을 때에 옷을 입혔고 병들었을 때에 돌보았고 옥에 갇혔을 때에 와서 보았느니라 이에 의인들이 대답하여 이르되 주여 우리가 어느 때에 주께서 주리신 것을 보고 음식을 대접하였으며 목마르신 것을 보고 마시게 하였나이까 어느 때에 나그네 되신 것을 보고 영접하였으며 헐벗으신 것을 보고 옷 입혔나이까 어느 때에 병드신 것이나 옥에 갇히신 것을 보고 가서 뵈었나이까 하리니 임금이 대답하여 이르시되 내가 진실로 너희에게 이르노니 너희가 여기 내 형제 중에 지극히 작은 자 하나에게 한 것이 곧 내게 한 것이니라 하시고"(마 25:34-40).

"한 가난한 과부는 와서 두 렙돈 곧 한 고드란트를 넣는지라 예수께서 제자들을 불러다가 이르시되 내가 진실로 너희에게 이르노니 이 가난한 과부는 헌금함에 넣는 모든 사람보다 많이 넣었도다"(막 12:42-43).

"가난한 자들은 항상 너희와 함께 있으니 아무 때라도 원하는 대로 도울 수 있거니와 나는 너희와 항상 함께 있지 아니하리라"(막 14:7).

"주의 성령이 내게 임하셨으니 이는 가난한 자에게 복음을 전하게 하시려고 내게 기름을 부으시고 나를 보내사 포로 된 자에게 자유를, 눈 먼 자에게 다시 보게 함을 전파하며 눌린 자를 자유롭게 하고"(눅 4:18).

"너희 소유를 팔아 구제하여 낡아지지 아니하는 배낭을 만들라 곧 하늘에 둔 바 다함이 없는 보물이니 거기는 도둑도 가까이 하는 일이 없고 좀도 먹는 일이 없느니라"(눅 12:33).

"잔치를 베풀거든 차라리 가난한 자들과 몸 불편한 자들과 저는 자들과 맹인들을 청하라 그리하면 그들이 갚을 것이 없으므로 네게 복이 되리니 이는 의인들의 부활 시에 네가 갚음을 받겠음이라 하시더라"(눅 14:13-14).

"예수께서 이 말을 들으시고 이르시되 네게 아직도 한 가지 부족한 것이 있으니 네게 있는 것을 다 팔아 가난한 자들에게 나눠 주라 그리하면 하늘에서 네게 보화가 있으리라 그리고 와서 나를 따르라 하시니"(눅 18:22).

"삭개오가 서서 주께 여짜오되 주여 보시옵소서 내 소유의 절반을 가난한 자들에게 주겠사오며 만일 누구의 것을 속여 빼앗은 일이 있으면 네 갑절이나 갚겠나이다"(눅 19:8).

"그 중에 가난한 사람이 없으니 이는 밭과 집 있는 자는 팔아 그 판 것의 값을 가져다가 사도들의 발 앞에 두매 그들이 각 사람의 필요를 따라 나누어 줌이라"(행 4:34-35).

"욥바에 다비다라 하는 여제자가 있으니 그 이름을 번역하면 도르가라 선행과 구제하는 일이 심히 많더니"(행 9:36).

"말하되 고넬료야 하나님이 네 기도를 들으시고 네 구제를 기억하셨으니"(행 10:31).

"여러 해 만에 내가 내 민족을 구제할 것과 제물을 가지고 와서"(행 24:17).

"이는 마게도냐와 아가야 사람들이 예루살렘 성도 중 가난한 자들을 위하여 기쁘게 얼마를 연보하였음이라"(롬 15:26).

"내가 내게 있는 모든 것으로 구제하고 또 내 몸을 불사르게 내줄지라도 사랑이 없으면 내게 아무 유익이 없느니라"(고전 13:3).

"다만 우리에게 가난한 자들을 기억하도록 부탁하였으니 이것은 나도 본래부터 힘써 행하여 왔노라"(갈 2:10).

"참 과부인 과부를 존대하라 만일 어떤 과부에게 자녀나 손자들이 있거든 그들로 먼저 자기 집에서 효를 행하여 부모에게 보답하기를 배우게 하라 이것이 하나님 앞에 받으실 만한 것이니라"(딤전 5: 3-4).

"만일 믿는 여자에게 과부 친척이 있거든 자기가 도와 주고 교회가 짐지지 않게 하라 이는 참 과부를 도와 주게 하려 함이라"(딤전 5:16).

"하나님 아버지 앞에서 정결하고 더러움이 없는 경건은 곧 고아와 과부를 그 환난중에 돌보고 또 자기를 지켜 세속에 물들지 아니하는 그것이니라"(약 1:27).

"내 형제들아 영광의 주 곧 우리 주 예수 그리스도에 대한 믿음을 너희가 가졌으니 사람을 차별하여 대하지 말라 만일 너희 회당에 금 가락지를 끼고 아름다운 옷을 입은 사람이 들어오고 또 남루한 옷을 입은 가난한 사람이 들어올 때에 너희가 아름다운 옷을 입은 자를 눈여겨보고 말하되 여기 좋은 자리에 앉으소서 하고 또 가난한 자에게 말하되 너는 거기 서 있든지 내 발등상 아래에 앉으라 하면 너희끼리 서로 차별하며 악한 생각으로 판단하는 자가 되는 것이 아니냐 내 사랑하는 형제들아 들을지어다 하나님이 세상에서 가난한 자를 택하사 믿음에 부요하게 하시고 또 자기를 사랑하는 자들에게 약속하신 나라를 상속으로 받게 하지 아니하셨느냐 너희는 도리어 가난한 자를 업신여겼도다"(약 2:1-6).

선한 일, 선한 행실에 대한 성경구절

"이같이 너희 빛이 사람 앞에 비치게 하여 그들로 너희 착한 행실을 보고 하늘에 계신 너희 아버지께 영광을 돌리게 하라"(마 5:16).

"하나님이 능히 모든 은혜를 너희에게 넘치게 하시나니 이는 너희로 모든 일에 항상 모든 것이 넉넉하여 모든 착한 일을 넘치게 하게 하려 하심이라"(고후 9:8).

"너희는 그 은혜에 의하여 믿음으로 말미암아 구원을 받았으니 이것은 너희에게서 난 것이 아니요 하나님의 선물이라 행위에서 난 것이 아니니 이는 누구든지 자랑하지 못하게 함이라 우리는 그가 만드신 바라 그리스도 예수 안에서 선한 일을 위하여 지으심을 받은 자니 이 일은 하나님이 전에 예비하사 우리로 그 가운데서 행하게 하려 하심이니라"(엡 2:8-10).

"너희 안에서 착한 일을 시작하신 이가 그리스도 예수의 날까지 이루실 줄을 우리는 확신하노라"(빌 1:6).

"항상 복종하여 두렵고 떨림으로 너희 구원을 이루라 너희 안에서 행하시는 이는 하나님이시니 자기의 기쁘신 뜻을 위하여 너희에게 소원을 두고 행하게 하시나니"(빌 2:12-13).

"주께 합당하게 행하여 범사에 기쁘시게 하고 모든 선한 일에 열매를 맺게 하시며 하나님을 아는 것에 자라게 하시고"(골 1:10).

"우리 주 예수 그리스도와 우리를 사랑하시고 영원한 위로와 좋은 소망을 은혜로 주신 하나님 우리 아버지께서 너희 마음을 위로하시고 모든 선한 일과 말에 굳건하게 하시기를 원하노라"(살후 2:16-17).

"오직 선행으로 하기를 원하노라 이것이 하나님을 경외한다 하는 자들에게 마땅한 것이니라"(딤전 2:10).

"선한 행실의 증거가 있어 혹은 자녀를 양육하며 혹은 나그네를 대접하며 혹은 성도들의 발을 씻으며 혹은 환난 당한 자들을 구제하며 혹은 모든 선한 일을 행한 자라야 할 것이요"(딤전 5:10).

"이와 같이 선행도 밝히 드러나고 그렇지 아니한 것도 숨길 수 없느니라"(딤전 5:25).

"선을 행하고 선한 사업을 많이 하고 나누어 주기를 좋아하며 너그러운 자가 되게 하라"(딤전 6:18).

"모든 성경은 하나님의 감동으로 된 것으로 교훈과 책망과 바르게 함과 의로 교육하기에 유익하니 이는 하나님의 사람으로 온전하게 하며 모든 선한 일을 행할 능력을 갖추게 하려 함이라"(딤후 3:16-17).

"서로 돌아보아 사랑과 선행을 격려하며"(히 10:24).

"양들의 큰 목자이신 우리 주 예수를 영원한 언약의 피로 죽은 자 가운데서 이끌어 내신 평강의 하나님이 모든 선한 일에 너희를 온전하게 하사 자기 뜻을 행하게 하시고 그 앞에 즐거운 것을 예수 그리스도로 말미암아 우리 가운데서 이루시기를 원하노라 영광이 그에게 세세무궁토록 있을지어다 아멘"(히 13:20-21).

"내 형제들아 만일 사람이 믿음이 있노라 하고 행함이 없으면 무슨 유익이 있으리요 그 믿음이 능히 자기를 구원하겠느냐"(약 2:14).

"너희 중에 지혜와 총명이 있는 자가 누구냐 그는 선행으로 말미암아 지혜의 온유함으로 그 행함을 보일지니라"(약 3:13).

"너희가 이방인 중에서 행실을 선하게 가져 너희를 악행한다고 비방하는 자들로 하여금 너희 선한 일을 보고 오시는 날에 하나님께 영광을 돌리게 하려 함이라"(벧전 2:12).

참고자료

Atkinson, Donald A., and Charles Roesel, *Meeting Needs, Sharing Christ*, Nashville, Tenn.: Lifeway Christian, 1995.

Bakke, Raymond, *A Biblical Word for an Urban World*, Valley Forge, Pa.: Board of International Ministries, American Baptist Churches in the U.S.A., 2000.

Bakke, Raymond, *A Theology as Big as the City*, Downers Grove, Ill.: InterVarsity Press, 1997.

Barabási, Albert-László, *Linked*, New York: Plume, 2003. (『링크: 21세기를 지배하는 네트워크 과학』 동아시아)

Barnett, Matthew, *The Church That Never Sleeps*, Nashville, Tenn: Thomas Nelson Inc., 2000.

Belasco, James A. and Ralph C. Stayer, *Flight of the Buffalo: Soaring to Excellence, Learning to Let Employees Lead*, New York: Warner Books, 1993.

Bellesi, Denny and Leesa, *The Kingdom Assignment*, Grand Rapids, Mich.: Zondervan Publishers, 2001. (『기적의 100달러』, 두란노)

Belllesi, Denny and Leesa, *The Kingdom Assignment 2*, Grand Rapids, Mich.: Zondervan Publishers, 2003. (『기적을 나누는 교회』, 두란노)

Bornstein, David, *How to Change the World: Social Entrepreneurs and the Power of New Ideas*, New York: Oxford University Press, Inc., 2004.

Bosch, David Jacobus, *Transforming Mission: Paradigm Shifts in Theology of Mission*, Maryknoll, N.Y.: Orbis Books, 1991. (『변하고 있는 선교』, 기독교문서선교회)

Buford, Bob, *Halftime: Changing Your Game Plan From Success to Significance*, Grand Rapids, Mich.: Zondervan Publishers, 1997. (『하프타임』, 낮은울타리)

Campolo, Tony, *Revolution and Renewal*, Louisville, Ky.: Westminster John Knox Press, 2000.

Carle, Robert D. and Louis A. Decaro Jr., ed, *Signs of Hope in the City*, Valley Forge, Pa.: Judson Press, 1999.

Collins, James C. and Jerry I. Porras, *Built to Last: Successful Habits of Visionary Companies*, New York: Harper Business, 1994. (『성공하는 기업들의 8가지 습관』, 김영사)

Conn, Harvie M., *Evangelism: Doing Justice and Preaching Grace*, Grand Rapids, Mich: Zondervan Publishers, 1982.

―, *The Urban Face of Mission*, Phillipsburg, N.J.: P&R Publishing Company, 2002.

Connolly, Mickey and Richard Rianoshek, *The Communication Catalyst*, Chicago: Dearborn Trade Publishing, 2002.

Cymbala, Jim, *Fresh Wind, Fresh Fire*, Grand Rapids, Mich: Zondervan Publishers, 1997. (『새바람 강한 불길』, 죠이선교회)

De Pree, Max, *Leading Without Power: Finding Hope in Serving Community*, San Francisco: Jossey-Bass, Inc., 1997. (『권력없는 리더십은 가능한가』, IVP)

Dennison, Jack, *City Reaching: On the Road to Community Transformation*, Pasadena, Calif.: William Carey Library, 1999.

Drucker Peter F, *Managing the Non-Profit Organization*, New York: HarperCollins Publishers, 1990. (『비영리단체의 경영』, 한국경제신문사)

Dudley, Carl S, *Next Steps in Community Ministry*, Herndon, Va.: The Alban Institute Inc., 1998.

Easum, William M. and Dave Travis, *Beyond the Box*, Loveland, Colo.: Group Publishing, 2003.

Emerson, Michael O. and Christian Smith, *Divided by Faith: Evangelical Religion and the Problem of Race in America*, New York: Oxford University Press, 2000.

Flake, Floyd, *The Way fo the Bootstrapper: Nine Action Steps for Achieving Your Dreams*, New York: HarperCollins Publishers, 1999.

Gallup, George Jr. and Michael D. Lindsay, *Surveying the Religious Landscape: Trends in U.S. Beliefs*, Harrisburg, Pa.: Morehouse Publishing, 1999.

Gladwell, Malcolm, *The Tipping Point: How Little Things Can Make a Big Difference*, Boston: Little, Brown and Company, 2000. (『티핑포인트』, 21세기북스)

Harnack, Adolf, *The Expansion of Christianity in the First Three Centuries, Volumes 1&2*, Eugene, Ore.: Wipf and Stock Publishers, 1998.

Harper, Nile, ed, *Urban Churches: Vital Signs; Beyond Charity Toward Justice*, Grand Rapids, Mich.: Wm. B. Eerdmans Publishing Company, 1999.

Hugen, Beryl, ed, *Christianity and Social Work: Readings on the Integration of Christian Faith and Social Work Practice*, Botsford, Conn.: North American Association of Christians in Social Work, 1998.

Hunter, George G., *The Celtic Way of Evangelism: How Christianity Can Reach the West...Again*, Nashville, Tenn.: Abingdon Press, 2000.

Kallestad, Walt, *Turn Your Church Inside Out*, Minneapolis: Augsburg Fortress Publishers, 2001.

Keller, Timothy J., *Ministries of Mercy: The Call of the Jericho Road*, Phillipsburg, N.J.: P&R Publishing, 1997. (『가서 너도 이와 같이 하라』, UCN)

Kretzmann, John P. and John L. McKnight, *Building Communities From the Inside Out*, Chicago: ACTA Publications, 1997.

Lewis, Robert, *The Church of Irresistible Influence*, Grand Rapids, Mich.: Zondervan Publishers, 2003.

Lincoln, Eric C. and Lawrence Mamiya, *The Black Church in the African American Experience*, Durham, N.C.: Duke University Press, 1990.

Linthicum, Robert, *City of God, City of Satan*, Grand Rapids, Mich.: Zondervan Publishers, 1991.

Magnuson, Norris, *Salvation in the Slums*, Metuchen, N.J.: The Scarecrow Press, Inc., 1977.

Mallory, Sue, *The Equipping Church*, Grand Rapids, Mich.: Zondervan Publishers, 2001.

McManus, Erwin Raphael, *An Unstoppable Force*, Loveland, Colo.: Group Publishing, 2001. (『멈출 수 없는 하나님의 운동력』, 국제제자훈련원)

Nalebuff, Barry, and Ian Ayres, *Why Not? How to Use Everyday Ingenuity to Solve Problems Big and Small*, Boston: Harvard Business School Press, 2003. (『안될 것 없잖아』, 세종서적)

Perkins, John, ed, *Restoring At-Risk Communities: Doing It Together and Doing It Right*, Grand Rapids, Mich.: Baker Books, 2000.

―, *Beyond Charity*, Grand Rapids, Mich.: Baker Books, 1993.

Rainer, Thom S., *The Bridger Generation*, Nashville, Tenn.: Broadman and Holman, 1997.

Sherman, Amy L., *Reinvigorating Faith in Communities*, Indianapolis: Hudson Institute, 2002.

―, *Restorers of Hope*, Wheaton, Ill.: Crossway Books, 1997.

Sider, Ronald J., Philip N. Olson, and Heidi Rolland Unruh, *Churches That Make a Difference: Reaching Your Community With Good News and Good Works*, Grand Rapids, Mich.: Baker Books, 2002.

Sjogren, Steve, *101 Ways to Reach Your Community*, Colorado Springs, Colo.: NavPress, 2001.

―, *Conspiracy of Kindness*, Ann Arbor, Mich.: Servant Publications, 1993.

Stark, Rodney, *The Rise of Christianity*, San Francisco: HarperCollins Publishers, 1997.

Stringer, Doug, *Somebody Cares*, Ventura, Calif.: Regal Books, 2001.

Wilson, Marlene, *The Effective Management of Volunteer Programs*, Boulder, Colo.: Volunteer Management Associates, 1996.

———, *How to Mobilize Church Volunteers*, Minneapolis: Augsburg Fortress Publishers, 1990.

———, *You Can Make a Difference*, Boulder, Colo.: Volunteer Management Associates, 1993.

Woodson, Robert L., *The Triumphs of Joseph: How Today's Community Healers Are Reviving Our Streets and Neighborhoods*, New York: Free Press, 1998.